朵英贤，武器设计专家，中国工程院院士。图为朵英贤院士琢磨95式步枪（2000年）

中国工程院院士传记

朵英贤自传

DUOYINGXIAN ZIZHUAN

朵英贤 曹占英 著

高等教育出版社·北京
HIGHER EDUCATION PRESS BEIJING

图书在版编目(CIP)数据

朵英贤自传 / 朵英贤，曹占英著. -- 北京：高等教育出版社，2013.7（2014.5 重印）
（中国工程院院士传记）
ISBN 978-7-04-037590-9

Ⅰ. ①朵… Ⅱ. ①朵… ②曹… Ⅲ. ①朵英贤-自传 Ⅳ. ①K825.2

中国版本图书馆 CIP 数据核字(2013)第 128227 号

策划编辑 王国祥 董庆九 责任编辑 黄慧靖 黎青山 特约编辑 陈立民
封面设计 顾 斌 责任印制 毛斯璐

出版发行 高等教育出版社
社 址 北京市西城区德外大街4号
邮政编码 100120
印 刷 北京中科印刷有限公司
开 本 787mm × 1092mm 1/16
印 张 16.75
字 数 280 千字
插 页 1
购书热线 010-58581118
咨询电话 400-810-0598
网 址 http://www.hep.edu.cn
http://www.hep.com.cn
网上订购 http://www.landraco.com
http://www.landraco.com.cn
版 次 2013 年 7 月第 1 版
印 次 2014 年 5 月第 2 次印刷
定 价 59.00 元

物 料 号 37590-00

中国工程院院士传记总序

二十世纪是中华民族千载难逢的伟大时代。千百万先烈前贤用鲜血和生命争得了百年剧变，民族复兴。推翻了帝制，肇始了共和，击败了外侮，建立了新中国，独立于世界，赢得了尊严，不再受辱。改革开放，经济腾飞，科教兴国，生产力大发展，告别了饥寒，实现了小康。工业化雷鸣电掣，现代化指日可待。巨潮洪流，不容阻抑。

忆百年前之清末，从慈禧太后到满朝文武开始感到科学技术的重要，办“洋务”，派留学，改教育。但时机瞬逝，被辛亥革命推翻。五四运动，民情激昂，吁求“德、赛”升堂，民主治国，科教兴邦。接踵而来的是18年内战，8年抗日和3年解放。恃科学救国的青年学子，负笈留学或寒窗苦读，多数未遇机会，辜负了碧血丹心。

1928年6月9日，蔡元培主持建立了第一个国立科研机构——中央研究院，设理化实业、地质考察、社会科学和观象台四个研究所，标志国家建制科研机构的开始。20年后，1948年3月26日遴选出81位院士（理工53，人文28），几乎都是20世纪初留学海外卓有成就的科学家。

中国科技事业的大发展是在新中国成立以后。1949年11月1日成立了中国科学院，郭沫若任院长。1950—1960年有2 500多名留学海外的科学家、工程师回到祖国，成为大规模发展科技事业的第一批领导骨干。国家按计划向苏联、东欧各国派遣1.8万各类科技人员留学，全都按期回国，成为建立科研和现代工业的骨干力量。高等学校从解放初期200所，增加到600多所，年招生增至28万人。到21世纪初，大学2 263所，年招生600多万，科技人力总资源量超过5 000万，大本以上学历科技人才1 600万，已接近最发达国家水平。

新中国60年来，从一穷二白成长为科技大国。年产钢铁从1949年的15万吨增加到2011年的粗钢6.8亿吨，钢材8.8亿吨，几乎是8个最发达国家（G8）总年产量的二倍。50年代钢铁超英赶美的梦想终于成真。水泥年产20亿吨，超过全世界其他国家总产量。中国已是粮、棉、肉、水产、蛋、化肥等第一生产大国，保障了13亿人口的食品安全。制造业、土木、水利、电力、交通、运输、电子通讯、超级计算机等领域正迅速逼近世界前沿。两弹一星、高峡平湖、南水北调、高公高铁、航空航天等伟大工程的成功实施，无可争议地表明了中国科技事业的进步。

党的十一届三中全会以后，改革开放，全国工作转向以经济建设为中心。加速实现工业化是当务之急。大规模社会性基础建设，大科学工程、国防工程等是工业化社会的命脉，是数十年上百年才能完成的任务。中科院张光斗、王大珩、师昌绪、张维、侯祥麟、罗沛霖等院士认为，为了顺利完成中华民族这项历史性任务必须提高工程科学的地位，加速培养更多的工程科技人才。中国科学院原设的技术科学部已不能满足工程科学发展的时代需要。他们于1992年致书党中央国务院，建议建立“中国工程科学技术院”。选举那些在工程科学中做出重大的、创造性成就和贡献，热爱祖国，学风正派的科学家和工程师为院士，授予终身荣誉，赋予科研和建设任务，指导学科发展，培养人才，对国家重大工程科学问题提出咨询建议。中央接受了院士们的建议，于1993年决定建立中国工程院，聘请30名中科院院士和遴选的66名院士共96名为工程院首批院士。于1994年6月3日召开了成立大会，选举朱光亚院士为首任院长。中国工程院成立后，全体院士紧密团结全国工程科技界共同奋斗，在各条战线上都发挥了重要作用，做出了新的贡献。

中国的现代科技事业比欧美晚了200年。20世纪有了巨大进步，但与发达国家相比，还有较大差距。为完成祖国工业化、现代化建设，任重路远，还需要有数代人的持续奋斗才能实现。况且，世界在进步，科学无止境，社会无终态。欲把中国建设成科技强国，屹立于世界，必须接续培养造就数代以千万计的优秀科学家和工程师，服膺接力，担当使命，开拓创新，更立新功。

中国工程院决定组织出版《中国工程院院士传记》系列丛书，以记录他们对祖国和社会的丰功伟绩，传承他们治学为人的高尚品德，开拓创新的科学精神。他们是科技战线的功臣，民族振兴的脊梁。我们相信，这套传记的出版，能为史书增添新章，成为史乘中宝贵的科学财富，俾后人传承前贤筚路蓝缕的创业勇气、魄力和为国家人民舍身奋斗的奉献精神。这就是中国前进的路。

宋健

2012年6月

八十寿辰贺信

尊敬的朵英贤院士：

在您八十寿辰之际，谨向您致以崇高的敬意和衷心的祝贺，向您和您的家人表示最诚挚的祝福！

您是我国自动武器及轻武器设计专家。长期从事轻武器研究与开发工作，为我国轻武器的发展作出了重大贡献。由您作为技术总负责人研制的某式轻重两用机枪，替代了三种机枪，简化了部队装备，至今仍是我军主要的武器之一，获全国科技大会奖。由您担任总设计师研制的某式轻武器系统，总体性能处于世界先进水平，获 1998 年国家科技进步奖一等奖。您主编的《兵器工业科技词典·轻武器》获 1998 年部科技进步奖一等奖。

您教书育人、为人师表，在培养人才方面作出了重要贡献。您心系国家发展，积极为我国国防科技事业的发展建言献策。您十分关心工程院的工作，积极参与工程院的各项活动，为工程院的发展作出了重要贡献。您热爱祖国、服务人民、尊重科学、勇于创新；您敬业奉献的高尚品德，严谨求实的治学态度，理论联系实际的工作作风，是我国工程科技界的楷模和学习的榜样。

在此，衷心祝福您生日快乐，健康长寿，阖家幸福！

周济

中国工程院院长

二〇一二年三月二十七日

序一　老骥伏枥志未休

我非常敬重中国工程院院士朵英贤先生，更是久仰“枪王”的大名。

我和他相识在人生的夕阳之年，却一见如故，真正应了一句话：“相见恨晚!”

人与人的“如故”，大概是因为有相似的故事——“故”的经历，“故”的背景，“故”的志趣，“故”的事件，甚至是“故”人，都是共忆的理由。素昧平生，却能越过陌生直达熟悉，知己知彼。

我们的相识缘于相互仰慕后的一席长谈，更缘于这本书。通过交谈，通过他的笔，我知道我们有相似的生活经历，走过漫漫人生旅途，渡过悠悠岁月长河，我们似乎同时登上了遥遥彼岸。因此，我们才彼此视为“故人”。

作为中国兵器行业的翘楚，朵先生真的普通、朴素、谦逊、温和，用时髦的话说：低调。无论如何，他似乎和“枪”都沾不上边。

但是就是这样一个科学家，才令人相信：只有那些默默工作且执着于理想的人，才是我们国家真正的脊梁。

从他那赋予浓郁感情色彩的文字中，我们知到，他出身贫困的农村，遭遇坎坷，屡有不幸，却一直有自己的梦想，有坚韧不拔的意志，从小热爱知识，使得他孜孜以求，努力攀登。

他经历了中国知识分子共有的“苦难的历程”，当然有其独特的一面。

我感触最深的是那荒唐的“文革”时期，妻子被抓进监狱，他被下放，一个大男人，既要劳动，还要带孩子……处境的艰窘，无以复加。可是就在这样的境况下，他还会用自己所掌握的知识来提高劳动的效率，比如说看锅炉、拉粪车，他都会对锅炉和粪车进行改进，或节约，或省力。这就是一个科技工作者成为科学家的品质，这就是创造力，或者说这是他的天性。

做这些其实还缘于一个内在的潜质，就是他的执着和他对科学的热情。如果一个人任何苦难的遭遇——妻离子散、屈辱蒙身，都不能打败他，那么他要不成功，天理不容。

这样的遭际，是笔墨难以尽述的，可是他却蘸着血泪写出来了。这是来自心灵深处的呼唤。

相信这样一本书，使读者尤其是年轻的读者，通过老一代知识分子的命运，了解那个时代，了解他们的内心的追求，学习他们勇于奉献自己、不计先生小我、九死而不悔的执着，意义非常。尤其是在物欲横流的当下，激浊扬清，就更加难能可贵了。

如今朵先生已经八十高龄，但仍然精神矍铄、意气风发，丝毫不亚于年轻人。为了中国的兵工事业，依然在辛苦忙碌。作为同龄人，我深深佩服。

媒体一直称他为“中国枪王”，但他一直拒绝这样的赞誉。其实通过这本书，你就会知道，他当之无愧。

现在的世界仍处在动荡中，并没有天下太平，国外势力还在阻挠我们国家的发展，远不到刀枪入库、马放南山的时候，因此我们的“枪王”也还不能高枕无忧。他那睿智的头脑还需要继续崩放智慧的火花，用以加固祖国的长城。

来日方长，老兄，继续跃马扬鞭吧！

朵先生嘱我为他的这本回忆录作序，深感荣幸。不揣庸愚，作此短文，聊表心意。

程树榛

2013年2月2日于北京

（作者系著名作家、《人民文学》杂志原主编）

序二　为了记住那个年代

朵英贤先生打来电话，嘱我为他的《自传》写序，我真的感到诚惶诚恐。一是朵院士作为我国第四届工程院院士其学识之丰富自不必说，二是我和朵先生从事同一个行业——在兵器科技战线奋斗了若干年，但自我走进这个领域就知道朵英贤的名字，算起来应该是我老师的老师，其资历更不必说。所以迟迟不敢答应写序的事情。但执拗不过，老人家非要我写，只好为老人家写个东西。不管怎样，这件事使我从心底走近了这位我所崇敬的大科学家。

朵院士的《自传》一直是我催着他发表的。起因是我在整理中国兵器科学院院史的时候，了解到为我国轻武器奠基的科学家朵英贤院士的一些事迹，十分感动，于是走访了朵院士。第一次走访的时候，朵院士只轻描淡写地说了一些无关痛痒的事情。这使我产生了第二次见他的想法。也是在第二次单独会面的时候，朵先生为我拿出了一个小册子，我打开一看原来是他自己写的回忆录也就是这本《自传》的雏形——《一路苦苦菜》。我如获至宝，当天晚上，十余万字一口气读完了。合上书的时候，我抑制不住大哭了一场，以致妻子不知道我发生了什么事，跑到我的房间来安慰我。我深深地被朵院士的身世感动了，从小册子里我了解到作为一位中国的科学家朵先生身上所体现的坚忍不拔的奋斗精神，更了解到了朵院士身世坎坷，是他的身世让我痛哭不已。读完这本小册子后见到朵院士说的第一句话是：太不容易了！是的，一个年轻有为的学者，一夜之间忽然就成为被揪斗被批判的对象，一个从没有伤害过任何人的善良人突然妻离子散，天各一方，无辜的孩子成为浪迹人间无所依靠的孤儿……这种种磨难，他是怎么样挺过来的？在风雨中飘摇的那个家庭又是怎么样凭着一种亲情与挚爱重新走到了一起？这些艰难曲折的身世由朵院士娓娓道来，感受他的感受，体会他的体会，的确令人感动。实际上，这本小册子只是朵院士自己对自己的心灵安慰而已，并没有想到把它公之于众。在后来与朵先生谈感想的时候，我就动员他出一本自传。作为中国的科学家，朵先生的身世并不奇特，在那些令人绝望的年代，朵先生一路艰难地走了过来。令我们后辈感受最深的是那些磨难没有能使一位学者倒下去，恰恰相反，从磨砺中走出了一个杰出人物，这就是这本自传所能向人们披露的精神内涵。这种内涵对我们年轻的学者来说是一笔宝贵的精神财富。

出生在黄河岸边的朵英贤先生，从小就受到儒家思想的熏陶，治学、报效祖国在他的幼小的心灵上打下了很深烙印。在他一路求学的路途中，那些燃烧着自己生命之火点燃年轻人心智的老师们所给予他的影响是深刻的，以至在他步入耄耋之年都会念念不忘，能如数家珍地记起他的小学老师、中学老师的名字以及对他一生的影响。

从事兵工事业的朵英贤先生，勤勉热忱、励精图治，和他的同事们共同创建了我国第一个自动武器试验室，并在技术上领衔设计了我国建国后第一代机枪——67式轻重机枪。就在他意气风发要把自己的青春熔铸到国防事业中的时候，突如其来的“文化大革命”使他步入了一段黑暗岁月，几乎让令绝望。改革开放以来，特别是十届三中全会以后党的的拨乱反正、实事求是的政策精神，使这个已到中年的学者焕发了青春活力，先后在发动机技术领域、在轻武器技术领域都屡有创造。特别是在“九五枪族”的研制上，58岁的朵英贤作为系统总设计师带领研发队伍出色地完成了研制任务，为我国轻武器的发展奠定了基础，成为名副其实的我国“枪王”。

走过人生八十年的朵英贤先生，尽管饱经人间风霜，但却有着自己的做人做事的执着。他要求研究生不仅学问要有长进，做人也是一流的。他常讲，要做好学问先要做好人，与人为善、关心他人疾苦成为他一生的座右铭。在他七十多岁的时候重返故里，看到家乡人生活还是很艰苦，就与当地的官员探讨致富之路。回到北京他亲自执笔给胡锦涛总书记写信提出一条关于老家山区修路的建议。并上下奔走，终于促成了一条从山区到兰州的高速路的修建。当得知老家的乡亲为一条路的修成而受益的时候，一直悬着的心终于落下来。他想把建国以来我国自动武器技术做依次梳理，让后人认识到前人走过的路，积累的经验和教训，并以此来带动该学科的后学踏上巨人的肩膀，于是，已是八十高龄的朵先生亲自挂帅，整理编著大型丛书。这就是一个科学家的为人，朵先生用他的一生的实践塑造了中国科学工作者的做人风范。

作为第四届中国工程院院士的朵英贤今年正好八十岁了，至今仍孜孜不倦地读书，勤勤恳恳地写作。自从决定公开出版这部自传，朵先生就一直在修改完善，几易其稿，其严谨态度读者可在字里行间找到答案。当我们捧读这部自传的时候我们不仅会了解许多朵先生鲜为人知的科研与生活的往事，更会体会到一位科学家自身的修养与自勉。

于子平
2011年3月11日
（作者系中国压制武器专家、作家）

题记——

一生从动乱中走过来的父亲，经常告诫我们，“苦难是与生俱来的，那是前世积淀的业，要伴你一生。一旦遇到绝望的时候，要记住八个字：比上不足，比下有余。”

艾森豪威尔总统年轻时候，母亲经常告诫他，“不论牌好或者不好，你都要坚持玩下去。发牌的是上帝，你能做的就是竭尽全力，争取好结果。”

目　录

第一章

“更富一村”

“怎么！您是从那全国有名的穷乡僻壤之地永靖县来的?”“是的，那是后来连续建了三个水电站的地方，凡是建水电站的地方都是穷山恶水，穷得响叮当。可我在这里的家乡却是很美，您可能不知道。您一定听说过‘黄河九害，为富一套’，现在，还要加一个‘更富一村’，富了我们村！这下您就该明白了。”1932 年农历 2 月 22 日，我就出生在甘肃省皋兰县抚河村（原名抚河湾），这是远近闻名的富庶乡和文化村。

流经青海省东南部的黄河，一进入甘肃省就要连续闯过炳灵峡、刘家峡、盐锅峡和八盘峡，一路浩荡，一路咆哮，河道两边尽是悬崖峭壁，近百里路，行人只能绕开河道，真是“千山鸟飞绝，万径人踪灭”。可一出盐锅峡口，一改那狰狞的面孔，在那平坦的河道和曲折开阔的山窝里，微波荡漾，一下子变成了轻柔妩媚的少女。河道两旁孕育了好多村庄，人们在这 20 多里的河滩里占尽了黄河的水利，水渠纵横，田连阡陌，果树成林，更有那水车水磨相间，白杨绿柳成行。受益最大的当数抚河村，因为她还有一股泉水，可以浇灌地势较高的农田，全村几乎全是水地，旱涝保收。黄河从抚河村的西南切入村头，抚摸大半个村子边缘后转向东去，正好流经西宁的湟水从这里激流入黄河。入口的上流正好是黄河又要收窄和转弯的地方，名为“窄道拐”，其上只有一条很窄的人行道，其下则激浪滚滚，惊涛拍岸，又恢复了狰狞的面孔。我的一位远房沈家姨父在这附近摆渡，有一天被激流掀翻皮筏，人被卷走。那时我正在上小学。村民们集资，在窄道拐高台上修建了一座龙王庙，企望龙王经常行云布雨，滋养一方，消禳水患，保一方平安。再往下行，就到了八盘峡的第一盘（即第一湾）红崖浪，红崖浪因巨石嶙峋、浊浪排空、对岸被冲刷成赭色的高崖得名。这里已离开抚河村。河湟谷地开阔肥沃，自古就是兵家必争之地。抚河村处在腹部，恰似镶在水峡链条中的一颗珍珠。

村子东北有大小两座山环抱，村民们看到它们对村庄环境的保护作用，遵循古人“用之有时，取之有节”的教导，给这两座山取名为“大护山”和“小护山”，并约定不在这里放牧、取土。因此，这里的平川绿草青青，山野灌木葱葱。我家就在小护山下面。黄河岸边的平地上广布着枣树，树龄高达数百年。一股清澈的泉水自大护山后流出，沟口的总落差大约在百公尺以上，泉水的流速很急，珠喷玉溅，飞流直下，村里的刘家和祁家，沿急流处连续修了两座水磨坊，为周围的村民磨面。水磨坊下泄出来的水先是流经一个育有很多柳树的漫滩，接着叮咚不歇，翻着银花，直奔小护山旁的丫沟村头。丫沟村是抚河村的一个小村，相邻的还有一个下庄村。村头有一个堰口，用来导流泉水。丫沟村南和村东各有一条干渠。村南灌溉农田时，将水导入南干渠。村北灌溉时，将水导入东干渠，在丫沟与下庄分界处（此地叫作二里半），利用一个小瀑布将水导入北干渠。黄河岸边架着一座黄河特有的水车，高约 20 米，在河水驱动下，自是“昼夜旋转自轮回，倒雪翻银九曲限”。打上来的河水也被用来浇地，所以有泉水地和车水地的称呼。因为这股泉水含有较多的微量元素和有机物质，肥田功效很高，本是一片枯黄的庄稼，经泉水一浇，一夜之间就变得绿油油一片。拥有泉水地就意味着得高产，因此为争泉水和泉水地，村民间也经常发生冲突。一般是从南干渠开始分户轮流浇地，按每户地数多寡分配用水时间，到时换户浇水。问题是当时农村没有钟表，只能用点香的办法概略计时，但是风大了香烧得快，雨大了香烧得慢，甚至点了又灭，灭了又点，更有故意弄灭的，交香的和接香的对不起来，怎会不起纷争呢？那时的人比较淳厚，争吵一下也就罢了。不过，泉水碱大，浇上一年后土壤就泛碱结块，为此，整个冬天要从黄河岸边淘沙，用牲口驮往地里布撒，以增加土壤的松软度。这确实是一种苦活，美中不足。河谷地带山环水绕，风沙难以吹到，气候温润，一年可种两茬庄稼，盛产小麦、小米、大枣和烟叶。被山水环绕着的村子绿树葱茏，好似美丽的桃花源。在当时的条件下，村民的温饱有保证，但商业不发达，村民普遍缺钱，每年只能靠出售大枣和烟叶来补充生活费用。黄河水运是流通的主要方式，运输工具主要是羊（牛）皮筏。离这里十里以外，就是偏僻的山区，比较贫困，因此人们争着把自己的姑娘嫁到这丰衣足食的村庄。抚河村的年轻人不怕没有漂亮的媳妇儿。

抚河村原名马家湾，原是回民聚居的地方。大约是 1890 年，在“河湟动乱”（河州事变）中，回汉民族矛盾加深，马家湾的回民弃家迁往回民多的地

抚河村鸟瞰（冬天）

区，而从河州（今临夏地区）一带逼走的汉民就涌入了马家湾。据老人讲，回民是仓促离家的，厨房的锅里还留着煮熟的食物。生活走上正常后，村庄开始举办各种公益事业。首先于光绪二十一年（1895 年）开了一个官办私塾，延聘老师授课。几位秀才将村名“马家湾”改为“抚河湾”。意义双关：一是依景取名，“抚摸黄河”之意；一是依史取名，“安抚河州难民”之意。这个名字取得非常雅致。永靖县于 1929 年建立，寓意“永久安定”。汉族为主（回汉比例约 1:20），早期的县城设在莲花堡，于 60 年代被刘家峡水库淹没，县城迁往刘家峡镇。抚河湾于 1958 年由皋兰县划归永靖县管辖，所以我属于甘肃永靖人。

黄河水车

羊皮筏（准备离岸）

20 世纪 40 年代，生活在西北山区的百姓，还处在文化荒漠中。尽管村子里有几位秀才致力于文化建设，走出了像张心一（原我国农业部顾问，农学会名誉理事长，1996 年去世）这样的杰出人物，但这只是凤毛麟角。大部分人是文盲，还是愚昧，精神生活离图腾时代似乎并不遥远。白天里，念书的念书，劳动的照常日出而作，日落而息。晚饭后给牲口喂上夜间草料，把鸡、猪和羊圈起来，妇女们这才管一管自己的孩子，给他（她）们擦洗的擦洗，缝补的缝补。末了，为了节省灯油，一家人摸黑上炕睡觉（试想一想，天天这样长夜相偎，人口能不增吗）。但年轻人和小孩们吃饱了饭，就要跑出家门去玩，去的地方多是抽烟人聚集和聚众赌博的地方，主要是听大人们或羊倌讲白天发生的事，不外乎是人和狼的故事，人和鬼的故事。编造得离奇可怕，毛骨悚然，可就是爱听，也不愿离开，依着炕沿两只小胳膊支着小脑袋，眼睛一眨也不眨地听着。说漏的情节，还要追问到底。夜深散场，各自回家，村子里漆黑一片，很窄的巷道，没有一点光亮。想想刚才的故事，说不定一条趁黑钻进村子的狼或者某个冤魂就跟在后面，头皮发麻，头发也似乎要竖起来，为了壮胆，便大声骂两句，弯腰抓一把泥土向后撒去。要不就用石头边走边敲墙，直到自家门口的狗迎上来叫一声，心里这才踏实了。但是，今天一过，明天夜里照旧去。这是唯一的“娱乐”场所，还能去哪儿？就这样，整个村子被这种鬼神文化所笼罩。我有一个大我两岁的姐姐，八岁那年夏天，在地里劳动结束回家的路上，捡到一把别人掉下的菜叶，回家后交给厨房作成凉菜。晚上，姐姐腹部暴疼。那时，人们还不知道这是急性盲肠炎，而认为那把菜是焦家村的人丢失的，是焦家村的“猫鬼神”跟了来报复的。结果姐姐就被耽误了。为这“猫鬼神”的事，焦家人的娶嫁长期受到严重的影响。有一天半夜，轮到张家接浇泉水，去的人酒喝多了，误把交水的人当成巡夜的财神。他常听说，财神每天要巡夜，只要抱住不放，求求称几块石头，就变成黄金。今夜碰上了，多难得的机会！于是放下铁锹，蹑脚走到那人身后，一把抱紧，大喊“快称石头”，那人被吓得魂飞天外，甩掉灯笼，仰身倒地，一时气绝。张家的这人已被吓醒，知道闯了大祸，撒腿跑回家中。第二天才发现死了人，泉水无人管，溢了一大片。生活中这么多不解的事，大多数要归结到鬼神。思想愚昧自不必说，例如，我们一群十岁左右的孩子曾经坐在一起讨论过：“蒋介石委员长拾粪（积农肥），是不是用金子做的拾粪叉？”在我们的头脑里，天下无人不务农，无人不积肥，蒋介石官再大，也要积肥种地，不过工具比百姓的好些罢了。深山里的孩子，封闭得太久，联想倒很超群。

父亲经常讲，我们的祖先可能是羌族（藏族的北方部落），经过元末明初动乱迁到青海东部地区。明清时期曾是当地一个藏族土司，清朝中期因管理失控，改土归流，失去了土司职位，便率领家族向地势低缓水草丰富的地方迁徙。中途分成多股，有一股到达甘肃省导河县与青海交界的称作马营的地方，集中栖息在一个大谷地。后来该地被周围的汉民称为朵家沟（现属永靖县川城镇，与青海省交界）。经过几十代到我祖父这一代时，已汉化为农耕为主畜牧为副的家庭经济，祖先的遗物只剩下一把春秋大刀和精致的盔甲，每年春节期间祭祖时供出来。祖先没有文化，留给后人的就这么一段简单历史，再有就是朵家沟30多辈的祖坟。我哥哥在世时记得比较多，他很想沿着祖先的足迹做一番调查，终因交通不便和身体不佳没能实现。一直到了19世纪末期，大约是1890年前后，发生了“河湟动乱”，回汉两族发生纷争。朵家沟的人大量流散，祖父朵树棠又带着全家驮着粮食、赶着大群牛羊走上逃难的路。走到黄河边上一个叫腊排的地方，四处来的难民聚集到一处，仍没有找到落脚的地方。祖父的一家发生了很大变化，大儿子返乡去祭祖，被回民所杀，几个孙子去别的地方打工谋生，因水土不服，牛羊大量死亡。后来听说马家湾（即今日抚河村）的回民弃家逃走，难民们便长途跋涉，奔向马家湾。在迁徙中因劳累过度，二儿子得伤寒病去世，继之二儿媳因生产得病去世，只剩下15岁的三儿子朵含华（这是我的父亲），一家只剩下四口人。难民从河州五个地方迁来，据说这五个地方的难民分为五个“社”，五社的头人把耕地好坏搭配后，分两级抓阄的方式分配到户。父亲生于1875年（好像是同治14年），从小就被送到几十里外的私塾读书。祖先代代相传习武，到了祖父这一辈，已由刀枪改为棍棒了。这是族群间长期械斗形成的习惯。在中央管辖的地区，打死人要偿命的，使用棍棒一般不会伤人命。大伯父和二伯父都是一身棍棒武艺。祖父把我父亲送去读书，这也是一种进步。由于建村很迟，土地和房产基本平均分配。我家人口少，分得的地少，又是老弱，家境中下等。直到20世纪40年代，村子里贫富分化还不大。解放后，中农占绝对多数，农村的各项改革进展迟缓。“文革”时，有军宣队常驻，说是本村贫下中农不占优势，帮助贫下中农开展政治运动。

再说一说传奇的永靖县。永靖县地区是原河州的北乡，东乡就是现在东乡族自治县的主要部分。东乡族原是元朝戍边部队的后裔，一些习俗还保留着蒙古族的特色，现在信仰伊斯兰教。西乡现在临夏县境内。永靖县大部分是山地，但黄河从炳灵峡开始，经刘家峡、盐锅峡及八盘峡共一百多里河段，蜿蜒北上穿过永靖县中部。在永靖县成立前，这里曾是导河县的主要部分，也是古代唐朝从兰州（金城）通往吐蕃地区的咽喉。唐朝文成公主、金城公主和番

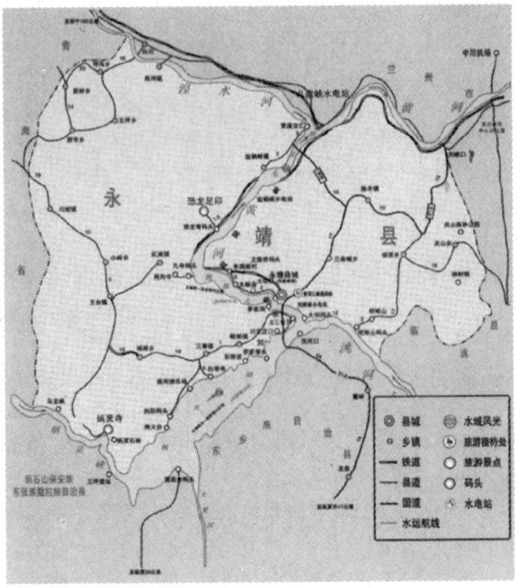

永靖县略图

都从这里经过。这一百多里的河谷平川地带气候温润，一年可产两茬庄稼，盛产小麦、小米，还有大量的水烟叶、瓜果、红枣，是一个狭长的米粮川。水运也很发达。水运工具是木筏、羊皮筏和牛皮筏，近则通往省城兰州，远则通往内蒙古包头。河谷人口接近全县人口的半数，其中相当一部分是外来的移民和难民，我的家乡抚河村就是其中的一个。但山地上居住的人就差多了，全是旱地，靠天吃饭，一年一茬庄稼，主产土豆、小麦、荞麦、大麦和各种豆类。副业是牛、羊。玉米是高产作物，为什么不种玉米？至今我没有弄明白。那时，只在地垅上种一点，供孩子们吃嫩棒子。有一句民谣是这样道出山川之间差距的：

姑娘门前站，

不嫁塬上汉。

虽说山地收成差，但由于人口稀少（全县总人口 10 万人左右），气候比现在好，广种薄收，即便旱上一年两年，总能盼来一年好收成，吃饭水平不犯愁。卖羊卖牛卖皮毛是他们的主要经济收入，捻毛线、织毛线布、擀毡可以自给自足。生活很简单，有盐就行。人与自然可以和谐的生活，只是文化水平及生产力很低，没有充分利用大自然所赋予的条件。他们甚至过着人与动物“和谐”的生活，山村人烟稀少，一个山窝窝也就是两三户人家，人对于家畜很亲近。这一点城里人很难想像。譬如一到吃饭时间，猪娃、狗、鸡，甚至羊羔都同在饭桌周围拣食掉在地上的食物。一不小心公鸡就会把孩子手中的食物叼走，主人时不时生气地扬起手，可要不多久吓跑的公鸡又围拢来了。主人把锅中最好的拣完以后，剩下的就分给狗和猪，猪娃要是不识趣地闻一闻狗盆子的食物，耳朵少不了被守在一旁的狗咬一口。长期的生活，使动物之间也有了座次。怪不得山里的猪肉好吃，原来一年四季全吃粮食。农民们饭后吸上旱烟，抚弄着吃饱的孩子，河谷平川的人一年忙个不停，没有他们活得自在。可到了大旱之年，按照惯例还得找平川的人来接济，或投亲访友，或借贷，或打短工。或许跟平川的人多是早期移民和难民有关，对灾民给予很宽容的接纳。扶贫济困，帮助渡过难关，这也是人与人的和谐吧。

记得在1920年之前的一年，车家寺一车姓大户人家逃灾来到抚河村，住在我家外院，四子三女，靠打工和借贷度日。到了开春，全家驮上借来的种子回了老家。为了经济债和人情债，临走，把三个姑娘分别嫁给了相邻的朵家、陈家和刘家，彩礼分文不收。我家娶的是大姑娘车春喜，成了我大嫂。我妈常说，大嫂是姊妹中长得最高最俊的一个，一双双眼皮的大眼，配上一对黑长的眉毛，性格又很沉稳，我大哥最有福气。大嫂一进门，便成了母亲的贴心帮手，顿觉轻松了很多。光阴荏苒，便到了1929年，这是提起来就使人害怕的“民国十八年”。那年前后，甘肃全省持续大旱，饥饿夺去了无数生灵，树皮全被剥光充饥，饿殍遍野。永靖县也不例外，山区的人涌到平川地区，人心惶惶。要饭的人越来越多，发展到强行索食，不给吃的就不走，矛盾日益激化。那时的民国政府是个空架子，军阀当道，也到处掠食。父亲已不管家务有十年了，看到这种情况，便召开家庭会议。要不要打开自家粮仓，争论不已，最后他说：“我家也曾是难民，不是沿途百姓周济，哪有今日？现今是回报时节，善有善报，上苍有眼哩！”随即决定，放开自家粮仓，动员全家妇女淘粮、磨面、煮粥（面疙瘩汤）施救。全家男子一面护好庄稼，一面为煮粥砍柴禾。他自己走访了几家殷实富户，动员他们一起施救。因思想过于紧张，一家也没有响应他。他感到一家开仓无异于“杯水车薪”，干脆进省城，利用旧关系，筹措粮食。我家门口架起了大锅，一天施放一次。“总指挥”是母亲，“总后勤”是大嫂，门前维持秩序的是7岁的姐姐英莲和9岁的大侄女尕招。其实，用不着维持秩序，饥民们自己就会维持，有的还主动地拣来柴禾送到门前。母亲还准备了些混合面（白面和麦麸面）烙的饼子，遇到妇女抱着孩子来，就让姑娘送去一块，递到手里。现在看来，这种粗面饼子的营养反倒最全面。母亲和嫂子们的娘家都在百里以外的山区（罗家川、车家寺、红柳台等），她们惦记着自己的亲人，并以极大的同情心对待前来的饥民。父亲的决策是对的。

这种施粥的方法，维持了好几个月。直到老天下了一场大雨，饥民们赶回家抢种去了。

永靖县的许多村镇还保留着古代流传下来的傩文化（傩舞、傩戏、傩仪）。每年的农历七月要进行一次“七月跳会”用以驱鬼除邪，酬神还愿，祈祷风调雨顺及怀念祖先。傩舞也叫会手舞，会手们（扮演者）每个头戴红缨毡帽，身着玄衣朱裳，斜搭一块三角红布，每人手持丈余高的鸡毛旗，由24人组成，队伍前由穿黑袍手持刀、斧、剑、戟的四人领头。会手们跳的内容有“太极八卦”、“冲破四门”、“旗开得胜”等十几个阵法，有鼓乐伴奏。整个是锦旗招展，金蛇铁骑，这被艺术家称作舞蹈的老祖宗。傩戏也叫面具舞，演出时演员不化妆，演什么角色戴什么面具。在平地上演，角色不说话，是一种哑剧。在演的过程中有场外人给以旁白。傩戏的内容有古代的神话传说、宗教故事、战争故事和滑稽喜剧等，如“二郎神降猴”、“杀虎将”、“出五关”、“笑和尚赶雨”等。这被艺术家称作戏剧的活化石。傩仪就是“七月跳会”的祭祀仪式，而傩舞傩戏则是祭祀活动中的歌舞形式，也是最重要的内容，跳会（也是祭祀）活动的序幕是请神、献盘（每户农民一盘）。祭祀过程是献牲、朗诵《跳会禀说词》、礼拜、祈祷、占卜，而后歌舞。仪式继承了原始的神秘主义，发展了怀念先祖的内容。傩文化在我国江南早已有之。永靖的傩文化与明朝朱元璋派兵西征有关，因实行“屯田戍边”、“移民实边”政策，遂将江南一带的民间祭祀活动带到永靖一带。长期以来，形成了永靖特色的傩文化。

永靖县更有奇特事。永靖县的孔子世家从明代起有了少数民族，最多的是回族，在永靖的已有2000多人（有去青海和云南的），此外还有少许东乡族、藏族和土族。宗教信仰不同，但孔氏辈分不乱，每年清明都有代表到大川村祖庙祭祖。这是长期和谐共处的见证。

永靖县也有一段别史，这就是烟祸。民国以来，甘肃、青海、宁夏被回族军阀占据，有三个军阀是马步清、马步芳、马鸿逵，都是河州人（现甘肃省临夏回族自治州）。他们的祖先马占鳌是清朝河州军阀，左宗棠西进新疆时，在兰州收服了马占鳌等。因平乱有功，报请朝廷论功封爵，马占鳌等被封为西宁镇守使和银川镇守使。后来，马家军阀依靠这两块地方扩充实力并建立了回族主持的政权。民国时期，中原长期混战，为马家扩充实力创造了条件。等到民国时期北伐结束，西北马家军阀俨然成了西北王。但他们还不是国民党的嫡系，得不到军火供应。为了大量获得军火，马步芳在其实际辖区青海省及河州地区鼓励种植鸦片，通过鸦片生意间接购置军火。因鸦片的经济收入高，土地较多的农民开始种植罂粟。幸亏那时商业不发达，农民还要保留口粮耕地。对鸦片的负面作用农民毫无认识，更不知道中国境内还发生过鸦片战争。永靖境内的坡地边角地旮旯地，几乎全种上罂粟，我家也不例外。我还记得小时吃烟壳中烟籽的情形，味道好极啦，能充饥，吃多了就不想吃饭。后果却相当严重。就拿抚河村来讲，到了20世纪30年代，抽烟人卖地卖房已不稀罕，有的竟把老婆偷偷地卖给债主。抽烟成了风气，贫困户多起来，到外村去偷盗去抢劫的事常常发生。但父亲是有文化的人，头脑清醒，不准子女抽烟玩赌。家法极严，除了说服教育，处罚也不轻，子女们都不敢沾染。这里有个笑话。一天，有两个人到私塾找先生为他们写字据，甲欠了乙的烟债，说定在麦收后甲将自己最后三亩地作为债款交给乙。老先生一听，沉思片刻，便很快提笔写了字据。写完后念给他俩：

甲欠乙银款100圆（那时还流行银元，俗称袁大头），经双方协议，甲将泉水地三亩秋后还债，该地东邻张家，西邻王家，南邻李家，北邻赵家，地址无误，届时交地，以此据为证。

两人都不识字，听先生一念，立即画押并带着字据离去。时间到了秋后，乙到甲家索地，甲不认账，遂各拿字据去找先生。先生看了字据，立即批评甲，快把家中厨房大铁锅拿给乙还债。乙大为惊讶，明明是债地而不是债锅呀！立即争吵起来。先生就念字据，字据云：

甲欠乙银款100圆，经双方协议，甲将煮食锅一口秋后还债，该锅东邻案板，西邻水缸，南邻灶口，北邻烟囱，地址无误，届时交锅，以此据为证。

读后请二人再对证字据。乙明知先生欺他不识字造了假字据，气得直跺脚，遂萌发良心连锅也不要了。甲则“死里逃生”，把烟戒了。

鸦片对永靖县的毒害很大，临夏地区多是回民。伊斯兰教不准信徒抽烟喝酒，所以回民抽烟的少，贩烟的多。永靖县境内，汉族为主，没有宗教约束，抽烟的多，贩烟的也多。我们的好多亲戚把好端端的家业给抽败了。我们村的大户因为习染鸦片，光景大不如前。20世纪40年代，民国政府力主禁烟，刑罚颇重，这一带公开种罂粟被遏制，但风气已成，难以奏效，直到共和国成立才得到彻底禁绝。

值得一提的是，20世纪60年代，在县境内外连续修起了大型水利发电站，分别是刘家峡水电站（100万千瓦装机容量）、盐锅峡水电站（20万千瓦装机容量）、八盘峡水电站（10万千瓦装机容量）。从炳灵峡到八盘峡一百里水路变成三个蓄水库。“文革”期间建成发电。据统计，截至2006年，三个

1959 年周恩来总理
听取刘家峡水电站施工汇报

刘家峡水电站

水电站总发电量超过 2500 亿千瓦时，为西北地区和甘肃省的工业发展做出了重大贡献。这里包含着永靖河谷地区 10 万多农民顾全大局牺牲自己的丰功伟业。移民工作是在“文革”时期进行的，那时缺少人性化管理，一律强制搬迁到干旱的山塬。对移民的安置很简单，不像后来对长江三峡移民那样周到。这 10 万群众一下成了贫困户，加上原来山区贫民，全县成了全国有名的贫困县，40 年以后还在吃救济。改革开放以后，一直在政府领导下艰难地努力脱贫。2007 年初，我第三次去家乡，与县政府主要领导讨论根本脱贫问题。长期贫困，积累的问题太多太久。我们的共识是先修一条通过移民区直达省城兰州的高等级公路，让农民能走出来，物资流通起来，其他问题缓图。回到北京以后，我设法向中央领导做了书面汇报。

洮河口与春萱、春昌、进民（2001 年）

刘家峡炳灵湖（1995 年）

2007 年 12 月中旬，中央总书记胡锦涛根据我的报告，批示甘肃省委考虑永靖地区移民脱贫问题。甘肃省委通过调研，支持先期修建一条由兰州经过水库移民区及黄河三峡（炳灵峡、刘家峡、盐锅峡）的高等级公路，建成后必定能够为本地区彻底改变面貌奠定基础。刘家峡水电站建设中，总书记就在大坝上创业，了解实情，永靖地区群众和干部的脱贫干劲已调动起来。一条从兰州市达川镇至临夏市析桥镇近 80 公里的高等级公路已于 2008 年 11 月 18 日破土动工。甘肃省将把这碧波万顷的三个水库连起来，建成黄河三峡旅游度假区，我的家乡将不再是“苦美”了。

在抚河村与乡亲们对话（2008 年）

与临夏州马青林州长、
省交通厅杨咏中厅长

与临夏州王玺玉书记、
省电视台节目主持人薛立丹

2008 年 3 月 16 日
甘肃省委书记陆浩接见

第二章

父亲的梦

父亲在抚河村结婚后，于 1893 年和 1897 年先后生下了我的大哥英俊和二哥英杰。这期间，祖父将流落在外地的两个孙子收拢在一起，家中劳力鼎盛，人口众多。不久，祖父去世，父亲那时不到 20 岁，家业还和初居抚河村时一样，但家中人口已很多。父亲是一个怀有大爱的人，爱是隐形的，不加显露，是深沉的，承载着所有晚辈的生存和愿景。他身体不壮实，但农业管理得很精，很勤奋，常说："人误地一时，地误人一年。"也很会筹算，充分利用地力，常说："吃不穷，穿不穷，盘算不周年年穷。"尤其是农时，把握得很主动，小农经济本是靠天吃饭，他长期观察，已大致摸准了本地区两天以内的小气候，预先做好农事准备。他开玩笑说："《三国演义》中有个草船借箭的故事，诸葛亮凭着隆中务农的经验，猜出三天以内的气候，骗来了曹操的十万支箭。"为了不使子弟们沾染烟赌，治家也极严，晚辈们很佩服他，也很怕他，只要他进家门时咳嗽一声，坐在屋里的子侄们立即下炕穿好鞋，说不定召谁有事。然而就这么料理多年，家境还是变化不大。他深知，光是四位年纪大的侄子迟早要另立门户，都要一份田产，而抚河村又没有扩展余地。1904 年左右，两位大哥的母亲过世。1907 年我母亲罗有梅续弦进家，娘家在罗家川，生于 1889 年。这正是父亲彷徨无计的时候，母亲贤惠刚毅，把家事管理全部承担下来。父亲脱身农事，全力投入经商。那个时候农村经商的人不多，加上父亲有文化，比较睿智，十几年时间，就在附近的小寺沟村和下草坪购置了不少田产。这时又发生了一件事情：父亲本想再置办田产，来安顿所有在家的侄子们（麻从和福佑二人为首），这时家里已有 30 多人，劳力非常鼎盛，成了本村最大的农户。可是万万没有想到他们早已作好打算，要回老庄朵家沟，因为动乱以后老庄的田产还在。父亲很不理解，老庄三年两旱，地方偏僻，生活困苦，这里全是水地，旱涝保收，又没有汉民回民的纠葛，所以骂他们是“活得昏了头”。原来，他们正是不愿干这水地农活，一年两茬庄稼，从施肥、播种、收割再换茬，中间十几道作业工序，还有一冬天的积肥和驮沙，一年不得闲。老庄是旱地，播种后就等收成，虽说三年两旱，颗粒不收，可收成一年就能管三年。那个时候气候不像现在这么干旱，地多人少。一年农闲时间长，不是玩牌就是晒太阳，白天晚上都有老婆陪炕头，孩子随便生，虽然清贫，可懒散自在啊！这些想法难于在父亲面前启齿。父亲的家法特别严，严禁子弟玩赌吸大烟，违犯者就要受家法惩治，轻者罚跪，重者罚杖。永靖县种大烟风气很盛，须有严厉的家法。这又助长了他们回老庄的意念。随着这一批人的离开，顿感家中劳力不足，因此，祖母收了一位义子（名双喜；他的儿子聚英后来也去了老庄），协助料理农活。后来两位哥哥长大成家，家道逐渐稳定下来。几年来父亲受到现代商业的熏陶（主要是大批的晋商从沦陷区来到甘肃），经营农产品挣来钱就设法在商号入股增值，购置田产，不像有些人家把钱换成银锭或银元装在陶罐里，埋在地下。后来，在黄河边修了一座水磨坊，又修了一座榨油坊。他喜欢养牛羊，就在离村10里处购买了荒废多年名叫“下草坪”的山地，便于大量放牧牛羊，又把一小部分山坡送给别人，为的是有个做伴的人家。

正当家道蒸蒸日上，父亲还年轻力壮（约45岁）的时候，不知感悟到什么，便将家事逐渐移交给已成家的两位哥哥，母亲也跟着把家事交给两位大嫂，才30出头，便成了村子里最年轻的“老奶奶”。父亲一头钻进佛教居士林，念起佛经来了。据母亲给我们讲，自从几位堂兄去了老庄，父亲置业的劲头立即松下来。父亲认为置办的家业已能保证旱涝温饱，若再置产业，家中劳力不济，就会过上出租度日的生活，子弟们可能会逐渐染上好逸恶劳、抽大烟玩赌博的恶习，再大的家业也会败落在他们手里，不要说“五世其昌”，连一世也支撑不下来。本村这样的事例不少。为了持久地以农立家，父亲对后代的婚事要求很严，挑选很细：大户人家的姑娘，不能吃苦，不娶；小户人家的姑娘，嫌她们事事计较，家中容易失宁，不娶；本村的姑娘，嫌娘家太近，不娶。所以，我们家的亲戚基本上都在数十里以外的家境中常人家。只有一个例外：我家隔壁是一个大户人家，是本社的头人家，而我家是一个新起的大户，因种种原因两家总是不和睦，父亲觉得在他活着的时候不解决，就会变成后患。于是给我母亲说：“你把儿子献出来，我们学一学汉朝的‘昭君和番’吧！”接着请人说媒，把隔壁的姑娘娶了过来，这就是我的三嫂刘占梅。原来，三嫂又漂亮又贤惠，还有一手绣花的好功夫，大我 18 岁。我生下来以后，母亲经常顾不上，三嫂没有少操心。

父亲是 40 多岁的人，猛地扎进佛堂，要脱开尘事也非易事。他想到儿子们都很老实，还牵挂着他们日后的光阴。等到 20 世纪 30 年代，便倾其所有，在省城买了一小院旧房，想以此来支撑儿孙们上学。古时候有文人“致仕归田”、武人“解甲归田”的说法，外边做官，须以内有田产为依托。现在，田产已有了，剩下的就是让子女们受教育，走出农村去做事，这是典型的农业社会士大夫治家模式。在这种思想指导下，我两个姐姐和一位大侄女先后嫁到省城，父亲移住城里，母亲则照管在省城上学子弟的生活。三哥、二侄和一位姪女婿在城里读完中等学堂，其他人因农村劳务所绊，未能上学。

父亲感于经过几次动乱，朵氏家族失散太多，流落各处逃生，历史都是口传，没有留下文字内容，讹误太多。于是收集资料，建立了一个族谱，同时，将后人的辈谱用五言诗做了规定：

含英春景茂，
积善家道畅；
竹森丛心厚，
奕叶永留芳。

以他为第一辈，取名朵含华，以衔接朵家沟的辈分，以后都按这个辈谱下传，他身边的几个儿子和侄子取了“英”字辈。他还利用他在省城的条件，将族谱和辈谱托付行商带到其他有朵姓人士的地方。此谱在那罪恶的“文革”中被付之一炬。

母亲生下我们兄妹共六人，活下来的只有三人。现在看来，当时农村的人对生下孩子能存活多少，心里没有底，在没有社会保障和医疗条件的情况下，多生是为了“防老”，重视生男是为了劳动力和接续“香火”。多年以来，在计划生育中把“重男轻女”、“多子多福”思想，仅仅看成是封建思想，而长期不重视社会保障的推进，不能不说是一个重大的误区。存活下的三人中，三哥英彦 1916 年生，姐姐英莲 1922 年生，我最小。生我时，母亲已 43 岁，父亲 57 岁，我被称作“老生胎”，这是体弱多病的别称。

我父亲在他这一辈中排行最小，轮到我这一辈，我的排行也最小。最大的侄子比我大 30 岁，大侄孙也比我大 4 岁。岁数不大，辈分高，身后有一大串侄子侄女和侄孙女，“尕叔”、“尕爷”的称呼每天不断。人小不懂事，时间长了，听着倒是心安理得，应承着也很自然。一大家人平时比较分散，春节一到，便集中在一起，那就很热闹。大年三十下午，一家人忙着贴春联和纸钱马（驮着金钱快跑的马，一种剪纸），房子里铺满半尺厚的山草（正月十五以前不能扫地，以草隔土），院子里装饰好迎接神佛的香案，摆好五谷丰登的财斗（斗里装满五谷，斗中央插一个挂满干果、棉花、麦穗和铜币的枣树枝），院子一角竖起一个三丈高的天灯柱。傍晚，我要跟着几位哥哥去祖坟烧纸，我被一位侄子背着走路。吃过除夕年夜饭，大家才换上新衣服。孩子们高兴地在山草地上打滚。看孩子们的穿着也是对每个母亲的考量，年轻的妯娌们平日里就为这一天不知下了多少功夫。要在大家面前显显针线活，也要让自己的孩子露露脸。晚上 8 时，全村家家升起了点亮的天灯，准备迎接下凡的神佛。因为我家有座晋商赠送的大座钟，每年这一天，就成了全村的报时器。到了午夜 12 时，我家的鞭炮声首先响起，一时间全村跟着沸腾起来。长大一点后，我争得放鞭炮的权利，站在房顶上，用长杆挺着一串鞭炮，吊到下端的炮由其他人在房底下用香头点着。这样，村子里都能听到。父亲，带领全家男丁迎神以后，便和母亲坐在堂屋内的炕上，接受儿孙们的跪拜。女眷们都是小脚，行动不便，都团坐在山草地上。磕头是一辈一辈地轮流磕。我随着大哥哥们拜过父母后，要口中念叨着连叩几个头，分别给哥嫂们拜年。叩完头后就站在哥哥旁边，接受侄孙辈的叩头。事前，母亲教给我，在侄子们叩头时大声口称“荣华富贵”，侄孙们叩头时口称“长命百岁”，背地里还练过几次，见我不太认真，就说这是还给大家的吉祥，一定要严肃。末了，重头戏来了，父亲便给十五岁以下的发压岁钱，这在年前早就准备好了，并申明，正月十五日以前允许赌，可以赌光，但不能赌出债来。侄孙们都知道，我的压岁钱表面上和大家一样，但是用光了还能从父亲那里要。于是，都盯着我的压岁钱，想方设法哄得我高兴，许下空头支票把钱弄走，如答应捕一只山鸡、绣几个香荷包、抓几只叫得好听的带笼子的蝈蝈等等。女孩子们用钱比男孩子要实用，等到货郎担一来，买上一个能照脸的小圆镜、几把木头梳子、几缕绣花的线和许多好看的纽扣等。8 岁以下的压岁钱都被年轻的妈妈以替他们保存等名义从孩子手中拿走了。除夕这一天，家中老人成了非常慈爱的弥勒佛，而平时除了严肃的说教，再没有什么温馨的表示。

我在家里还有一个特殊的身份，成了侄媳妇们的“保安”。侄子们在地头上劳动时，谁若是午饭没有吃饱，影响了作业计划，就生一肚子气，晚上回来这把火就往自己妻子身上发，一进厨房趁妻子不防，一阵拳脚，妻子受了冤屈还不敢哭叫（人口多的大家庭都是这样）。靠天吃饭的农村，不来活则已，一来活就要加一个“抢”字，如抢种、抢收、抢墒、保墒，保墒中又有翻地、犁地、耙地等作业，都是重体力活。由于水分蒸发很快，错过时辰就意味着减产。你想想，这当儿饿着肚子干活他不窝火吗？妻子只好吃哑巴亏。后来这些侄媳妇们共同想到一个好办法，男人们在厨房或厨房附近转悠时，知道情况不对，就设法把我留在院子里，男人们忌惮爷爷，见我在场，就不敢动手动脚。前几年我回到老家，见到了一位已是80多岁的侄媳妇，说话间笑眯眯地拉着我的胳膊说：“尕叔小的时候疼我们。”在这样的家庭中，妇女们受的苦最大。农活少不了她们，做饭更是她们，做少了挨饿的是她们，做多了消化剩饭的还是她们。饭局一了，男人们四肢一伸，休息了。女人们洗洗涮涮，喂狗喂猪，才轮到喂孩子。灯下缝缝补补，还得早起洒扫庭院。好在我家的媳妇都是经过挑选进门的，妇道素养高，一般的苦吃得起。加上我父亲家规严，即使是这样的媳妇，都喜欢分灶过日子，平日里能和丈夫放开地亲热会儿，能把孩子精心地关照一些。中国主要是自耕农为主的农村，以户为单位操持农业，日子过得好不好，全靠户主的智商（筹算、田间作业、经营）和家中的劳力。某种程度上还是智商起到主导作用。父亲的远见在于建了一个磨坊，在黄河岸边，请人选了地址，冬天不冻，夏天不淤，村子里其他三座磨坊的效率加起来也抵不上我家的磨坊。还有一座榨油坊，方圆几十里就这一家。尽管两位大哥哥没有文化，又拙于绸缪，有了这两坊间，使得一家旱涝无虞。孙子们想分家，就是担心单门独户管不好庄稼，又不会经营，会过上穷日子。

我母亲性格稳健，话语不多，做事刚毅，家中生产生活由她操持，使父亲的主要精力专注对外经营。父亲对母亲十分赞许，因而十分尊重，有什么事情，经常是商量的口吻，“娃的阿娘（夫妻之间尊称），我跟你商量个事情，……”。但有件事老两口真的对立起来了。父亲在省城去多了以后，认识到妇女缠足的坏处，后悔没有制止住自己家里缠足的事，几个孙女已全部带着小足出嫁。一个孙女虽然还没有出嫁，但脚已缠小了。最后只剩下小女英莲了。他一想到几次回家不见英莲活泼的身影，猛的觉得大事不好，准是母亲对孩子下“狠手”了。急急忙忙骑着黑马赶回乡间，一进门不搭理别人的问候，大声唤“三三（英莲的乳名）”，叫了几声，只听见厢房中微弱的回应声。不等孩子开门，自己用劲推开房门，一把掀开被子，当时目瞪口呆，孩子的两条腿和脚已被缠脚布缠得紧紧的，果然坏事。一时气不打一处来，把孩子抱着躺下，把那缠脚布全部解开，扔到地上，把孩子的脚捏开。这时，母亲也从厨房赶来，一见感到大事不好，收紧的脚一放开就会前功尽弃，气也不打一处来，立即拾起

1957 年与母亲在北京

缠脚布上炕，一边哏，一边开始绑孩子的脚。父亲立即把孩子抱起往外走，母亲也拽住死不放手。恰好二哥哥回来，和嫂子一起劝住两人。这时老两口开始争论：

“哪有姑娘不缠脚的！不缠脚你有本事嫁出去吗？”

“嫁不出去我养，不管你的事。”

“我身上掉下的肉，娘不管谁管？”

“老天爷叫你生下孩子，长头长手也长脚，才 5 岁的人，谁叫你把脚整残？”

“那么多孩子都缠了脚你不管，为啥这个你偏不让缠？”

“现在我明白过来了，决不让你再缠。”

随后，父亲把缠脚布撕碎了，“只要我在家一天，休想在孩子身上动手”。父亲既然这么坚决，又守在家里，母亲忍气吞声地暂时让步了。不几日父亲不得不进城去办事，母亲终于等到时机了，英莲立马又受二遍罪。父亲还是不放心，办完事就赶回来，又是一场激烈的争吵，英莲又解放了一次。这样反复几次后，父亲的决心终于压倒了母亲的刚毅，不再给女儿缠布“镣铐”了。

母亲这一口气不知咽了多深，很长时间对幼小的英莲冷脸相对，更不使唤。她年纪虽小，可知道这事为她而起。母亲进进出出，她总是机灵地跟前跟后帮下手，瞅着机会马上叫声“阿妈”。凝望着母亲有个回应，哪怕是一个眼神呢。再大的毅力还是搬不动那石刻般的面孔，缠急了迎来的却是呵斥：“滚开，没人要的丑八怪！”委屈的眼泪像串珠一样落下双颊。父母争吵中最多的字眼就是这“没人要”，朦胧地意识到这三个字的后果大概很可怕，要不为什么平素相互尊敬的父母吵得这么凶？小小的心口上压了一块大石头。为了便于缠足，英莲和母亲住在一间偏房，这天晚上，照常在母亲睡定后，悄悄地爬向炕角，紧依着母亲躺下，撩起被角盖在身上。半夜里，英莲突然撕心裂肺地大叫：“阿爹，阿爹，快来啊！快来啊！”两只胳膊在空中乱摇。母亲以为是平时梦魇，起身推搡女儿身子，让她醒来，不料她不但不理，两眼直勾勾望着天花板，大叫不停。父亲披上衣服从堂屋过来，把孩子搂在怀中，大手把乱摇的小手握住，这才停了叫声。“阿爹，你不要走，”她看见了父亲就像救星到了。“我的尕格（孩子的昵称）怎么了？谁吓着你了？”“吃人婆婆说，她是专门吃没人要的丑八怪，在门口等着哩。”（这“吃人婆婆”是本地童话中，专门吓唬不听话的小孩子拟人的棕熊）说时两眼惊恐地望着外头。原以为孩子得了怪病，这下心里完全明白了，是父母给造的孽啊！这一闹腾，全家各屋子的灯都亮了，父亲干脆把二哥也叫过来陪伴。多一个男人孩子心里踏实，也想给大家说说心里积攒已久的话：

“我们的祖先本是羌族，元朝皇帝赐姓后，这一支就融入蒙古族，几十年后元朝败逃，因为怕民族报复，就地又融入藏族。在 20 多代前全族迁到朵家沟一带。在这之前是游牧生活，经常爬山、过河，女人从来不缠足。在这以后，逐渐汉化，以农耕为主，还保留着放牛羊的习俗，女人也习惯了缠足。因为在山区耕种，又有大量牛羊，女人的脚不能缠得太小，都缠成较瘦较长的“半大脚”，还没有达到致残的程度。到爷爷奶奶带着全家走出朵家沟时，奶奶仍是半大脚，双手扳住马鞍，右脚踩上马蹬，一下就骑到马背。到了抚河，已深入汉族地方，这儿的女人缠足，提倡“三寸金莲”。脚只有三寸长，这么小的脚，脚骨已被致残，只是图个好看。走起路来得拄着锄头把，停下来就要靠在墙上，进到地里只能跪下干活。这种女人本是官宦人家供养，年长日久也走入普通农家。所以一到民国，立即废除缠足习俗。民国已经十五六年了，城里的女人已经不缠足，据说洋学堂里念书的女子越来越多。上天造人完整无缺，可人为地把脚致残是违背天理。娃的阿娘，哪一天您骑上牲口到城里转上一圈，走在十字路口看上半天，就会明白过来。我们明白得太迟，几个孙子姑娘带着小脚走出家门，现在就剩下这一个绝不能再缠。娃的阿娘，你的手里缠过好几个姑娘的脚。如果世上找不到“吃人婆婆”的话，我家就有好几个，你就是头号。”“阿妈不是!”英莲一直在听父亲说话，句句听得懂，还为母亲辩护。没想到本是一个沉重的话题，末尾这句辩护引得子女们在院子里窃笑。再次入睡时，母亲搂着女儿在被窝里痛哭一场，贴着孩子的脸蛋“阿妈脏磨了我的丫头（脏磨是伊斯兰方言，虐待的意思）!”可是已经恢复不成原来的“天足”了，社会上把这种脚称“解放脚”。父亲对缠足的态度转变，也是敏锐地意识到，英莲若是缠了足，就别想在省城找到婆家，有损于他的大计。一提起这事，姐姐终身感激父亲：“不是父亲救了这双脚，就无法熬过1960年那几年饥荒，到处卖香火找活干，全靠了这双脚。”这件事已过去80多年，现在这年头，似乎在改头换面的重演。下班回家的时候，经常看到许多母亲急忙忙带着刚放学回家的孩子背上另一个背包去补习了，孩子来不及休息，作业也来不及做，匆匆吃完饭要去学新的课。我给熟悉的年轻妈妈感叹两句：“学校要减负，母亲却在加负。”你听她们怎么说：“将来没有工作你给找?”我只好闭嘴。这还是我母亲当年的话，只是把“找不到婆家”改成“找不到工作”，重演着当年缠足的历史，而我们现在的教育也正向功利化滑落，殃及后代。

父亲不管家事以后，闲暇时间多，白天看历史书籍是他的主要活动。他的枕头旁堆满了线装书。我好像是贴在他身上的膏药，他走哪儿我跟哪儿，身上背着个布袋，装着书和水烟袋，父亲夹一块小毛毡，带着我去泉水渠旁树阴下看书纳凉。我就在附近玩泥巴，乐此不疲。晚上饭后父亲就该给大家说书了，哥哥和侄子们白天劳动，个个瞌睡得打哈欠，睁不开眼，还不敢离开。他干脆让大家走了，靠在枕头上继续给我一个人讲，我成了他的老听众，并且听得入迷，直到父亲瞌睡得说乱了才罢。讲的内容大都是三纲五常和忠孝节义，都是通过故事和村子里的活人活事宣扬道统。他对历史有独到的见解，看了《资治通鉴》就说司马光的“君为轻，民为重”的观点，第一代皇帝倒也罢了，以后的皇帝在宫中长大，养尊处优，见不到老百姓，此话没有用处。看完了《水浒》，说那些好汉都是为的个人恩仇，以杀人为快，拿下江山也不过是“沐猴而冠”，搞不完的报复。看到岳飞遇害，便不再往下看了。我喜欢历史，打这时埋下了种子，到初中毕业时主要的古典小说基本看完了。但是，父亲认为他看的这些书都是闲书，不能经世致用，年轻人不宜多看。

父亲虽在农村，对国事颇为关心。三哥在家养病期间，省城的同学经常给他捎来报纸，报上新闻就成了他俩一再重复的话题，多是抗日战争的事。记得我们村有两名从山西作战回来的伤兵，父亲举家宴请了两位，详细地询问打仗的情况。都深更半夜了，他还念叨着白天谈话中谈到的士兵们挨饿打仗的事。不知过了多少时日，忽听得父亲在房中甩水烟袋的响声。依惯例，往往是大哥哥们做错了什么事，惹得他动怒才会这样，本来坐着的哥哥们吓得站了起来，都不敢吭声。这时母亲赶忙派我去察看并行事，她跟在后面。我一进屋，悄悄拾起烟袋，匆匆换水填烟，双手送到父亲的嘴边，叫声“阿爹（音 dǎ 父亲），抽吧”。父亲看见我的小手和稚嫩的脸，气立马消去了一大半。可这次进屋，只见烟袋甩在地下，不见一个哥哥，却有一张报纸掉在地上，我捡起来放到炕沿上。事后听三哥讲，报上登的是中条山战败，全山西失守。父亲十分悲愤，老百姓出钱出壮丁，仗打成这样子，才发这么大的火，把水烟袋和报纸统统甩在地下。从这天起，我心里对日本人很恐惧。这年春节，三哥用隶体字撰了一付春联：

子孙岁岁长难报答祖宗积德事事顺，

家境年年好怎抵得国事不振人人愁。

这副对联脱开传统套话，表达了主人家的心情。这副对联不知怎的传到了县政府，说“抚河湾有学问的人不少”。如果不是身体有病，县政府早就提拔他工作哩。因为养病，政府不便用他，这也变成了好事。共和国成立后少了一个“历史把柄”，躲过了历次政治审查和多次运动迫害。

1944 年春节过后，父亲病逝，享年 69 岁。母亲有时会怨我，就说：“不是为了你，你父亲还会活着。”确实是这样。父亲年事渐高，心里放不下的一个是三哥的身体，另一个是我的婚事。那时农村男女比例失调，娶妻彩礼很重，趁他健在不办，以后如何实难预料。尽管哥哥们一再保证，一定把小弟弟拉扯大，供上学，娶一个白白胖胖漂亮的媳妇。但他总是不放心，还是把彩礼钱攒够了放在身边。有一个情况促使他提前为 12 岁的我寻亲。那时农村还时兴女孩缠足，要娶不缠足的女孩，必须在 6 岁以前定亲，超过 6 岁的女孩已经没有天足了。此时说亲，与我的年龄至少差 6 岁，越往后年龄差得越大。父亲还是他那一套选儿媳妇的标准，本村的不娶，尽管说亲的人不少。他决定立马去较远的大川村，那里周围亲戚不少，可以住下来慢慢找寻。快 70 岁的他骑马还很矫健，有一位孙子春荣随行相护。不料在翻越柏林子陡坡时从马上摔了下来，救回来后在家里休养，其实头部已有内伤，吃药不济事，半个多月后溘然长逝。这是春节之后的事。

父亲去世，家中顿失驾驭。好在父亲在世时已将主要后事安排妥当，过了半年多就分了家。大哥二哥各立门户，三哥、我和母亲在一起，二哥留下他的三儿媳银镯儿伺候我母亲。1944 年，三哥英彦受兰州私立志果中学赵元贞校长的聘请，担任该校初中国文课教师。赵元贞是他在甘肃国文进修馆上学时的英语老师。因为待遇比较优厚，我和母亲于 1944 年冬跟着进了城，留下三嫂带着小侄女春圃（8 岁）守着农村的家和田产。我在兰州上沟龙岩小学校，读完了小学最后一学期。母亲为我们做饭。农村的两位大哥哥分别于 1959 年和 1968 年去世。大哥哥们为了这个家，不抽烟，不喝酒，不进赌场，辛勤劳碌了一生。

第三章

学海初航

抚河村是一个文化村，这与这里有一个抚河湾完全中心小学分不开。我国农业部原顾问、农学会原名誉理事长张心一先生是抚河村人，1897 年生，1922 年毕业于清华学堂，1936 年在美国康乃尔农学院获硕士学位，回国后不久，任甘肃省建设厅厅长。为报答家乡，他主持兴修了“湟惠渠”、“永乐渠”和“永丰渠”，灌溉数万亩。在抚河村倡导捐款创办学校，掀起了乡民捐款献地热潮，完成了学校建设。1938 年皋兰县正式批准成立，县政府每年还派专职教师来任课。我在 1939 年进校时，第一任校长王振清先生已调往省城。第二任校长是董应昌先生，这是我得到启蒙和一生影响很深的老师。我进校的那年，由于学校名气很大，远近百里路内外的农家子弟带着口粮来这里上学，而抚河村的孩子则近水楼台，受益不可估量。

小学校长董应昌先生（21 岁）

应昌先生（1916.3－2009.8），本村人，父亲是清末武举人。1930年在兰州兴文社小学上学，1932年考到兰州中学，高一时调入西北训练团教育班培训，结业后皋兰县政府派到抚河湾中心小学任教，两年后委任为小学校长。由于他非常敬业，能团结教师，教学管理卓有成效，1944年被评为甘肃省甲等优秀教师，并被保送到国立西北师范学院（为抗战时期的北平师范大学，1942年西迁到兰州）进修一年，返校后管理水平大为提升。在其任职9年中，毕业6届学生，有百名学生后来成了社会优秀分子，其中佼佼者有原西北电管局局长、陕西省原经委主任李守智，中国机械工业部原工会主席张敦仁，陕西省干部管理学院原院长王晖夫，西北粮油研究所原所长肖正本，西北工业大学党委常委杨国槐等，还有多位在台湾从政。先生爱教育，爱学生，爱桑梓，爱国家于一身，全身心投入教育事业。他办学严格严谨，秩序井然。在他的带领下，教师们也很敬业，教学水平和质量很高。先生学问渊博，多才多艺，又有一颗火热的心。只要教师缺员，他就顶课，算术、音乐、自然他都能教。课外时间，学生们的活动也安排得很活跃。周围农村不论何种节日和集会都有抚河小学的文艺队参加演出，当时主要是宣传抗日。小学生们演的一些街头话剧，都是由他亲自组织，担任导演。有时在学校搭起木戏台，搞文娱会演，像《葡萄仙子》、《锄头革命》等较大型的歌剧，演得十分出色，引得全村沸腾。学校每年要开一次体育运动会，由于场地不够，就选在农家打麦场上举行，村民们像过节一样，来为自己的孩子助兴。文体比赛常获得全县冠军。先生还不时从城里请人来做报告，让我们增长知识、开阔眼界。我们的村子虽然地方比较偏僻，可是这个学校却演绎着外部世界，教化着整个村子，数十里外村的孩子舍近求远到这里来上学，也是学校名望所归。就拿现在的国内小学办学的情况相比，够得上这样水平的可能寥寥无几、没有一个敬业的团队，靠吃大锅饭办不成好学校。那时，我的家庭作业太重，身体又弱，学校的课程越来越跟不上，课堂上经常回答不出问题。于是我开始逃学，次数一多，就被先生发现，赶到我家了解情况并把我拎回课堂，还专门嘱咐老师不要对我多提问，以免再伤自尊心。他办学的精神影响面很大，“董校长”的称呼已是家喻户晓，本村的孩子在家不听话，妈妈常拿“我们去找董校长说理”来说服他们。先生虽然在全力办学，但对公益事业非常重视。抚河村比较富庶，但几十年从外地来了不少贫困户，没地或少地。一般人家如果老人去世，都要请人做道场（佛事或道坛），但这些穷人无力办道场。这时学校里就会专门准备份祭文，表述死者生前各种善事，鼓励子女们振作起来，然后由一名老师带上多名高年级学生及乐队前往吊唁，给家属一些安慰。此举受到全村赞誉。那时，周围的乡村长期被一种叫做“黑热病”的地方病困扰，先生利用学校放假的时间，从当时的中央医院（现在的兰州军区总医院）请来防疫队，为乡民义务诊病。在他的努力下，经过广泛宣传和治疗，不到几年的时间，当地的“黑热病”被根除。先生唯一终生难忘的事情是他想替学生办好事，却适得其反。他任职的那几年，正是共产党与国民党联合抗日的时候，他是个久居农村20多岁的青年，激情燃烧，哪里知道国共之间的斗争。他只想着给毕业的学生日后进城升学找工作创造条件，将四年级以上的学生全部造册集体加入三民主义青年团，十二岁左右的孩子们更不懂这事，也不知就里。事隔5年，全国解放了，这些孩子也已长大成人，进入社会，还不知道自己已经背上“三青团员”的历史包袱而受到种种歧视和排斥。他们埋怨“董校长有一万个好，就有这件事没做好”。大家知道，要加入共产党必须年满17岁，参加国民党要年满16岁，这是谁都知道的常识。而12岁左右的孩子被集体填表加入“三青团”本来就无效，何来“历史问题”！这是无知和极“左”政策使然。先生的三个儿子都是兰州地区几所中学的校长，遵照老先生的意愿，兄弟三人一直鼎力支援自己的母校——抚河湾小学。先生于2009年8月24日无疾而终，享年94岁。先生于我是“三亲”：师生亲、表兄亲（我三嫂刘占梅是他的亲表姐）和世交亲（先生的父亲是位晚清武举人，与我父亲终身相好）。他这一去，顿感孤寂，失去了一个回家乡的牵挂。

1944年冬，我随母亲到了兰州，小学六年级下学期在上沟私立龙岩小学校，毕业班共有15人。上课不久，就显出抚河湾小学的质量不一般，几门课的考试成绩下来，我遥遥领先，课堂上老师的提问多数是由我最后答出。其实我在抚河小学的成绩才是中等。毕业时，学校董事会奖给我一套黑色的制服面料，一支毛笔，一个墨盒。母亲立刻用这块布料做成一套学生装，我穿在身上好不惬意！父亲去世后，家庭作业解除了。由于哥哥的身体不好，对我的要求是我把身体练好，学业上做到不留级就行，我开始放心地玩。农村的孩子只能踢毽子、玩毛弹。毽子是用有方孔的铜钱为底，毽毛是公鸡身上拔的，插入缝在铜钱上的粗毛管中。毽毛踢坏了就去抓公鸡拔新毛，所以村子的大小公鸡只要远远地看见我们，早跑得不见踪影。毛弹是用羊毛线缠绕的一种小球，棒球大小，有一定弹力，但比橡皮球的弹力小得多，能玩好毛弹，就能练出很强的手腕力。这两方面我练就了一定功夫。学校篮球缺少，打破后缝了又缝，气不足了，又没有打气筒，就去找“筏子客”吹。筏子客是常年用牛皮袋或羊皮

2002 年参观“神舟”四号发射后回兰州探望恩师
董应昌先生一家（光琳夫妇，光瑾夫妇及光琏）

袋组装成筏子，在河道上搞运输或摆渡的人。经常吹牛（羊）皮袋，练成了好大的肺活量，一个篮球只用半口气就胀得鼓鼓的。我现在才知道，传遍大江南北又走出国门的俗语“吹牛（皮）”，原来就产生在我的家乡！

2007 年与董应昌先生（92 岁）

1945 年 8 月，抗战胜利的喜讯传来，着实使全兰州城沸腾了好久，鞭炮放了好多天，听得耳朵都有点聋了。在这期间我考中了好几个中学，因为哥哥当时在私立志果中学任教，考虑到生活节省、方便，又知道赵元贞校长的外文课和薛国璋老师的初中代数课教得好，就报名该校，缺点是学费很高。

校长赵元贞，1888年生，甘肃正宁人，留学美国，获矿学博士学位。回国后任甘肃省建设厅厅长，曾经踏遍甘陇大地，普查矿藏。但依当时的环境和工业条件，开采时机尚早，于是决定辞去官职，通过兴办学校来振兴落后的甘肃。清朝末年，甘肃有位先贤刘尔炘（字果斋，我中学同学，甘肃著名中医大师刘宝厚的父亲），是著名的儒学大师，官至翰林院编修。但他认为，搞学问应该经世致用，不能在京作闲官，于是弃官返回家乡，从事济世救人的公益事业。他有一句名言：

人之患在无学，
学之患在无用。

他和一批追随他的学生，首先在省城办起了公益事业“八社”，这八社中包括义务教育（兴文社）。赈济、工程、殡仪等。还为八社置办了田产（如雁滩）和房产，作为部分经济来源，修建了五泉山公园等游览文化设施。赵元贞先生是果斋先生的学生，他利用八社的积业，在文庙内办起一所中学，名为“兰州私立志果中学”，有高中和初中。学费虽高，老师的水平也高。我进校时，正是鼎盛时期，学生近1400人。校长年事虽高，但办学思路开阔，要求极为严格，全校学生每天早晨要点名集合，坚持长跑1500米左右（从南城门到中山林），当我们跑到终点时，他已在那里等候。兰州城内，这个学校的跑早操已成佳话。星期天提倡自由攀登皋兰山，还教我们上山下山的走法和姿势。告诉大家，万一滑倒，要四肢伸展，切忌屈腿抱头。每天降旗集合，他都准备好一个讲话，内容都是校园内的事，事事都联系到做人的品味和道德。有一次他说，中国人要想被人看得起，一是要国家强，虽说日本人被打败了，但那主要是靠别人的力量，所以人家还是看不起。二是人的品行要好，要养成良好的行为习惯。然后就举当天发生在学生中的例子和笑话，常使大家发笑，在场的老师不是眯着眼睛笑，就是侧着耳朵听，怕漏掉其中的掌故。记得有位豫剧名角马兰香十分仰慕学校，送来一出拿手戏《西厢记》，在学校的大成殿戏台上演出，零距离看戏，好不惬意。事后，校长大发脾气，认为给少年学生演这种风流戏，有伤教化。对这件事，至今提起来还是见仁见智，由此足见他对学生思想成长的重视。对纪律也抓得很紧，不时进教室察看课堂纪律和学生出席情况。初中一年级的英语由他授课，为的是打好学英语的基础。为了鼓励学习，学校建立了奖学金制度，凡每门功课在85分以上者，学费免半，90分以上者，学费全免。我入学第二学期得到学费半免的奖励，到第三学期以后，学费全免了，大大减轻了家庭的经济负担。由于用功过度，我的身体却付出了很大代价。我们这一年级，全免费的还有郭重庆（中国工程院院士，设计大师）、高同佐（中国工程物理研究院某研究所总工程师，动力专家）、刘宝厚（甘肃兰州医学院，中医学大师）、马经国等。和我同村的几位同学因交不起学费，有的转入兰州工校（甘肃工业大学前身），有的回了家乡。在这里度过的三年，是给我留下了非常深刻印象的三年。校长生活节俭，作事清廉，冬天还穿着留学时候的呢子大衣，褪了色还有补丁。老校长在省内名望很高，解放后被任命为省教育厅厅长。学校被接收后改称兰州市第二中学。赵元贞先生70年代中期去世，光辉一生，可谓后世楷模。

校长赵元贞先生（60岁）

这里要提到的是老校长对于历史遗产的慎重和爱护。他办的这所中学依托在兰州市孔庙中。这座庙是甘青宁三省最大祭孔庙，建于明代。学校开办时，由于年久失修，建筑凋落严重，他借着办公和教室安置，尽量按原貌修复，尽量利用原来的院落和建筑。将著名的“淳化阁帖”碑收齐后悉数镶嵌入院墙上，大石碑的亭阁全部恢复，维修后的大成殿平日封闭，祭日向社会开放，大成殿前平台用来升降旗和向学生训话，天天打扫得干干净净。一所私立学校能做到这样，可说是费尽心思。反观后来对孔庙的破坏，正好映衬赵元贞先生高尚的历史价值观和他对社会的责任感。

我的高中是在西北师范学院附中上的。这个学校的前身是北平师范大学附中。1937年“七·七”事变后，日军大举侵入华北，北平师范大学、北平大学及北洋工学院等大学于9月西迁陕西西安，组成西北临时大学，北平师范大

方永蒸校长百岁照（1993 年，台湾）

（1938—1945 年任附中校长）

国民政府教育部赠匾（1940 年教育部长陈立夫亲题）

学附属中学也随迁西安。1938 年因日机轰炸，关中震动，学校又迁陕南城固，校名改为西北联合大学及西北联大附中。1939 年 8 月，北平师范大学及附中与西北联大脱离，成立西北师范学院及西北师院附中，其余部分改称西北大学（1946 年又迁往西安）。因无法进入四川，1940 年 4 月，国民政府教育部明令西北师院及附中西迁甘肃兰州。西北师院院长李蒸原来就是北平师大的校长，是著名的教育家，将北师大由小变大变强。是他带领全校师生踏上西迁之路，一切从零开始。在接到再次迁往兰州的指令时，考虑到保存北师大的实力，延续北师大的校史，尤其看重西北教育人才的需求很大，他毅然多次赴兰州勘察校址，在兰州各界的支持下，校址选定在兰州市西郊十里店镇。西北师院及其附中从 1942 年开始陆续搬迁，1944 年正式在兰州建校。师院附中虽然搬迁多次，招生从未中断，动荡中依然坚持上课。在 1940 年后的几次全国国立中学会考中均名列前茅，当时号称“北有师院附中，南有扬州中学”，教育部赐匾“启迪有方”。到兰州以后，跟随而来的学生有东北的、山西的、河北的、河南的、湖南的，还有陕西的。由教育部提供部分生活及学习费用。西北师院的建立，大大提升了甘肃的教育水平，仅每年定期对本地在职中小学教师进行系统培训一项，就对甘肃教育事业的发展起到了很大的促进作用。在北师大西迁时，两位国内体育界最有名望的董守义教授和袁敦礼教授也随校来兰。董守义是国际奥委会委员，袁敦礼是国内著名体育理论家和活动家。自从西北师院建校以后，在两位先生的策划下，兰州市每年能举办一次运动会，尤其提倡女子参加比赛，开启了一股先进风气。在两位先生的关照下，师院附中的体育活动甚是活跃，棒球尤其出色。非常可惜的是两位先生在1957年的“反右”中在劫难逃。后来兰州市将十里店的一条主要街道命名为“李蒸路”，以表彰其对本地教育和文化的贡献。因同根同源的关系，如今的西北师范大学（20世纪90年代将“学院”改为“大学”）与北京师范大学的校庆同时进行（附中也是）。2001年在北京人民大会堂两校共庆百年华诞时，江泽民总书记出席并讲了话。

初中毕业（与李明义、郭名、郭铭岗、王晖夫、车轩）

附中的环境尤其艰苦，校舍建在废田中，全是土坯砌成的平房。学生宿舍是40多人的双层大通铺，冬天不能供暖。伙食由学生自办，只有厨房，没有食堂。吃饭时几个人只有一盆带汤的菜，放在地上吃。学校有一头毛驴，整天从黄河给师生们驮水。老师和家属住在几个土坯四合院中。学校东南西三侧全是树林，大操场西南角有一颗大伞一样的老榆树，是学生乘凉的好地方。一个老头（也就40岁左右）每天在这里边看球边卖糖果，时间一长，成了球迷，对学生们的比赛还指指点点，对比赛中表现好的还能舍得赏块糖吃。依现在的眼光来看，环境条件非常差，然而人们却依然其乐融融。对于长年颠沛流离、席不暇暖的师生来讲，这个稳定的土窝窝太好了。附中在兰州“定居”

以前的毕业生中，走出了7位两院院士，艰难的环境真能造就人才！1949年8月26日兰州解放了，当年将兰州大学附中停办，高中两个年级及教师全部并入师院附中，校名遂改为西北实验中学，因种种原因，不久又改了回来，附中也壮大了。

1951年5月高中毕业留影（二排右一坐者为班主任魏又吾老师）

附中的老师非常优秀，可称得上术高为师，德高为范。他们以自己的沧桑经历向学生们灌输强国思想。我们这些后方长大的学生逐渐了解到日本人侵略中国的实情，也为老师们不屈的毅力所感动。老师们的教学水平真是炉火纯青，我对他们讲课的形象至今记忆犹新。王玉书老师的化学课讲得真是叫绝，因为没有化学实验室，他就在黑板上用不同颜色的粉笔很快勾划出一个化学实验过程，模拟得简单明了，听起来生动易懂，还编成顺口溜，什么"贾娜惜千金，美女闷心阁……"（电位序：钾、钠、锡、铅、金，镁、铝、锰、鉍、镉……）。其他如高怀玉老师的语文，周子英、何汝仁老师的高等代数，宋登南老师的物理等等，多难的内容，都被他们化解得生动易懂。讲课质量如此之高，弥补了当时物质条件和教学条件的不足。没有责任心、没有爱心是做不到这一点的。因为课堂质量高，我们的课余时间很充足，师院附中演出的话剧和歌剧在兰州很有名气，如《雷雨》、《夜店》、《周子山》、《英雄王秀鸾》、《军民一家》等等剧目，都曾被附中搬上过戏台。棒球和篮球在兰州名列前茅。几年中，由于坚持锻炼，我的体能提高很快，高中时被选入校篮球队。记得1958年北京市各校开始组建棒球队，北京工业学院棒球队中竟有5名主力队员来自西北师院附中。长期的流离生活，使师生关系非常融洽。上晚自习时，常有老师坐在后边，和有闲功夫的学生聊天，聊的内容对我们帮助很大，我们到北京考大学就是聊出来的。那时的兰州，远在一方，交通不便，被称作

“边疆地区”，教育水平不高，学生眼界不开阔，没有老师的鼓励，不敢贸然行动。1951 年 6 月，师大附中的 14 名学生，受老师们的鼓励，大胆地扎堆去北京参加高考。这一年，附中的一批老师也离开了兰州，大部分转到各地大学任教，部分老师转到本地西北师范大学任教。

第四章

怀揣梦想

1951 年，教育部组织了第一次全国高考统考，全国共有 14 个考区（西北地区没有设），北京考区离兰州最近。为了支持我的深造，哥哥设法凑足了路费。母亲听说我要出远门，第一个反应是她已 60 多岁，以后见不到了。过去她见过好多去新疆、宁夏的人没有几个回来的，北京离得更远，因为“那是前清 48 马站才能到达的地方，是到了天边”。最后哥俩还是说服了母亲。我们附中的 14 名考生先是乘邮政车，又乘铁路货车，再转客车，曲折地到了北京。在北京学联的关照下，安排到北海附近的盛新中学。来到大都市，既新奇又紧张。看到盛新中学（教会办的学校，在北海公园北面教场胡同，现改为北京四中东校区）的男女同学那样悠然自得，神情盎然，我们这些土里土气西北来的娃们便有点自卑，格外心事重重，更觉得应该埋头复习准备应考。报考时间来临了，规定一人可报 5 个志愿，根据老师临行前的叮嘱，我们 14 个同学都报了好学校，现在要是把这些人的志愿拿出来，恐怕连自己都觉得不可思议。每人的第一志愿一般都经过慎重思考，其他志愿多半是相互攀比填写的。我的第一志愿是华北大学工学院（北京理工大学前身）。之所以报考该校，首先是我上学无经济来源，而该校学生实行包干制，吃穿用全管；其次是该校直属重工业部，毕业后能直接就业；第三，是该校前身是延安自然科学院，政治品牌好。其他志愿依次是清华大学、北京大学、天津大学、大连工学院，专业是清一色的机械系。那个时期机械专业很吃香。明眼人一看，这个志愿是把希望全押在了第一志愿上，其他志愿可以说是精神会餐，空高兴一下。果然，不久便有消息说第一志愿报华大工学院的特多（后来根据招生部门统计，华大工学院当年招收 500 名，各地报第一志愿的超过 1 万人），我后悔不迭，但已无法改变，在忧心忡忡中打发时日，只能听天由命。终于熬到了 8 月中旬发榜那天，大家急忙跑到骑河楼（北大红楼附近北河沿）去看录取榜。榜是楷书，张贴在墙上。我觉得第一志愿与我无缘，便从第五志愿倒着看起，连看了三个志愿找不到自己的名字，心里彻底凉了。心想，第一志愿本来无望，第二志愿清华，更不可攀，便瘫坐在那里。后来，还是其他同学替我找到了名字，竟然被第一志愿录取了！这一高兴，当场翻了个筋斗，好像从地狱立马到了极乐世界。后来我请大家吃西瓜时，有人笑我是“现代的范进”（《儒林外史》人物）。回到宿舍一清点，大家都考得不错，清华电机、航空系各一名，北大文学系两名，哈工大机械系一名，南开医学系一名，山东大学土木系一名，大连工学院机械系一名，华大工学院一名，其余的全去了天津大学。大家连夜给母校写信报喜。盛新中学的同学们也考得不错，但没有我们出色。后来，从学校招生办了解到，当年报华大工学院的人数占报考工科考生的40%，新生录取成绩名列全国首位。我把大家陆续送走后，由于经费已很拮据，便到华北大学工学院提前报到，开始了新的生活。一直到1953年，这个学校的高考录取分一直很高，后来因是“国防”性质，每年提前派人到各地中学物色对象，政治因素排在第一，统考录取分逐渐有所下降。

光明日報
一九五一年八月十八日（星期六）
董祺 京
湯作義 京
染英賢 京
劉忠 京
朱守勤 津
張丙勤 浙
華北大學工學院
生名單

1951年8月18日《光明日报》发布的录取榜

鉴于建校的曲折性，这里简要叙述一下华北大学工学院的历史。1940年，在延安成立了延安自然科学院，院长是中国共产党中央三老之一的徐特立。创办后确立了为抗日战争与边区经济建设服务的方针。学院因陋就简，因地制宜，建起了实验室、实习工厂，参与边区经济建设，树立了“教学、科研、经济”三位一体的办学思想。1945 年冬，抗战胜利后向华北、东北转移，华北部分在张家口与晋察冀边区工业学校合并，名为晋察冀工业专门学校。1947 年，撤往井陉。1947 年 7 月以后，晋察鲁豫解放区和晋察冀解放区合并，成立华北人民政府，政府设在石家庄，政府主席为三老之一的董必武。1948 年 5 月，两个解放区的北方大学（1945 年邢台成立，范文澜为校长）、华北联合大学（1939 年延安成立，成仿吾为校长，1948 年迁正定）合并，成立华北大学，由三老之一的吴玉章任校长，范文澜和成仿吾为副校长。同年 10 月北方大学工学院并入井陉的晋察冀工业专门学校，取名华北大学工学院，仍在井陉办学，与华北大学组织联系。工学院院长是刘道生，副院长是恽子强、曾毅。1949 年元月底，北京和平解放，华北大学各部于 3 月开始迁入北平。1949 年 12 月，以华北大学第一部为主（合并了革命大学、政治大学）成立了以社会科学为主的中国人民大学，仍由吴玉章任校长。先在 1949 年 8 月，华北大学工学院迁入北平。1949 年 10 月，中央人民政府重工业部成立，学校归其领导。1950 年 8 月与中法大学合并。这个时候的华大工学院已由为抗日战争服务、为解放战争服务，逐步转入为和平建设服务，面临着很大的历史转型。中法大学是 1919 年在中国创办的一所综合性大学，是国内知名大学之一。1949 年 6 月先由当时的华北人民政府高等教育委员会接管（接管组组长是曾毅副院长），改称国立中法大学。1950 年 6 月，中法大学呈文中央教育部，表示愿与华北大学工学院合并。为了尊重中法大学的意见，教育部（部长为马叙伦）在反复组织中法大学师生讨论的基础上，于 8 日做出了以下决定：

① 中法大学于 1950 年停办，停止招生。

② 停办后文史系、法文系并入北京大学。

③ 数、理、化三系并入华北大学工学院（学生不愿去者也可去北京大学）。

④ 中法大学校部全体工作人员由华大工学院接收。

⑤ 中法大学的校舍（含校址、学生及职工宿舍区、运动场及食堂等生活区）、图书馆、设备、工厂全部移交华大工学院（主要在东皇城根）。

中法大学的规模不大，但数理化及法文诸系在国内颇有名气，有一批高水平的教师，每年有留学生派出。须知当时的华北大学工学院没有一位高职教师，中法大学的加入使华北大学工学院平地跃起，在北京市的高校中堪称老四。

中法大学校长李麟玉先生被聘为中国重工业部顾问。中法大学转来的学生

原中法大学东皇城根校舍主楼

与华大工学院的学生同享包干制待遇。1950 年 9 月，华北大学工学院正式迁入东皇城根原中法大学校址。为了迎接更大的发展，华大工学院在北京西郊车道沟村（去西郊机场的中途位置）选好了未来的校址。先购 100 亩，紧靠洪承畴墓北边，洪承畴是清朝重臣，康熙四年葬于此。如今车道沟 10 号大院内还留有一片松柏林，墓北 50 米处修建了一栋工字型四层大楼，取名“延安大楼”。准备修建八栋大楼，依学校变迁史取名，直取到“北京大楼”。延安大楼紧西边是南北向的农村车马道，约有一人深，沟南口直达汽车大道（现车道沟站牌附近），北口直达长河麦钟桥（桥北就是几十户的厂洼村）。车道沟东是 400 米运动场。几十幢红平房构成教学区、学生宿舍。还有一个工农速成中学（现北京理工大学附中）。车道沟西边是实习工厂，家属宿舍。从发展来说，这 100 亩也只是落脚用地。1951 年 9 月，我们这一届学生先在原中法大学校址报到，然后去车道沟新校址。我被编在机 5103 班（机械系 1951 年级丙班）。由于历史原因，我们也享受包干制待遇，这是与其他学校不同之处，是沿袭了老区的传统，供给较低标准的衣服、食品及极少的零用钱。具体标准是：① 提供的生活费，每月折合小米 153 斤，管食宿；② 服装费每人每年发单衣 2 套（外衣内衣各 2 套），棉衣 2/3 套；③ 学习费、教材及教学用品费；④ 医疗费（含住院）；⑤ 零用费每月每人发当时的人民币 4 万元。包干制维持到 1953 年 8 月，以后改为助学金制。考虑到延用包干制历史，助学金比其他学校稍高，大致分三等：每月 32 万（老区学生）、16 万及 12 万（12 万是其他学校一级助学金）。当时，政权刚刚成立不久，又在抗美援朝，大学生有这样的待遇已很丰厚。加上延安自然科学院的政治品牌和重工业部的就业岗位，那几年学校的生源很充足，录取分很高。由于直属重工业部（何长工是代部长，刘鼎为副部长），教师待遇也高，几年之间就从国内各校及国外归国的专家中聘来大量高水平教师，学校进入迅速发展时期。1951 年，中央兵工委员会提出“兵工提早建设部署”。1952 年 1 月 1 日，华北大学工学院正式更名为北京工业学院。1952 年 3 月，重工业部明确“北京工业学院逐渐发展成为国防工业学院或国防工业大学，并使之成为我国国防工业建设中新的高级技术骨干之主要来源”。1952 年，学生和教师进行了政审，部分师生外调其他高校。从此，学校进入新的发展方向。华北大学工学院或北京工业学院的办学指导思想有很多特点，重视革命人生观的教育，强调教书也要育人；理论与实际结合的原则；政治与技术结合的原则；通才与专才结合的原则。这是曾毅副院长于 1951 年 4 月在他的“关于教学问题的报告”中提出来的，他总结了解放区办学和其他城市大学的办学特点，提出华大工学院的指导思想。他在报告中毫不含糊地提出“办学以教授为中心”，非常重视教师队伍的作用。提出“教材中国化”，在旧中国，大学教材都是外国的，联系实际也是外国的，不利于自我发展和爱国主义教育，要授课教师自编教材，刻板油印。推行“学习辅导制度”，促使学生系统掌握课程内容。这些思想和作法在国内工科院校很是独特，如今仍很新鲜。

延安大楼（2004 年，建兵器装备大楼时被拆）

曾毅（1908－1959 年）是一位留学比利时、在法国入党的数学专家，抗战胜利后回国，在解放区从事教育。他很重视人才，在他担任北方大学工学院副院长期间，全面主持学校工作。在那样艰苦的环境下，仍然招揽了不少人才。在那个年代，任何岗位由搞政工的人挂帅，他在华大工学院虽居副职，但办学的实际操作非他莫属。进城后的两年间，华大工学院的师资力量飞快增长。1949 年底，教师总共 40 人，没有一位高级职称教师。他利用党内高级干部和学者的双重身份，从政务院、从国内外招揽了大批高水平学者。到 1951 年 10 月，学院已拥有 257 位教师，其中教授 83 位，副教授 19 位，讲师 31 位。高级教师队伍在北大、清华之后当数华大工学院（专指北京地区理工科学校）。相当一部分是直接从国外引进，一部分是国内知名大学的知名教授，还有一批从国内名校分配来的优秀毕业生任教。曾毅珍惜教师，尊重教师，常常亲自聆听讲课。而教师也非常敬业，学习风气蔚然。学校很快向正规化转型，并为转型国防教育奠定了很好的基础。1953 年，政务院派来了一位代院长魏思文，原是一位搞政工的解放军将领，共和国成立后任川东专区副主席。1953 年底，曾毅调中科院力学所任常务副所长。1955 年调任中国科技大学常务副校长，协助郭沫若。1957 年调任教育部高教司司长。他虽然离开了北京工业学院，可不该把妻子赵乃祥仍留在学校国书馆。初中文化程度，一般馆员，却在 1957 年无故地（没有任何言论）被打成右派。反右派运动过后，群众就说（大意）“赵乃祥是不该打的右派中最不该打的右派”。无疑，这对于曾毅的打击不是一般。曾毅于 1959 年患肝硬化去世，才 50 岁。至今，我们依然怀念他，他过早地离开了他所开创的事业。

曾院被调走以后，学校连续采取了几个措施：

1. 每年高招统考前，派人到各地中学按政治条件物色学生，动员报第一志愿。这样一来，本校的统考录取分数线低于往届。

2. 从 50 届、51 届留校的共产党员中抽调部分人担任专业教研室秘书，主持专业教学。这叫“秘书当家”，加强了党对教学的领导。

3. 1958 年起，大量吸收年轻工人及工农速成中学毕业生入学。因基础课压力太大，留级率太高，所剩无几。这一措施以后再未继续。

如果老院长不走，他绝对不会搞压抑学术的措施，会尽量发挥他的那些高水平教授的作用。

这所高校是一个在战争年代铸就的熔炉，我一进到学校就受到热情的接待，尽管还不到新生入学时间，但知道我早早来校的原因后，仍很周到地安排了食宿。我这个少见的“朵”姓，再加上从大西北来，便被认定是少数民族，享受起“回民”的营养伙食。在革命战火年代，学校对人生观的教育抓得很紧，主要内容是爱国主义和学校革命传统，人只要有了自觉革命的积极性，放到任何地方都是一颗不生锈的螺丝钉，现在仍保持这个传统。第一学期，这种

华大工学院曾毅副院长

教育占的比重很大，形式多样，经常请一些老领导来讲革命故事或作报告。归纳起来，大致是这样：老一辈流血牺牲，推倒了三座大山（帝国主义、封建主义、官僚买办），今后的社会主义建设就靠你们年青一代；革命成功只是万里长征的第一步，以后还有更艰苦的建设任务，你们作好终身奋斗的思想准备；前苏联的社会主义革命和建设是全世界的灯塔，前苏联的今天就是我们的明天，我们要以苏为师；领导事业的核心力量是中国共产党，有伟大领袖毛主席和老一辈革命家健在，社会主义社会早日建成有望；要清除个人主义（何长工部长戏称为王八蛋思想），牢固树立为人民服务的思想。我们也在接受马克思和列宁的历史唯物主义教育，帝国主义是垂死的、没落的、腐朽的，必然为社会主义所取代，在我们这一代人的斗争下，一定彻底将其埋葬。使命如山，箭在弦上，伟大的目标和革命激情荡漾在每个学子的心中。对我来讲，还多了一层感恩的情结。我一个来自偏僻农村的青年，国家给了这么好的读书条件，人民哺育的恩情大如山，终生报答不完！我的感恩之心，凝聚成一个信念，那就是现在好好学习，将来科学报国。积极锻炼身体，以强壮的体格，担负起建设祖国的重任。

到 1951 年时，学校按重工业建设的需要已建有机器制造、电机制造、航空、汽车、化学、采矿、冶金等七个工程系，共 17 个专业。还有六个专修科。这时，教师队伍已很雄厚，数、力、理、化等方面的师资水平在全国大学中名列前茅。校名改为北京工业学院以后，将来的主要任务是培养国防工业技术干部，这又增加了我们的荣誉感。1952 年，恰逢全国高等学校专业大调整，北

大学包干制的装束（1952 年）

京工业学院的航空系、采矿系、冶金系外调，其他四系暂不动，成了单一的工科学府。也是 1952 年，重工业部分为电力部、机械部、煤炭部、冶金部、化学部、第二机械部。这第二机械部主管国防工业，直接领导北京工业学院。

1952 年的机 5103 班（车道沟）

1952 年左右，车道沟村地下发现了煤层，北京市政府执意在这里开采，限令地面上各单位迁走。那时各地领导都钟情于工业化，有一次，北京市委书记彭真在天安门城楼上对陪同他的基层领导讲，如果哪个时候天安门周围被工厂烟囱包围了，北京市的工业化就差不多了。急切程度可见。可建厂都需要煤啊，有了煤多好，为什么不开采！北京工业学院首当其冲。那时，车道沟还算是远郊，为了不再偏离市中心，新地址硬是插在前苏联专家招待所（现友谊宾馆）和北京俄语学院（现北京外国语大学）之间，是巴沟村和小南庄的农地，东面是中国农业科学院，这里离市区还不算太远。1954 年这里的主要教室和宿舍已建成，部分学生两地之间走读。邻居中国农业机械化学院（后称农业工程大学，现并入中国农业大学）迁得更远，在东北郊清华东路以北。这时，据说在前苏联专家以北京会被重度污染为由向政务院力劝下，车道沟的煤层不采了，但北京工业学院还是继续搬。直到 1956 年底，只剩下所属工农速成中学，这就是后来的北京工业学院附属中学。原来空出的地方，已由第二机械工业部的第一研究所占了。这个研究所的主要业务是导弹和常规武器研究为主，于 1957 年成立，第一任所长是著名的老英雄、兵器专家、全国劳模吴运铎。1965 年左右，导弹部分调入航天工业系统，海炮部分调入海炮研究所（在郑州），留下的陆军火炮部分迁往内蒙古包头，部分行政人员及试验靶场人员暂留在昌平县南口镇（后并入轻武器研究所）。“文革”中，因整肃“内蒙古人民党”，斗争扩大化，该所株连严重。1969 年迁往陕西咸阳市，这就是现在的中国兵器工业二〇二研究所。

华北大学工学院成立 60 周年部分校友合影

1953 年底，以前苏联包曼工学院火炮专家德罗兹多夫教授为首的第一批前苏联专家到校工作。1954 年中，以列宁格勒工学院副院长、自动武器专家鲁坎德尔教授为首的第二批前苏联专家到校工作。两批专家有 30 多位，由鲁坎德尔为首席顾问。在前苏联专家指导下，陆续建起了 7 个系 15 个常规武器专业。我们这个专业是自动武器（含步兵自动武器、高射自动武器、航空自动武器、舰载自动武器、车载自动武器等等），自动武器专业负责人是中国著名机械专家，机械系系主任于道文教授，秘书是张拯人助教。我们班的编号改为 2511（第 2 专业 1951 年级甲班）。学制也跟着变成了五年。我们已经按欧美学制读完两年，1953 年便开始学习技术基础课。苏式五年制共折合为 5900 学时，专业课和实践课的比重很大，有生产认识实习、武器使用实习、生产实习及毕业实习，还有机器传动设计、武器课程设计、工艺流程设计。大学最末一学期全是毕业设计。考核面宽，5 分制。

教研室的专业老师一面听专家讲课，一面给我们传授，专家偶尔也给我们开些讲座。最后一学期搞毕业设计时，我很幸运，我的题目是协助工厂解决某产品关键零件的寿命问题，就留在工厂了。学校的指导教师是鲁坎德尔教授，工厂的指导教师是重庆地区武器顾问，也是前苏联专家。在两位大师的指导下，我的理论和实践知识突飞猛进。后三年我的功课全优。体育成绩也不差，当了 5 年的校篮球代表队主力队员。年幼时身体弱，爆发力没有别人强。由于长期坚持锻炼，运动场上跳高和中长跑也能争得名次。我的社会工作也很多，担任了四年班主席，生活文体全管，我们班是同年级中最活跃的班集体。尤其寒暑假组织远郊活动，如百花山八达岭远游、昆明湖长驻游泳、农业社劳动等等。1956 年，我获得了“三好生”称号。应该说这五年我的进步很大，假期无钱回家，就协助学生会组织假期活动，参与爱国卫生活动和学校食堂卫生工作，生活非常充实。

校篮球代表队

篮球代表队（1954 年）

1956年7月，我的论文以优异的答辩成绩被国家答辩委员会（以国务院名义请来的专家组成）通过。至此，我的大学生活结束了，学习生涯也结束了，我们个个怀揣革命的热情，整装待发。7月份的一天，共青团中央书记胡耀邦在中山公园为首都大学毕业生讲话，为我们壮行。之后，北京工业学院以魏思文为首的院领导在颐和园送走了这一届毕业生。

在国家答辩委员会答辩毕业论文

院长魏思文（左一）、前苏联首席顾问卢坎德尔教授（左二）及尚英、刘咸一副院长（1955年）

2511班与国家答辩委员会

魏思文院长在颐和园欢送毕业生（中立者魏思文、卢坎德尔）

第五章

初涉人生

我们上大学之初，国内正是进行抗美援朝、土地改革和镇压反革命的时期，这中间还有好多政治运动，一个接一个，非常密集。我们学生也不能处之世外，作为一种辅助力量也被动员起来，交叉地参加，连次序也记不起来。

先是停课到郊区农村去宣传爱国卫生，据说美国在朝鲜采用了细菌战，国内大多城乡掀起了群众性的爱国卫生运动，大学生被动员起来派往各处，向城乡群众宣传卫生常识和环保措施。我参加了香山西边十几个山区小村的宣传。香炉峰西边是一片的山区，一个村分成好几片，每个片只有十几户，散居在一个山窝里，村之间没有大道，只有人行小道。我们每五人一组，逐片宣传，早晚在派出所吃饭，中午在老乡家吃干粮，路跑得很辛苦。宣传材料由北京市爱国卫生委员会发，不够了就抄送，整整半个月。据香山派出所讲，这次宣传的效果比以往好多了，因为搞不搞卫生牵涉到个人的生死存亡。卫生动员很轻松，说动就动，孩子们最认真，改掉了不少坏习惯，家家的小环境好了，苍蝇、蚊子、厨房蟑螂少多了。北京市也大变了样，杂草污水已见不到，王府井和西单的公共厕所是群众最诟病的地方，现在已经有改观，整个北京市已成了卫生首善之地，各机关都有定期卫生检查制度。我们学校每星期要大检查，专派那些身瘦手细的女士作检查，又细又长的手指什么旮旯缝缝都能摸到。被检的单位一见到她们来，神经就要绷紧。校园里再也看不见相声大师马三立说的苍蝇在饭厅和厕所之间来回“上班”的景象。这次在农村作宣传我们也出了不少洋相，一天要走好几片，走得口干舌燥，一进农户家就直奔厨房要水喝。那时的山区农民还没有暖水瓶，农民都喝生水。大家围着水缸，掂把勺子，揭开缸盖，轮流舀水，嘴一抹就到院子中间给集合起来的村民作卫生宣传。当讲到“千万不要喝生水”时，引来全院子的爆笑，我们自己也很尴尬，张开的口合不下去。这时轮到小村长来解围，“乡亲们别笑，是我们对不起这些城里的干部，走得太辛苦，我们该烧点水让他们润一下口，喝不上水就作不了报告!”“你咋早不通知，我们又不缺柴火!”一位大妈笑着说，手里还掂着那把勺子，“将来有电话机就好啦，他们到村里，我还在被窝呐!”又是一阵大笑。时间不长，可见到了基层群众的生活，所以我们也有副收获，中国老百姓过上好日子，还要走好长好长的路。半个月的时光，也碰到了好多前清遗留的太监，大都在六七十岁，主要靠接济生活，很凄凉。原来，京东的香河县还是一个产太监的地方。据说这与传、帮、带有关系，如沧州出武师，任丘出铸匠。

不久，我们被卷进“三反五反”运动。“三反”（反贪污、反浪费、反官僚主义）在机关和军队中进行，“五反”（反行贿、反偷税漏税、反偷工减料、反盗窃经济情报、反盗窃国家资产）在工商界进行。据说毛主席亲自抓，各地方各部门各界都有硬性指标，定期上报战果，严防右倾疏漏。通过这一役，务要扫清社会上存在的贪腐。全国动员，声势浩大。我们北京工业学院正好大兴土木，总务处长史尔公和建筑公司经理立即被定为“大老虎”（毛主席对贪腐分子的代称），抓起来后进行审讯。一个是项目的经济主管，一个是“唯利是图”的资本家（哪个行业不图利，连农民的粮食都叫商品粮了），他们还能干净得了，先抓起来没有错。这样“大胆怀疑”的事全国到处开花，公检法无法介入，各单位自己抓“老虎”自己审。事先没有调查结果，“老虎”又不主动交代，只能靠逼供。史尔公和那位经理没有交代多少问题，僵了好长时间，就让我们一部分学生到民工和农村搬迁户做调查，费了好几个月也查不出确切的犯罪事实。“老虎”们逐渐知道机关没有掌握证据，连原先慌乱中交代的也翻供了。我们这个案子也就“虎头蛇尾”，不了了之。史尔公两年后无罪释放，官复原职。那位经理也被释放，可延安大楼只建了三层，运动后利用现场遗留的材料补了一层简易房，不能住人，权作学生的制图室。那位经理的公司已经破产，本人下落如何不清楚。公司破产还有一个因素：因延安大楼被偷工减料在北京很有名，北京新闻电影制片厂要来拍摄，这下吓坏了办案组，连夜组织学生动手脚，在承重墙上连造了几个缺口，并用砖头虚掩起来，次日摄影时把这些缺口一一作了拍照，并在全市放映。这一下，这个公司名誉扫地，留守的职工明知冤枉，也不能待了。用公权力戕害一个私人公司就像用手指揉掉一个蚂蚁，毫不费力！其实呢，这个大楼从 1951 年建成到 2004 年被拆，因其修建质量很好，一直没有大修过，楼道很宽，水泥地板从来没有补修，被人踏得锃亮。50 年代的民用建筑只能是砖木结构，但这个楼的宿舍跨度很大，后来竟然有30多年被用作很宽绰的办公大楼。试想一下，那是1951年的宿舍楼啊！在这种“大胆怀疑”，先抓人后调查的方针下全国的工商业受到重创，那正是百万大军在朝鲜苦斗，武器和飞机主要由前苏联援助，可之外的所有军需（吃的、穿的、用的、交通工具、搭桥工具、医药和医疗工具）全靠国内支撑。可以说国内的工商界拼上全力，开足马力在支援前线，一场“五反”运动，大抓“老虎”，真老虎没有抓到几个，可重创了大部分企业，无疑是自己给自己在背上捅了一刀。工商界怨气很大，刘少奇视察天津时说了句公道话：资本家虽然有剥削，但给国家的安全和生产贡献很大，总的是有功。那些左派道学家们不看大局和事实，阶级斗争迷了心窍，断章取义成“剥削有功”，再加以攻击。

1952年初，以全国的大学为主，开展了知识分子思想改造运动。抗战胜利以后，抱着知识强国的梦，大批知识分子出国深造。1949年新政权成立后，鉴于祖国已独立，百废待兴，不顾已经有的优越条件和所在国的挽留，纷纷回国，准备施展抱负。国内众多的知识分子鉴于国民党后期的腐败，寄企望于新政权，革故鼎新，建设自由民主的新中国。但共产党是搞阶级斗争的党，要走前苏联的路，对待满腔激情的知识分子，态度异乎寻常的冷漠：国内外的知识分子都是资产阶级和帝国主义培养的，世界观是资产阶级的，他们要振兴的国家是资产阶级的，不是社会主义的。这么众多的知识分子要改变思想，让他们坚定地走社会主义道路谈何容易。毛泽东不愧是谋略家，他深知牧羊人管羊群的办法，只要把头羊驯服好，羊群就跟着头羊转。他决定趁着抗美援朝的政治氛围，开展思想改造运动，重点是头面人物，历史问题多、国外关系复杂，尤其名望高的知识分子都是进行改造的首选。这场思想改造运动主要在高等学校开展。先是动员他们主动谈认识和思想转变过程，谈自己历史问题，大家深入揭发批判，帮助认识，直到承认以前走错了路，幸亏有共产党照亮了前程，指明了方向，并且表示以后跟着共产党走。末了，他们都要谈对帝国主义的认识，解决头脑中的亲美、崇美和恐美思想，进而仇恨帝国主义。国外把这称作“洗脑”，国内把这称作“洗澡”。态度好的洗“温水澡”，教研室可以过关。态度差的，就要洗“烫水澡”，全系或全院开大会检查过关（还有学生代表或工人代表参加）。洗过澡的教授虽然阵痛之后过了关，但在群众中已是斯文扫地，无尊严可谈。名教授的“洗澡”情况很快传到各校。我们这些不懂事的学生，自以为是纯洁的天使，鹦鹉学舌人云亦云，不屑地谈论着“大屋顶”的梁思成和“唯心论”的冯友兰等国学大师。我们北京工业学院虽然不大，但属重工业部管，待遇高，又有延安自然科学院的政治品牌，从国内各大学聘来不少名教授，也从国外直接引进好些高水平教授，这场改造运动他们也在劫难逃。要洗“大盆”的教授还得靠高年级学生代表甚至工人代表协助洗“烫水澡”。我们机械系主任于道文教授（1915 年生）留学法国，1945 年回国，曾代表国民政府在沈阳天津一带接收了几个日本企业。1949 年回母校中法大学，中法大学并入北京工业学院后任机械系主任。他在国内机械行业很有名望，曾是中国第一批科技访苏代表团成员，这样的人肯定是“洗澡”的首选。运动初期，有一件事情正好被人揪住，成了“洗澡”对象。京工的实习厂是于先生筹办的。一天，在王府井旧货摊碰上一个英国造的机床注油壶，油嘴又细又长，能伸进机床的注油孔，又好使又省油。厂内现有的油壶都是手工做的，嘴又粗又短，油注不进去还浪费。便自掏腰包买回来送给工厂，大家抢着用，成了一桩美谈。不料，有人检举“于道文崇洋媚外非常严重，他购置的设备多是国外的，连油壶都是英国的”。起初他据理争辩“主要是好用才买回来，我没有在乎是国内造还是国外造”。审查组进一步追问“请你想一想，你在法国工厂当了好几年工程师，难道不羡慕那里的设备？”“实习厂为教学服务，需要各种类型的机床，可国内没有机床制造厂家，我到哪里去买国产的！只好买外国的，现有的几种机床，还是沈阳和天津我熟悉的厂家便宜作价买来的旧货，要是嫌它是国外品牌，那实习工厂就别办了。”到工厂一调查，确实如此，那把小油壶还挺受欢迎，想让工人们帮助“洗澡”看来不行。他们还是不放手，要他继续深挖思想，憨厚的于道文被逼急了，也就顾不得投鼠忌器，向他们直嚷“解放军的装备有美式大炮，德式机枪，还有日式步枪，这算不算崇洋媚外？您是抗日老兵，您扛的枪是谁造的？”36 岁的他把剩下的一点点血气一下喷向这位老资格干部。落后的国家使用外国的工具（包括武器），这本是平常不过的事，可发生在国外回来的知识分子身上就另当别论。因为这些人满脑子都是“洋”，不信他不崇洋。没想到对象很倔，反而直面拷问他，在这有理的顶撞下一时间瞠目结舌。这一招真灵，油壶的事不再追了。于道文教授还有一个特点，他不善言谈，很少和别人谈心聊天，不是课堂就是工厂，做事严谨勤奋，抓不到任何政治把柄。狼群战术还是有办法，二战时德国人用一群潜艇打沉英国的一艘航母就用这个战术。专案组人多点子多，终于找到一个新的主意：“你在法国工作时，正是国内艰苦的抗日，卢沟桥的枪声总该听到吧？为什么唤不醒你，直到抗战胜利才回来？”提问题的人觉得，他在法国那水深火热的环境中混不下去，趁着国内抗战胜利的机会，回国混饭吃。这种人按照高层领导的灌输，“一不会打仗，二不会革命，三不会耕田，四不会做工，只会啃书本”，“是最没有学问的人”，还拿着高工资，整整他们心里也有种快感。还是让他上了全系大会，就这个问题洗“温水澡”。在大会上他一边不时拿下眼镜擦眼泪，一边沉痛作检查。在全校思想改造成果展上，那把英国油壶还是上了展台，因是崇洋媚外的典型，引人瞩目。据说还拿到北京市去展出。一个“油壶”教授的称呼在全校不胫而走，为这他好久不去公共场所。多年后我成了于先生专业课的辅导助教，才有机会知道这档子事。在我校众多“洗澡”者中，他属于轻者。现在想来，这样强制地改造思想，能心悦诚服吗？领头的“羊”被整服了，可那种阵势传给年轻教师的效用，只剩下同情和害怕。

1952 年在前苏联专家指导下，按照前苏联模式对中国的大学施行手术。那时中国的大学基本是欧美模式，这是西方进入工业化后长期演进的一种模式。这次调整可以说是一次大洗牌。调整的结果是综合大学由 55 所减到 14 所，工科院校由 18 所增加到 37 所。为适应中学的发展，师范院校由 12 所增加到 37 所。文科被大大削减，私立学校一律改为公立，教会学校经过大卸八块后全部取消。此后外国人不准在中国办学。这是以培养工业建设为主的体系，特别发展了一批专门学院（如建筑学院、钢铁学院、电力学院）。我们北京工业学院原有七个系（见第四章），先把航空系调入北京航空学院，采矿系调入北京矿业学院，冶金系调入北京钢铁学院。这时三个系已调走，同时调走了一批基础课和专业课教师。剩下四个系全部改成以常规武器为对象的专业。有武器专业（如自动武器、压制武器、装甲车辆等）和特种技术专业（如引信、军用光学、雷达等）。政府成立了高教部，教授治校无形中取消（这是后来高校行政化、官本位的由来）。这个模式的特点是培养以产品或某种技术为对象的专才，不像欧美模式培养通才为主。这个模式的功利性非常突出，也忽视了文化发展与科技发展的有机联系。这两方面都对我国经济发展和人才培养产生一定的制约，在当时只有少数人认识到，譬如有人质疑，过窄的专业培养出的专才可能不适应科技迅速发展和工业门类的日益变迁。以清华和北大为例，这次调整以后清华改为工科大学，北大改为文理科大学。清华园中、未名湖畔那些著名的国学大师连批判带调整已无所适从，原来的优势学科荡然无存，只留下学校空名称，其他高校也大致如此。这样一来，中国本来已跻入世界一流大学行列的学校（如清华、北大、浙大、中央大学等）已名存实亡。学术高地已被削平，一切从零开始。

1955 年夏天，学校又迎来了一场新的斗争，揭发批判“胡风反党集团”的罪行。胡风曾是文艺界的一面旗帜，30 年代以后驰名于中国革命文坛。50 年代初期，不知是什么原因失意于国内文坛，随后竟将他和他的追随者（胡风分子）定为反党集团，并公布于世，进行批判。《人民日报》每天公布胡风分子之间的来往信件（据说是胡风分子交出的），前面附有“编者按语”，引导读者重点批判。从大量信件来看，国内文艺界在 40 年代就有原则的分歧。新政权成立后，一派受到中央高层的赏识，独霸文坛，胡风这一派受到全面排挤。他们因此进行抗争，所谓抗争，从信件内容来看主要是对压制不同意见的不满。我们还认真地按照“按语”（据说，每篇按语都是毛泽东的亲笔）进行批判，始终没有找到胡风的文艺主张是什么。“按语”所指都是一些牢骚话和相互打气的话，这怎么能构成“反党集团”？封建社会里，皇帝说了错话，臣下只能说“圣上英明”，否则就是找死。那是君臣关系，现在是什么社会了？是平等关系，说了一些牢骚话就打反党！在我们还没有弄清胡风怎么一下成了反革命，运动就转入全国性的“肃反”运动，抓暗藏的反革命。运动全面开花，学生也不放过。我们班上揪出三个人进行审查。一位是上海人，吃不惯北方伙食，经常说这种饭南方的猪都不吃，好好的白面馒头，经常把皮扒光了吃，引起众怒，还经常去别的学校找同乡，一起发泄不满。这事被说成是搞反革命串联，要他交代。一位是在班里搞恋爱，处理过程中，对本班几位党团干部不满。他认为这是以势压人，便写日记指槐骂桑，发泄怨气。日记被人发现，认为是对党对社会不满，思想反动，要他交代背景。一位曾是三青团员，参加过天津市 1947 年的一次反动游行（入校后主动交代过），要他交代活动网。这三件事用现在的眼光看，算不了什么。可那时，抓反革命的激情火暴，这三个同学在这种阵势下，慌乱交代，把小事交代成一团乱麻，吃了不少苦头。正在这时，我哥哥从兰州寄来信件，一方面要我积极参加运动，一方面力戒我不要参与整人，那是坏阴德。他参加过很多运动，场场都要整人，证据不足，没有法度，随便定罪，冤枉的人太多，本人受罪，家属也受株连，并告诉我中学十多位老师的悲惨命运。这一瓢冷水浇得正是时候，有句话尤其切中了我的思想要害。他说：参加运动的人往往有私心杂念掺进去，把公字抛到一边，为了表现进步做出过头的事。现在，我为了入党，不就参与整人么！设身处地想，行动就犹豫起来，开斗争会便坐到后边。这场运动一结束，三个同学虽然没事了，但成了落后分子，我的入党也泡汤了。虽然在大量事实面前，中央承认“肃反”扩大化了，但对被整错的人没有进行平反和道歉，反而要他们理解“肃反”的必要性。这三位同学带着压抑的情绪走上工作岗位，那位写日记的李安国于1958年初在工作岗位上自杀，他是我班学习最聪慧的一位。

大学毕业获
“三好生”称号

参加农业劳动
（向合作社社长申多赠书，1955年）

1956年4月，正在搞毕业设计的时候，接到学校的来信，要我在重庆（在工厂作毕业设计）作体检，之后速回北京。一到北京，才知是准备选送我去前苏联留学，我的那个高兴和激动无法形容。我决定在选送前完成毕业设计，做到有始有终。后来，选送规模大大缩小了，筛选的结果招来了很大的非议。因为选中的学生中，有相当一部分平时学习成绩很差，有的主课年年不及格，学习又不努力。恰逢当时正值党号召“向科学进军”，学子们正摩拳擦掌要大干一番，所以把学习成绩看得很重，担心其中的一些人不能学成回国。我也是被筛选下来的一个，但我没有像别人那样失落和消沉。因为我的养家思想很重，多年来一直是哥哥以一个病体支撑着全家，母亲已近70岁，眼巴巴地盼望着我早日工作，所以不能留苏也罢。再说我12岁时在小学被集体填表“加入”过三青团的事是否影响了入选也未可知。比起那些要去留苏的同学来，政治条件我要差一大截，所以思想上也很快就平静了。可是，紧接着来了1957年的“整风反右派运动”，对留苏选派有意见的人认为党有宗派主义，这竟成了帮助党整风的一个重要内容。结果，有相当一部分人不是被打成右派，就是被开除党籍。运动快要结束时，因留苏问题影响面大，学校党委书记刘雪初专门召集了一次51届留校学生的座谈会。记得他说了这样的话：留苏选派相当于一次干部选拔，共产党选拔干部，首先看政治条件，干部对事业的忠诚度是第一位的！大家应当认识和理解这一点。我们这些没有处世经验的年轻人，这才有了冷静的认识。过去常说，一个人的生辰八字就注定了他的终身命运，叫作“命中注定”，我从来没有信过这神造的命运。现在情况变了，要查你的三代，要论你的出身。1984 年，国家颁发了标准《家庭出身代码》和《本人成分代码》，用于城乡户籍和人员档案管理。人走到那里，代码就跟到那里。谁是“自己”人，谁是“专政”对象，谁是“控制使用”的人，一目了然。一纸家庭成分，或者是你的升官图，不管你多丑恶；或者是你的催命符，不管你多优秀。你能不信这人造命运吗？

1951 年到大学毕业，年纪比较轻，学习是第一要务，自己心里清楚。对于参加政治运动都带着临时任务观点，给什么干什么不去多想。60 年代后期，开始回想经历过的事情，才有可能说出一个头绪。但在早期很是懵懂，做了那么多事情，长进还是不大。其实呢，我们已在人生旅途中。

第六章

当头棒喝

毕业分配于1956年7月揭晓，我班只有29名毕业生，留校12名，我被留在自动武器教研室。五年的大学生活，使我在人生道路上逐渐成熟，回报社会、报效祖国的思想已树立起来，揣在心里已经多年的梦想，等待着我去实现。

1953年，经过全国院系大调整后的北京工业学院，相继建立了各种兵器专业。自动武器专家是前苏联维·伊·卢坎德尔教授，他一面给中国教师介绍专业知识，一面指挥建设教研室。到1956年，基本专业教材已经编译完成，有的教材由中国教师自编完成。自动武器陈列室的建设尤为成功，按军种分，陆军、空军、海军的各类自动武器齐备。按口径分，37毫米以下的全有。按国家分，中国、美国、日本、英国、法国、瑞典、比利时、前苏联等世界上主要国家的都有。按年代分，从抗美援朝时期起可上溯至第一次世界大战时期。样品的齐全使前苏联专家非常羡慕。陈列室主任是兵工专家陈殿伟教授。顺便提一下，1961年8月，自动武器等四个专业调往太原机械学院，陈列室产品随专业搬迁，到了“文化大革命”期间，竟然遭到群众组织的抢砸，大部分武器被抢走，事后没有收回多少。这是一个无法弥补的损失！

我和张兴中留校后，在讲师张拯人带领下建设自动武器实验室。自动武器实验室主要是测量自动武器发射时的各项动态参数，包括弹道参数、运动参数和强度参数，是高压高速高温过程，而且是高瞬态高幅值，测试难度很大。实验室建立起来后，首先满足教学，为学生开出测试技术课程，其次是为研究提供条件。我们在做了短暂的调研后，决定以电测法和光测法为主要手段，一改当时国内以机械测量为主的现状。说来凑巧，实验室的这三个教师都是“心猿意马”的活跃派，只要是先进的主张一拍即合。我们带领全实验室人员，

北京工业学院自动武器教研室成员 1957 年合影

（前排左一及右一为教研室主任于道文、副主任申正宾）

从策划、设计、加工、购置仪器到土木设施统统包干。从 1956 年 10 月到 1958 年初，已初具规模，能开出好几个实验。北京王府井八面槽是电子仪器主要供应商的集中地，只要国内外来了好仪器、仪表，他们首先通知"京工老张"，我们就立刻骑着自行车去取。捷足先登的人就能沾光。实验课的讲义也同时编出来了。我的主要任务是用光测弹性力学的方法来测身管应力。光测弹性力学是一门交叉技术，先要弄懂力学现象在光学介质中与双折射的关系，然后用数值方法逐点计算，还要会做光学材料模型（主要关键是消除模型中的残余应力）。对我来讲，这些都是新概念新技术。我白天干活，晚上自修，分秒必争。到 1958 年秋，终于开出了"光测弹性力学实验"及其课程。其他人也开出了几个实验和电测非电量课程。自动武器实验室已初具规模，国内同行中已小有名气。截止到 1957 年底，自动武器教研室已有 21 人，其中教师 12 人，实验员 4 人，工人 5 位，以于道文教授为室主任，申正宾副教授为副主任。

1957 年，是我工作过程中最沉重的年头。这年的 4 月 27 日，《人民日报》发布了《中共中央关于整风运动的指示》，《指示》是这样说的："几年以来在我们党内，脱离群众和脱离实际的官僚主义、宗派主义和主观主义（简称"三害"），有了新的滋长。因此，中央认为有必要按照'从团结的愿望出发，经过批评与自我批评，在新的基础上达到新的团结'的方针，在全党重新进行一次……整风运动。"整风运动便在全国有组织地开展，欢迎非党员参加整风运动，要组织群众来协助共产党整风。由于统战部及政协不断的座谈会和报纸及时的报道，全国逐渐进入"鸣放"，这是百家争鸣、百花齐放的缩略语。因为是帮助党整风，要求"鸣放"时主要发表批评性意见。"鸣放"的形式起

自动武器专家卢坎德尔教授与教研室主要成员
（从左到右）：高庆春、于道文、张拯人、卢坎德尔、
蒋维城、申正宾、靳天佑，后排戴帽者陈殿伟（1955 年）

初是各级党组织主持的座谈会，到了群众这一层便出现了大字报，有意见都贴到墙上。起初的“鸣放”还是平平淡淡，但经不住一再的动员，全国很快烧了起来，高等院校非常火热。在北京市的大学中，素有民主传统的北京大学和政经教育为主的人民大学等综合性大学最为活跃。座谈会中不断爆出各种论点，并加以报道，大字报大辩论尤为突出。工学院就差多了。我们学校的很多年青教师常去这两个学校观摩，餐桌上常能听到外边大鸣大放的消息。北大的谭天荣和人大的林希翎有关高校的系统观点，成了大家在饭桌上热议的话题。没有过多久，在层层动员（医院病人也不放过）后，我们的学校也热闹起来。党委组织的各种座谈会也不再冷清了，大字报很快贴满了院墙，围绕几个热点辩论起来。到了 6 月 8 日，整风鸣放并没有多久，《人民日报》突然发表社论“这是为什么?”。这篇社论是一个强烈信号，宣告“整风”只进行了一个月便告结束，也宣告反击“右派分子”的运动就要开始了。与国内其他大学不同，北京工业学院是中国共产党亲手办起来的第一所工科大学，又加上国防工业为背景的色彩，党的领导非常强势，建国进城以后，学校发展很快，教师队伍也比较年轻。绝大部分人对党十分热爱。觉得以毛主席为首的共产党确实伟大、光荣、正确。又非常信赖党，跟着党，努力工作就是。现在，党要整风，我们

也很拥护。1942 年的整风不是带来了全国大解放吗？其他学校在如火如荼地进行“鸣放”，校园内到处是大字报，言论讲堂也不少。但我们学校起初很是平平，座谈会的人也寥寥无几，与校外的反差很大。于是各级领导动员大家认真帮助党反对三个主义，积极准备意见，积极参加各种座谈会，这是热爱党的表现。动员是广泛的，各级支部连住院的病号也不放过，病重不能动弹，病床上把意见记录下来作转达。这时，我们实验室的人正在热火朝天地调整实验，光测和电测技术我们都很生疏，不是线路不对，就是装置设计不周，信号要么不出来，要么不稳定，哪有心思去参加座谈会？大字报更不想写，那得动脑子写文章，没有参加座谈会那么自如。有次，该轮着我代表实验室支应一个座谈会，会上确有许多人发表了系统的意见，都是我校发生的事。这些事情我们平时都有感受，如肃反问题、选派留学生问题、高干生活作风问题、校内生活问题等，但想不到他们整理得很系统、很理性，并且能分别与三个主义挂上钩。听着听着，越加佩服他们关注事物和辨别事物的能力。像我这样被一项技术缠住的人绝对比不上。能人这么多我何必放下手中的活，多余地参加这样的会？幸好，没几天我们几个人去吉林省国家实验基地协助一些试验建设，彻底地躲过了“鸣放”阶段。等到 6 月中旬回到学校，整风已经变成了“反击右派分子向党进攻”的运动。大字报更是铺天盖地，矛头直指所有在会上发言的人和贴过大字报的人。党委也不像“鸣放”阶段那样被动，已彰显出他的强势，一呼百诺，层层围攻。学校请来四季青高级社的一位北京劳模林某来校作报告，人骂知识分子，“共产党给你工作，给你饭吃，你还骂共产党，有没有良心”，“农民早起晚归，吃窝窝头，辛辛苦苦养着你们，你们住高楼吃白面，还不满意”。一批从北京工业学院速成中学转来的调干生，是解放战争时的“红小鬼”，每天下课就在操场边上专等那些被批判的对象走过来，一把揪住他，当众跺着指头骂他：“你说说，共产党怎么亏待你了”？此人只能沉默，然后一边被拉着走，一边不断地数落，一直拉到食堂门口才放手。不知哪一天，又请来民盟的邓初民，一头白发，拄着拐棍，在大礼堂给我们作报告，详述了章伯钧、罗隆基、储安平等民盟成员的“反党活动”和“罪行”。说到激动时，拐棍不断戳地。报告之后演了一场讽刺某些民主党派代表人物“反党反社会”的活报剧——《百丑图》。一场反击“右派分子”的运动已向纵深发展，触及的人已远远超过座谈会上发言和贴大字报的人数。什么样的人算是“右派”，没有一个标准，揪出来批判的对象各单位也不一致，大体上各单位批判过的基本上就认定为“右派”。我举两个例子，四系 53 届一个班只有 37

个学生，批了11个，定了11个“右派”（约占30%），还有12个人被开除党团籍。一系53届一个班41个人，批了6个，定了6个“右派” （约占14.6%），个别班一个也没有，差别很大。这全要看学生党支部怎么掌握，还要看学生干部的品德。学生干部都是20几岁的年轻人，加上“宁左勿右”，哪能把得准？在我看来，当时的院党委思想“左”倾，抓右派抓得眼红了，对基层的运动毫无规范和控制，报多少定多少。好像在打“歼灭战”，越多越“彻底”。毛泽东笼统地定了5%的右派数目，我们学校全员不超过4000人，等到年底中共中央下发“六条标准”时，已经划了好几百“右派”，比例已超过12%。这个时候还借着“反浪费，反保守”运动，继续抓“右派”（反右补课），以表明本单位不“保守”，以致一些到期的毕业生还在搞批判抓右派，无法分配。北京大学和人民大学在“鸣放”中闹得那么厉害，“右派”也没有我们这么大的比例（约7%，4%）。幸好，来了一位新的党委书记刘雪初，看到年轻学生中抓了那么多“右派”，非常吃惊，年轻教师中也不少，与他原来的机关差别太大。在他力主和规劝下，“反右”刹了车。在接近国庆十周年时，中央决定对全国55万“右派分子”中的5.5万人摘右派帽子，以分化“右派”。规定摘帽的三个条件，其中最重要的一条是对所犯的“反党罪行”彻底认识并有悔改。由于运动过程不但粗暴，而且粗糙，有些“右派”的“罪行”不是无中生有，就是张冠李戴，他们一直耿耿于怀。这些人因坚决不承认“罪行”，结果“右派”帽子没有摘掉，一直戴到“文化大革命”，遭受二遍罪。我的同学魏大放就是一个。还有一些补进去的“右派”那就更倒霉了。这些人没有任何言论，可能是性格关系，比较沉默寡言，平时不靠近组织，“反右”时不发言，在“反浪费，反保守”运动中被打入“右派”的不少。因没有言论，无法写处理结论，但和处理“右派分子”一样。到1979年对“右派”改正时，原单位找不到处理依据，这些人反而长期得不到改正。我校图书馆职工原副院长曾毅的爱人赵乃祥就是这样。以上种种说起来很是荒唐，自打“反右”开始我一直处于不理解状态。一方面，对党的信任一直不减，对整风也很拥护，1942年的整风不就带来了全国的大解放！另一方面，对一些很熟悉很优秀的教师受到围攻很不赞同，是动员人家提意见的，批判起来还毫不讲理。遇到我了解的事情，想说几句澄清的话，又怕引火烧身。批判会上越坐越往后，举手不能不举，声音可以不发。和1955年“肃反”运动时的处境完全相似，那次运动后我的入党成了泡影。加上我在单身食堂吃饭时，常常不回避批判对象，同桌用餐还要聊上几句，逃不脱那些明察秋毫的“火眼金睛”，在清理职工政治表现时被划为资产阶级中间派偏右，“离右派只差几步了”（毛泽东对“反冒进”者的话）。后来我们还知道，“鸣放”期间主持座谈会的几位（如马列主义教研室主任吴威等）也被划为右派，“罪名”是为右派提供进攻平台，鼓励右派发言。他们属于“跳”出去的右派。

这里，叙述一件终身歉疚的事。1958 年初已进入处理“右派”阶段，那时我被临时钦定为一系青年教师共青团支部宣传委员（支部主要成员都成了“右派”），跟着行政处理之后，团支部例行对“右派”进行处理。处理的结论是照抄行政处理的内容，但要对“右派”本人宣读。宣读的事由我执行，但在宣读之后还要对其“反党言行”予以批判。我的左右各站着一位进行批判的人，分别作了准备，于上午开始。须知，这些所谓的“右派”都是各专业年轻的骨干，平时在各方面都是很活跃的人，我们都很亲近。原来说“右派”还是人民内部矛盾，可现在却一步步地往“敌我矛盾”上推。至于那宣读的内容本来就是满纸荒唐言，是欲加之罪，宣读起来很不是滋味。经过几个人之后，左边的王淑华早已受不了啦。她建议只宣读不批判，我们立即就这么办了，一个上午全部处理完毕。下午，党总支来了人，批评我们太草率，原来是站在右边的那位汇报了。被处理的人中，有位名叫田琳的教师，是我同届的大学同学，“文革”中去世。斯人已逝，想当面解脱一下内心长期的愧疚也没有机会了。

这里，也叙述一桩难以忘怀的事。时间是在往后的 1960 年 9 月，那时正是困难时期，我将去昆明，在 356 厂长期合作搞研制，并带着临时户口迁移证明，这是为缓解北京市供应压力的临时措施。我抽空到北京市通用机械厂找穆崇桐告别一下。穆是我同班同学，学生时是年级党总支委员，毕业后留校，任我们系总支委员。1957 年被打成右派，因为他经常为“右派”同学辩护，又对 1955 年班上肃反对象进行过道歉，被说成是“出卖党”，索性打成了右派小集团骨干，是从党内跳出去的“右派”，把他发配到这里劳动，我们这才知道他也被打成“右派”。在我们班被打成“右派”的同学中，他的家庭状况最差，有一个长期瘫痪在床的母亲和年龄不到 15 岁的妹妹，全靠他供养。打成“右派”以后，工资降到 30 元左右，生活非常拮据，妹妹只好招工到还是边疆兰州远郊的一个工厂，母亲靠一位远亲照管。他由于紧张的劳动，顾此失彼。有空时我悄悄地去看看他。我才发现从德国回来的发动机专家蒋潮先生也被打成“右派”在此劳动，这儿还有几位给我们上过课的老师。这次因带着临时户口到外地出长差，我必须给他打一招呼，我约他到远离工厂的陶然亭公园的一个小饭馆，藉吃饭长谈。这次，他的情绪不像往常，一身油污，神情沮丧，说话低沉，我问他是咋了？他告诉了发生在一个康姓“右派”的事：

这个人是他的中学同学，尽管被打成“右派”，心中冤屈，但已成铁案，也就不再去想，他一心一意地参加工厂劳动，从零开始。由于心态较平稳，不论劳动、技术革新，样样在先，群众中的影响很好。渐渐地有位女工着意于他，他经常下班晚，这位女工经常给他从食堂带饭，关照越来越勤，这时他已意识到这种关照已超乎一般。他心里除了温暖的感觉，也觉得应该把自己的状况向姑娘讲明，这样继续发展的基础会比较稳固。有一天午饭之后，他主动开腔：

“我的情况你知道吗？”

“你不是担任过大学老师吗？”

“我是犯了很大的错误才到这里的。”

“不就是右派吗，毛主席说右派是人民内部矛盾，你好好干不就很好。”

“我的错误太严重，我们接触太密切，大家都要说你落后，划不清界线，影响你的进步和前程。”

“大家对你的印象很好，你就这么干下去就行，我们还可以互相提醒，不犯错误，这不得了！”

姑娘如此明理，对两人的事态度明朗，他的心踏实了。自此，两人的关系越来越密。这引起了共青团支部的注意。支部忠告姑娘，对右派进行思想帮助可以，不能进一步发展两人的个人关系，姑娘据理力争。支部反复动员她与“右派”划清界限，姑娘还是照旧。最后支部不得已警告她：“你是要团籍，还是要‘右派’？”已经没有退路了。退团，这是不能想像的事情，可能家庭的反对也对姑娘产生了超常的压力，烈性的姑娘最终吞下敌敌畏，想以此解脱。

说到这里，他已满脸凄苦，物伤其类啊！我已非常震撼，服务员端上来的两碗炸酱面早已凉了，两双筷子静静地摆在那里，谁也无心举箸。他说：“这件事中，显出了大家的幼稚，把‘右派还是人民内部矛盾’信以为真。没有想到的是连个人生活也进行围困，我们似乎掉进了无底的陷阱，没有了生活的希望。”他的这种惆怅我不知道怎么说才能有点宽慰。良久，我说明了来意，过几年把任务完成，回来后就能见面。叮咛他，过去的事不要再想，身份已经变了，国事不要多管，把工作认真做好，“右派”这么多，总有个轻重吧。我说：“你顶多是个思想右倾，右倾与右派是两码事，总有一天会清楚，要耐心地等。”这是挖空心思想出来的搪塞话，其实我也看不清他的光明前程是什么。穆崇桐还是一个年轻的、“罪”不重的“右派”，由于降薪降职，妹妹和母亲无法供养，母亲病亡于缺乏照料的病榻上。如果是一个中老年“右派”呢，除了家中供养问题，还要牵连到孩子们的上学和工作岗位，那才惨呢！一想到学校在打右派时那种随意性和狂躁性，真叫人倒抽凉气。这才真正体会到我哥哥每次政治运动都要来信，力戒我不要参与整人，那是坏阴德！后果太严重，我亲眼看见了这种后果。光阴荏苒，1979 年 6 月，阔别 18 年后我回到北京，便到沙河镇的通用机械厂新址找到穆崇桐。“右派”已经改正（不是平反），恢复了技术工作。在 1976 年和一所小学的年轻教师焦新荷结婚。她的丈夫不幸身亡。有街坊老人为他俩牵线。老人先讲明穆在 1961 年已经“右派”摘帽，但自幼熟悉，人品很好。女方就说“人品好就行，右派不右派我不管，这么多年对那些左派早就看透了”。我揭开他从家里带来的午餐盒，嗨，大半盒白白的米饭，上面盖的是煎鸡蛋，还有一旁的炒白菜。我问：“你天天是这样吗?”他说：“基本这样，粗粮全由她吃了。他父母都是工人，几个弟妹上山下乡，还回不到北京，操心的事儿太多。”顿时产生一种内心的敬意：“老穆，新荷是在你困难孤独的时候投到你怀里的，你要疼她一生啊!”

“反右派运动”后，于 1958 年初在校内又掀起了“拔白旗，插红旗”运动。拔白旗的对象主要是资产阶级权威，经过一番斗争，只要把白旗拔了，资产阶级权威的威风扫地了，红旗也就插在大家心中了。当时的北京工业学院还算是一所新办的大学，高级知识分子比清华、北大少。1952 年院系大调整时分走了一批，“反右派”打掉了一批，政治审查又调走了一批，剩下的大部分基本上拥挤在基础课教研室，留在国防工业专业口的就不多了。这些教师只讲课，不主事，教研室里的教学和科研安排均由刚刚毕业留校的学生主持，称作“秘书当家”。第一机械系就选了几位要拔的白旗，能记得的有陈晓南教授、林汉藩教授等几位。随动系统教研室和自动武器教研室共同批判和“帮助”陈晓南。陈教授留学美国普渡大学，力学专家，50 年代回国，因不了解国内情况，性格又率直，初来乍到，平时流露一些思想，这些思想串起来，再予以上纲上线，就成了“颂美、崇美、恐美”。陈教授不知道，这是有计划有准备的一场围攻，也是一种“反右”斗争中练出来的本事，他一个人怎能抵得住两个教研室数十人的追问？底线完全崩溃了，把慌乱中不合逻辑的言语串来串去，连他自己也不知所以。每被迫承认一点，就流一次泪，那分明是求饶的信息——“就按你们的意思承认了，该饶过了吧!”。一群疯狂无知的年轻人就这样伤害着自己的老师，直到“三碗豆腐，豆腐三碗”倒不出新鲜玩意，才算罢休。这场“拔白旗”运动，光我们系就拔了两位老教授，全校加起来就多了。北京工业学院在全国只是个中等规模高校，全国加起来不知有多少“白旗”被拔。我们国家刚稳定下来，正是百废待兴的时刻，教育战线亟须大量高水平学者来培养年轻的人才，研究和生产战线亟需大量的杰出人才来领军。人才还没有培养出来，事业才刚刚起步，却把仅有的一些高水平学者被当作“白旗”拔掉，这不是自己坑害自己吗？据统计，20 世纪 50 年代从国外回归的科学家和工程师约有 2500 人左右，这些人肯定会成为中国科技事业起步的领军骨干。须知他们是怀揣救国的抱负留洋外国，在他们准备回国的时候，有的还受到所在国的种种阻挠，如今学成回国，报效处在贫穷的祖国来的。那些指导和组织批判的人未必有这样深广博大的胸襟，他们更不会想到，每拔一面“白旗”，就是替别人向自己的祖国捅一刀。到了 1984 年，我在“应用力学培训班”上遇到陈先生，他主持这个班，现在他已转到第三机械系了。幸亏当年不是一个教研室，他不认识我，我也装作不认识他。时间虽然已过去 26 年，然而在老师面前已是面红耳赤，难掩愧疚。知识分子的事还是没个完，“白旗”拔掉之后，还得来个“向党交心”的运动。这是群众间互动的教育方式，凡对党有意见或有误解的话，向党交心一次。交心的方式是在教研室内向大家袒露自己内心存在的各种思想，从此放下思想包袱，轻装前进。即使思想严重，也不抓辫子，不打棍子。由于有了这后面两句话的保证，认真交心的人不少。说是不打棍子，暴露思想性质严重的话，还是受到一定的处理。比如，我们教研室的张拯人，被撤销了实验室主任，不准讲课，派到大兴县校办农场去放羊。那时候，这样的人何止是张拯人一人，学校里就有一大批。校内经过这么几次筛选，就有条件在每人的档案里增加一条政治结论（对我的结论是“中间偏右”，下这个结论时，档案里装进什么内容，本人一概不知），这是后来知道的。在那个不是朋友必是敌人的年代，这个结论算是高抬贵手，还得感激呢。试想后来补进去的“右派”不就是在“右派”进攻中亲近右派，反击右派中不揭发，不坑气，就是同情右派，骨子里就是“右派”的逻辑下成了敌人。后怕呀！“破字当头，立在其中”，一大批左派积极分子应运而生了。当时，我很羡慕他们，觉得他们革命的悟性很高，对政治的参透能力很强，像我这样的人，要脱胎换骨，达到涅槃太难了。初出茅庐，先挨了这当头棒喝。

那个时候，我们才是 20 多岁的学子，犹如稚嫩的禾苗，感受着新中国的雨露阳光，对党和领袖深情挚爱。当共产党要开展整风时，我们认为这将迎来新的伟大胜利，积极响应号召，帮助党整风。真诚地相信，所谓给不给党提批评建议，体现着对党的感情是否深厚。万万没想到，那么恳切的动员，那么虚怀若谷的姿态，竟然是一场诱敌深入，是一种引蛇出洞，是摆的钓鱼阵。说这是阳谋（不是阴谋），是让“毒草长出来”。全国 55 万知识分子被当作“蛇”引出来了，当作“鱼”引上钩了。这 55 万是什么人，是全国的精英！从此这些人陷入了悲惨世界，连同他们的家属都成了贱民，被嗤以“地、富、反、坏、右”、“牛鬼蛇神”。

第七章

神州皆神仙

刚刚迈过沉重的1957年，却又碰上激荡的1958年。在布满愁云的校院环境中，对新年和新春没有什么印象。这正是几家欢乐几家愁的日子。有的人已成了右派，有的人还在被批判，而学校抓右派的阵势依然不减。正是大年除夕的时候，突然接到任务，要我去重庆顶替姚赞休老师指导应届毕业实习，姚的母亲突然病故。刚到重庆，又接到任务，要我安排火炮专业的生产实习。我发现工厂还是一片生产有序的环境，和往常无异，原来“反右”闹得那么凶，重灾区只是学校。很愿意在这里多待一段时间，躲一躲那相互横眉冷对、使神经紧绷得校园环境。

1958年4月初我回到学校，学校已是另一种气氛，另一类大标语挂满了主要建筑：“鼓足干劲，力争上游，多快好省地建设社会主义”，“教育为无产阶级政治服务，教育与劳动生产相结合”，“知识分子要做党的驯服工具”，“敢想敢干，破除迷信”，等等。全校都在热议如何贯彻“教育为无产阶级政治服务”。那时首先想到的是如何把本专业的教学做彻底的改革，方式还是搞群众运动，高年级的学生首先停课，帮助教研室搞教改。这样大的教育改革在教研室这一层就变为教学改革了。两个高年级约80多人一下涌进了毫无准备的教研室。不是有“教育与生产劳动相结合”这一句话吗？实验室分走30人。那时，实验室3位教师只剩我1个人，实验员也剩下2个人，许多人“反右”后政审被调走了。这3个人要应付初次进实验室欢天喜地、敢想敢干又毛手毛脚的“猴儿”们。幸好实验室有几项课题，又有待完善的几个课程实验，把大家分流了。由于我们也是边学边干，操作来不及规范，现场很混乱。一开始就损坏了一些工具，不久又损坏了几台贵重的示波器。稍稍整顿后，秩序有了改进。教研室那边是另一种景象，50个学生手里拿着教材没有办法行动，因为大部分人还没有上过专业课。学生们提出建议，教师先拿出修改意见，然后大家讨论。这下忙坏了几位年轻的老师，学生只好自学。直到 9 月份才有了转机，自动武器教研室先后承担了两项新产品研制任务，近 30 多位学生参加到课题中，矛盾得到很大的缓解。因为我被任命为其中一个项目的技术负责人，只好分身两边照顾。那时，我还有两项社会工作，一是被任命为一系教工共青团支部宣传委员以顶替被打成“右派”的前任委员，主管宣传和体育比赛。另一项是作一系教学秘书的助手，主要与学院教改中心联络。我的工作量已到了极限。

这年夏天，大跃进的劲风已扑面而来。夏收后，河南安徽一带粮食高产卫星接连升空，开始是亩产千斤，接着数千斤节节攀升。我是农村出身的青年，品种好一点的“和尚头”小麦也不过 300 多斤，单产如此之高，面对《人民日报》只能瞠目结舌。这是党报，还能不信？不能不佩服群众真正是英雄，真了不起！领袖曾经批评“反冒进”的人像小脚女人一样，东摇西摆地走路，不是没有道理。接着河南省土法炼钢的经验也过来了，一下点燃了炼钢的热情。农村放卫星，学校够不着。炼钢不能不参加，这一下低年级学生也有了大用场，炼钢用的原料就靠他们到处去“捡”。一时间学校里修起十几座炼钢炉。学生边上课边炼钢，生活也走向军事化，排队唱歌进食堂，课外任务由班级分配。整个校园白天军歌嘹亮，晚上炉火通红，一片红火的景象。领袖的话也传达下来：“一个粮食一个钢，有了这两样，什么都好办。”并且要求各地把粮食和钢当作领头的元帅来统领一切。这时，把一系炼钢炉的维修交我负责，我找了几位工人出身的学生组成维修队，昼夜在几个炉前值班，随坏随修。自从 1955 年起，北京工业学院在全国高考统考前，先派人到各地通过政审挑选高考生，然后通过统考，上分数线后录取。1957 年“反右”运动以后，学校加大力度又在工人中招收新生，1958 年进校的工人大学生比例很高，所以我挑选的维修队水平不低，维修效率不错。全院炼钢开始后，每天晚上 12 点给夜间熬夜的人提供一顿带荤的面条。说实在话，这顿夜餐救了我，我几乎天天熬到后半夜，因为炼钢炉不能熄火。虽然天天这样忙碌，思想上的疙瘩却越来越大。今年开始，搞教改还说得过去，总还没有脱开教育，可这学生停学炼钢实在想不通。想一想自从读大学以来，“三反”运动停课打“老虎”，“肃反”运动停课抓“反革命”，“反右”运动停课反击“右派”，这次又是停课炼钢。今后，政治任务一个接一个，这样下去能培养出人才吗？再说，炼钢的专业性很强，全国有多少冶金学科，还有多少冶金企业，这是他们的事，为什么不懂业务的群众也参与？浪费多大！

说来也巧，这年秋天遇到离别多年的故人寇家伦。他是我中学的学长，大我 6 岁，当时是总政文工团主力歌唱演员。我们倾心地交谈过一次，主要是想不开的问题不少，向他请教。他认为“教育为无产阶级政治服务”的提法与《延安文艺座谈会上的讲话》的精神是一脉相承，异曲同工。这些年来文艺工作者为贯彻《讲话》精神，主要在两个方面下工夫。一是歌颂，想着法儿歌颂领袖歌颂党；一是紧跟，宣传现在的政策。解放战争时期，围绕土地革命，提高战士阶级觉悟，作家们集中编写出各种农村题材的故事，如《白毛女》、《半夜鸡叫》、《太阳照在桑干河上》等作品。解放后在农村大面积搞合作化，作家们又忙着编农村合作化中的斗争，并大批引进前苏联集体农庄的电影，以宣传合作化的先进性。这个过程还没有完，却又来了“大跃进”，作家们又在琢磨如何编写大跃进中先进与保守的斗争。政治形势变化很快，文艺工作者很难适应。应景的那些作品，粗糙不说，也没有深度，公式化、口号化。说是“源于生活，高于生活”，其实越高越假。像《白毛女》、《半夜鸡叫》都是编造的，实无其事。一言以蔽之，中国现在的文艺实际上是党的政治工具，党推行政治任务的拉拉队。党的政治任务是什么，文艺就宣传什么，包括新闻在内。教育也是党的政治工具，重点在意识形态。解放区的教育就是这样，学科是根据政治斗争的需要设立，无事就学习，有战争就上前线服务。要生产自救就投入学习“南泥湾”。1942 年的整风运动就从学校开始。之前，国内的大学都是欧美教育模式，与老区的学校差距很大。北京工业学院是老区来的，对当前的方针适应很快，其他学校就不一定让学生进教研室，就不一定参与炼钢。领袖既然坚持原来的方针，看来教育界可能有一番适应不适应的斗争过程。但是他又说，已经掌权以后，这种以政治运动方式、急功近利的办法来建设国家能不能长久，平常人说不清。原来，家伦兄不是单纯唱歌的人，这些分析非常精辟。我琢磨着，还是别忘了“反右”时期的经验，做好“党的驯服工具”，毕竟强国梦把我和党紧密地联在一起，应当积极投入“大跃进”运动。

大跃进的风不断劲吹，各地区各单位在相互攀比中“浮夸风”也劲飙起来，农村的高产卫星已经跨过亩产几万斤了。下面是一首形容当时高产的打油诗：

公社粮食堆成山，
直上青云不见尖。
喜马拉雅仰头看，

直说哎呀脖子酸。

那时候，北京工业学院各单位用耐火砖砌成“炼钢炉”，用电动机鼓风，炉底下烧的是锯短的木料，“炼钢炉”的原料靠学生“捡”。原料实在太杂（如铁丝网、门栓、门窗把手、火炉等），无法化验分类，就统统砸碎投入砖砌的土炉里。炉火昼夜不息，一炉一炉地出“钢”。因原料中各成分的熔点不同，炉温又上不去，出来的“钢”就像面疙瘩汤，凝固后鎯头可以敲散。当时对“炼钢铁”的情景是这样描述的：

炉忙人更忙，
难填土高炉。
炉炉出好铁，
气死洋高炉。

也是很夸张。由于铁路和交通部门批判资产阶级保守，大搞“超轴满载”运动，快到年终，因动力系统超载运输，机器过度磨损，提前报废。不少车辆过早趴窝，无力将散在全国的“钢”集中起来，只好就地过秤上报。炼出来的“钢”实际上是废渣，连处理都成了难题。这还不算，连过秤的数字也在各单位间相互攀比中造假报上去了，年终时超额完成任务。

毛泽东视察中南海干部炼铁

河北徐水县大炼钢铁

那年秋天，全国农村的高级合作社经过合并升级，成立了“一大二公”、“政社合一”的各种人民公社，工农商学一体，还有武装民兵。1958 年 8 月初，毛泽东兴冲冲地来到河南新乡七里营，参观了全国第一个人民公社。详细了解以后，发出号召说“人民公社好”。随后就掀起了公社化高潮。夏收后，各地高产卫星升空，有的地方亩产晚稻竟达13万斤。这时领袖已开始发愁粮食多了怎么办。人民吃不完，粮食又装不下，于是萌生了土地三三制，把全国的耕地分成三份，一份种粮，一份歇种，一份牧副。接着第二个问题就是如何保持粮食高产的势头。主席长于调查，他的专列可以说是驰骋南北的机动调研室，可以获得第一手材料。对于高产卫星中的造假，召来汇报的干部们一清二楚，可面对着领袖的殷切调查，他们没有胆量端出真相，只好一不做二不休，蒙骗到底。于是根据这种情况，总结出了保持高产的八字方针，我只记得前四个字“水、肥、深、密”。“水”、“肥”二字不用解释，这“深”就是深耕，“密”就是密植。适逢秋收秋种季节，开始大力推广八字方针。有的地方挑灯夜战，竟然深翻到一丈二尺以下，有经验的老农直摇头，把有养分的熟土翻下去，把没有养分的生土翻上来，能长庄稼吗？植得那么密，种籽垒种籽，禾苗挤成一堆不透气，根不烂掉吗？幸亏深翻的劳动量太大，又无机械，密植的种籽又不够，当年越冬作物的灾害没有酿成全局性灾难。在这样的壮阔的“高产风”和“高产经验”中，完全排挤了农业专家的作用，并把他们放在群众对立面加以教育。反过来，如果没有偏见地听取一下农业专家的意见，他们肯定把“育种”放在第一位。不培育优良的品种，休想得高产，这已是各国实践证明了的。

这个时候，农村跃进的形势已盖过了城市，除去农业接连不断地放“卫星”，越放越高，农村“炼钢铁”也盖过城市，6000万农民上山住进临时窑洞，砍林烧炉，炼钢的气势磅礴。这还罢了，可能是河南碴岈山公社的经验，全国农村又掀起了办公共食堂的热潮，要社员们把家里的做饭锅砸了送去炼钢，全家到食堂吃饭。到了10月竟然发展到农村吃饭不要钱，有个食堂门口赫然贴着对联：

放开肚皮吃饭
力争上游干活

横批是“多快好省”。有的食堂还有“流水席”，社员和过路人随到随吃。有位著名诗人在《人民日报》上发表一篇赞扬食堂的诗：

吃饭不要钱，几曾听说过？
吃饭不要钱，哪里看见过？
自古所没有，世界也从无。
哪能有这事？怕是说梦话。

吃饭不要钱，谁知是真的！
就在咱公社，菜蔬也免费。
说来不相信，饭菜进了肚。

想起从前事，不觉心酸苦。
从前生活难，天天做苦工。
顿顿吃不饱，牛马都不如。
烈士流鲜血，浇出胜利花。
粮食庆丰收，办起大公社，
生产翻几番，粮食吃不完。
吃饭不要钱，梦想要实现。

消息传出去，世界要震动。
东方一片红，万岁毛泽东。

“大跃进”使农村全部公社化，不断放高产卫星，现在又把农民赶进了“放开肚皮吃”的公共食堂。共产风愈演愈烈，到了秋后，近在咫尺的河北省徐水县已跑步进了“共产主义”，成了“共产主义试点县”。全县共有几个较大的人民公社，公社亦工亦农亦商，还有武装民兵，还要办各级教育，这些事业全由集体来办。并公布了每年免费吃食堂饭食。此外，还有每人分到定量的布料、棉花、猪、鸡等主要生活必需品。这个县放农业卫星和炼钢高产全国出了名，《人民日报》进行了系列报道，那位发紫的女县长谁人不晓。在宣布徐水县的人跑步进入共产主义生活后，惹得全国的人有组织地去参观。北京去参观的团体络绎不绝。不料，某大学一些教授在参观结束之后，竟然摇头说：“这样的共产主义宁可不要。”因为这些人是从欧美回国的，在经过前几年的思想改造后，认定共产主义社会的物质和生活比欧美资本主义社会好得多，但对面前这实实在在的“一年几只鸡的共产主义”无法恭维，逻辑上就无法接受，自然流露出那句话来。北京市委很快知道了这种舆论，就在教育系统的各种会议上规劝这些有相同观点的人，“对人民的事业不要站在对立面挑毛病”。看来，徐水县经验的负面效应不应低估。我们北京工业学院的一个班级，竟然也学徐水县了。徐水县办“共产主义”，多少还有点农耕生产力，还能办个食堂让大家红火一阵。可这个班的学生，不是吃父母的，就是吃助学金的，他们却大胆地办起“公社”来了。这个小“公社”要求同学们把家里寄来的钱交给公社，对个人的衣服用具进行登记，统统由“公社”统一使用，统一调配，以培养大公无私和一切为公的思想。没有多久，各家寄来的钱越来越少，“公社”经济捉襟见肘。不料，一位同学给家里写信，告诉家长除了伙食，不要多寄钱，不幸把信封装错了，寄给天津一位同学。这位同学一看便知是装错了信，但也知道了自己的同学思想还这么落后。为了帮助他进步，便把原信寄给了北京工业学院某系的共青团委员会，希望团委对自己的同学好好帮助，跟上前进的步伐。团委着着实实地对他进行了“帮助”，把这封信在全系大会上全文公布，听者哗然。会下是怎么“帮助”的，不得而知。我们这才知道，学校有一个“徐水班”。原来，同学们大部分给家里写过信，要他们不要多寄钱，无怪乎班集体的财源越来越少。这个事件之后，对各班干部的压力很大，要不要跟着干，一些想不通的干部到老师这儿来讨主意，都是同一个问题：“人家父母寄来的钱该不该由大家分享?”幸好，那个“徐水班”办不下去了，这场闹剧也就无疾而终了。

我的两位中学同学留学在前苏联农业系统，听到国内的农业不断放高产“卫星”，认为真正的米丘林在中国，已经不在前苏联了，干脆回国投入轰轰烈烈的“大跃进”。不要以为这很荒唐，当时的人们热情高涨，而且为此加倍地投入，对于报上的信息绝对相信。国家体委也按捺不住了，要在几年之内让我国竞技水平达到世界先进水平，发布了各项目的指标。学校内部除了大炼钢，体育项目也开始放“卫星”。记得有十几位学生得到运动健将称号，他们的百米速度都是晚上放的“卫星”（提前跑十几米，才放信号枪）。高年级的学生在实验室也想放“卫星”，好多贵重的仪器都是在后半夜学生发睏时弄坏的，为了保护积极性，坏了也就罢了。

1958年秋，一部分北京高校教师轮流到河南省新乡市七里营公社去参观学习。有一回是专区书记亲自迎见，是一位红军出身的干部，兴致勃勃也风尘仆仆，对半年以来的大跃进作了一个回顾，也谈了一些实实在在的问题。首先是公共食堂的浪费，大家抢着吃细粮，到处是窝头渣。自己家中吃饭八分饱，可在公共食堂就撑着肚子吃。在自己家中做饭，只用一把柴火就能做熟一顿饭，可是在食堂就得砍树烧饭，天天三顿都烧树，一年360天都烧树，有多少树让你烧？现在已经开始烧老一点的果树，现在一些小队的队长为过冬烧饭发愁，大家都瞄准了公共树林。所有的农村都砍树烧饭，要不了多久周围的树林都要剃光。其次是大家上山炼钢炼铁。他早年是一个机枪手，那日本的歪把子机枪，子弹打红了，还能射击，一点都不会弯。可时下炼出来的钢，有的用脚都能踹成三瓣儿，是不是钢啊？你们是大学老师替我鉴别一下。另外呢，这么大片地砍树炼钢，树也长不及呀！三是眼看着懒人越来越多。过去是单干，人人自己操心庄稼，你不操心，当年就得挨饿。现在只有队长在操心，多数是随大流，也不怕缺粮食，公社会从别处调。队长吹哨集合，好大一会才能集合齐。一些人干活在后头，有时还找不到，吃饭排队总在前头。说个夸张的话，是两头睡觉，懒人在家里偷着睡，干活的人在地头偷着睡，他不服气啊！人懒你拿他也没办法，不能不让他吃饭（我在这里补充几句：孟子曰“食、色，性也”。老夫子忘了一个字，“懒”也是性也。在当前这种大锅饭的环境下就要显峥嵘）。七里营也放过高产卫星，不知这位书记为什么只字不提。但他的讲话内容很实在，很有概括性，回来后也成了大家的话题。我们陈列室的两位保管员李德庆和张廷起是复转军人，家在怀柔和延庆农村，平时就爱议论农村的事情，不大引起我们的注意。这回，放开说话的机会终于来了。据李德庆讲，农村现在的主要问题是浮夸，低产报高产，上缴的粮食太多，农民的口粮很少，吃不饱。其次是实际产量越来越低，公社化后不如合作社，更不如单干时的产量。合作化中没收来的大农具，如马车、耧、耙等损的损，坏的坏，不爱惜。现在，一个小队的羊群已抵不上单干时的一户中农家，只要是集体的财产和事情都不上心。联系到改革开放后包产到户的政策，这些话确有一定道理。可我们那时深信列宁的话，严重的问题是教育农民，农民时刻释放着资本主义。私有制是万恶之源，天下为公是农民唯一的出路。感到农民私心太重，放着“共产主义是天堂”不想去，有着“人民公社是金桥”不想走，真是鼠目寸光。思想中认为农村出现的问题，多数是干部素质和作风造成的，与大跃进政策无关。

我们曾经听到过1958年扩大的政治局会议部分内容的传达。领袖问大家，什么是共产主义？对共产主义，马克思早有定义，大家本不生疏，今天突然发问，竟然给怔住了。且听他接着说：“人民公社加吃饭不要钱就是共产主义，我国农村已经实现了。”大家听了一时很振奋，前苏联老大哥搞了几十年的社会主义，共产主义还没看到呢，中国却抢先跑步进了共产主义。又很惊喜，先烈们抛头颅洒热血，梦寐以求的共产主义社会终于来临啦！领袖把公共食堂的地位提得这么高，要不要办公共食堂成了走不走共产主义的试金石。与会的中央委员们非常激情地向群众宣传“我国已进入共产主义社会了”，并且叮咛群众：“这事不能嚷嚷出去，免得前苏联老大哥受刺激。”给我们作报告的是时任湖北省委副书记的张平化。北京工业学院的年轻师生有一个特点，喜欢议论国家时事，喜欢议论政治，爱下结论，要不“右派”怎么那么多？可能是延安自然科学院传承下来的风气。那时正是抗战非常艰苦的年代，边区政府和群众相濡以沫、休戚与共，长期形成了一种关心国事的习惯。尽管隔着十万八千里，与己无关，也要说长道短。这次听到这样大好的消息，一时成了热议的话题。连农民都说“我们已经沾上共产主义的边了”。本来说共产主义是社会主义的高级阶段，生产力高度发达，物质非常丰富，人人平等没有阶级。这要经过多少代人才能达到，我们这一代只能为将来添砖加瓦打基础而已。试想一下，我们这个民族穷了好几百年，完全独立也没几年，生产资料的三大改造也刚刚结束，共产主义怎么突然降临在中国的农村？本来连共产主义的边都沾不上，现在已经进到里头了。做梦吧，揉揉眼睛，抹抹额头，这是怎么回事？噢，是了，有人悟到了！他说，中国的政权不就是农村包围城市得到的吗？共产主义降落在中国大地也是靠农村包围城市！以中国广袤的农村，先进到共产主义，然后把城市扫进去那也很容易。毛主席作农村的文章太精道了，这又是一笔。我们听了觉得有理，也极端地佩服。前苏联老大哥按正规的途径工业化电气化几时才能富裕起来？几时才能进入共产主义？中国则另辟蹊径，先在贫穷的农村进入共产主义的生产制度，然后以“一天等于二十年”的速度发展生产力，快速过渡到各取所需的时代。一个“穷过渡”的模式就这样漂荡在我们这些人的情怀中。马克思认为，无产阶级一旦扔掉奴隶的枷锁，当家做主了，就能以无限的干劲来发展生产，社会就以“一天等于二十年”的速度发展。那时我们也这样认为。对这个观点，后来冷静后，有了另一种认识，因为马克思他老人家也有严重的一失，他没有料到的是，没有当过奴隶的第二代现在已当家做主，他们从母亲怀里就没有了忧患意识，并且过上了“八旗子弟”的日子，叫他“忆苦思甜”鼓起革命干劲，那只是上辈人遥远的过去。只有几年的功夫，大锅饭已把革命干劲消解精光，弥漫的只是空气和泡沫。这已是现实，而不是后话，但头脑发昏的我们哪能往这里想。

领袖坚持外行领导内行，崇尚群众运动，又迷信权力，将国内工业专家和农业专家推到一边，驱使6000万没有文化的农民上山砍树炼钢，让农民在小块土地上用原始工具大放粮食高产“卫星”，使全国处于亢奋的顶点，豪情满怀，气冲牛斗，“人有多大胆，地有多大产”，“不怕做不到，就怕想不到”，让“高山低头，河流让路”，“肩挑日月，遂我同行”，一派呼风唤雨的气势。领袖有一句诗是形容灭虫的：“六亿神州尽舜尧”，现在拿来形容“大跃进”，可改成“六亿神州皆神仙”。那时，著名的王国藩三条驴腿穷棒子初级社在

1955年已进入高级农业合作社，如今还是牵着那头毛驴和那把锹，又跃进人民公社，谁说“鸡毛不能升天”？中国已使全世界瞠目结舌。

历史是严酷的，到了1959年秋，才过了几个月的“共产主义”，离毛泽东宣布“进了共产主义”不到一年，饥饿突然笼罩了中国大地。农村的公共食堂风光了一年后已经难以为继，并成了一大祸害。尽管要求解散食堂的呼声很高，但公共食堂是共产主义的标志，领袖不点头，谁敢挑头？苦撑两年以后，公共食堂因浪费、偷盗、多吃多占，已无法维持，全自动解散，农村已哀鸿遍野，几千万人死于饥饿。对这场亘古不见的灾祸，官方统一的说法是天灾和前苏联逼债（前苏联没有逼过债）。其实灾祸来得并不突然，大家很明白，只是在高压下不敢吱声罢了。为了重工业，长期挤压农民；合作化，公社化，农民失去土地；二元社会和“割资本主义尾巴”，农民失去生存能力；大跃进中，高指标高征收，农民辛苦整年却见不着粮食。加上军事化管理，农民只好坐以待毙。我们教研室那两位保管员的情绪越来越低，学生的结构课他俩要参与准备和辅导，要将产品分别拆开，布置在教台上，协助教师分解又组合，下课以后还要保养收拾，拆坏的还得修复，遇到大口径的产品那就更费事了。后来，一堂课下来，要过好几天才能迟迟地收拾完。原来是他们在节省体力给家里省粮食。那时大家都紧张，谁也帮不上谁。来了一场“反右倾机会主义”的政治运动，他俩噤若寒蝉，不敢再说话了，我们还认为他俩保守，觉悟不高，对他俩过去叨叨的那些事更加引不起注意。不久，每个去过七里营的人都收到一份批判材料，原来，那位实话实说的区委书记已被打成“右倾机会主义分子”，进入牢房。发放文件是消除他散布的“毒”。这场“反右倾”把本该弄明白的头脑又弄糊涂了。

1959年夏，北京市的太平景象再也撑不住了。高校开始实行个人粮食定量，表面理由是不定量供应已造成很大浪费。我们的李森副院长在报告中举了好多浪费的例子，让大家相信，实行定量供应与其他情况无关。根据北京市的规定，每人按工种定量供应，教师每人每月12.5公斤，学生18公斤，锻工21公斤。1958年秋，食堂里已实行先打饭不付钱，只在餐后把饭票插在桌签上，以示自觉，也培养公共道德。我在教工食堂用餐，从一年多的实践看，绝大多数教工是自觉的，这从一个侧面反映了当时教工的政治热情和生活素质。自从定量供应开始后，打饭时主食定量，其他不变。到1960年8月中旬，北京市突然宣布，街上饭馆及商店糕点一律收粮票。这下可苦了我们这些单身汉，前半月放开肚皮吃，后半月只剩下当月的几斤粮票，本来指望街上饭馆调剂，现在断了后路。一时间苏州街饭馆喝酒充饥、买果酱充饥的人多了起来。我们一批参加秋季运动会的人，由工会出面补助了一些粮票，算是幸运。还有的女孩子自己尽量省着吃，鼎力支援他们的男朋友。真是各走各的道，天无绝人之路。我身边就发生过一件事情。我的宿舍里，要算张炳荣最幸运，他是火炮结构教研室秘书。这时，他有一位女友能支援，他把女友每天接济的馒头撕成薄片晾干后存起来，每天深夜回来后充饥。晾干后的馒头片硬得像玻璃碴，嚼起来的声音惹得我和张兆炎好不羡慕，诱起我俩的饥饿感，时不时嚷嚷他“小点声行不行”。不知是哪天半夜里，张炳荣开始吐血，越动弹越多，我们立即背上他去医务室。医务室认为得了浸润性肺结核，也立即派车送往温泉的传染病医院。不知过了几个月，这位老兄回来了，养得又白又胖。原来，吐血是干馒头片划破了喉咙，误诊为肺病。倒是因祸得福，调养了一阵，可他不但不说几个月来多吃多喝占了公家的便宜，心里美滋滋的，还不忘倒打一耙，抱怨我俩干扰他吃馒头片，急匆匆咽下去惹了“祸”。

1959 年的一场“反右倾”运动，对已经衰竭下来的“大跃进”虚火又添了一把柴，全国的工业战线掀起了技术革新和技术革命运动（简称“双革”运动），其中有一个很大的国家级项目是“超声波化工程”（名称不确切）。据说，这个工程要渗透到各行各业，普遍开展超声波的开发和运用。如果搞成了，将对中国工业的提升有不可估量的作用。据称由毛泽东亲自挂帅，雷厉风行，为保密起见，似乎取了一个名称叫“强化器工程”。动员之广连小学生也在搞强化器，把父亲的剃须刀偷来，配上一个木头把，在课桌边上一蹭，立即撑到老师的耳朵旁，问老师：“听见没有？”老师说：“听见了。”小家伙高兴得立马跳起来，大呼“我成功啦！”算是造成了一个超声波发生器。孩子们岂知，声音能听见就不是超声！可能是技术科普不彻底的缘故。这场强化器工程以其异想天开的目标和很烂的技术，来势很猛却悄无声息地收场了。到处是没用的超声波发生器和工作头。我们学校的实习工厂也没有闲着，还想借机搞点新产品，我有一支企业赠送的双筒猎枪，寄放在陈列室。1960 年等我出差回来时，为了仿制已被工厂大卸八块，尸首不全。一场教学秩序整顿，仿制工作随即停止。到 1960 年底，因全国陷入饥荒，“双革运动”再听不见了。通过 1958 年到 1960 年，三年的各种社会实践，我朦胧地对总路线中的一系列“土洋并举”的方针发生了疑惑。在我看来，那几年在前苏联援助下的生产建设应是“举洋”，是很成功的，提升了我国的工业基础，促进了国家的工业生产。可那些土法上马的项目没有一样是成功的，土法炼钢失败了，土法搞粮食生产完全是做假，效率低下，资源浪费更是有目共睹。

1958 年末，也是我难忘的时刻，我要记一笔。在一系党总支会议上，党总支书记有句话传到我这里，大意是："反右派斗争纯洁了党的队伍，激发了革命热情，也争取了一些同志，朵英贤就是一个。"这话我可等了好久啊！那时，我们学校还在进行"向党交心"的运动，认为思想严重的人，继续被定为右派，张拯人差点就成了右派。自从整风开始，我在思想认识上是非常拥护整风的。由于工作紧张，没有空闲时间准备意见，同时也认为政治上工作上高明的人有的是，轮不着自己去凑热闹。还没有来得及提点意见，整风立刻转入"反右"，身边好多人立刻成了被批判的对象，又是想不通又是划不清界限。尽管在大跃进中工作始终冲在前列，还是难掩思想上的困惑，而党总支盯着我的正是我的这种思想状况。张拯人和张兴中调离以后，整日有"兔死狐悲"的感觉，压在心里的一块石头放不下来。听见这句话，真使我踏实了。这件事使我有了一个所谓的认识，绝对作党的"驯服工具"，不可自作聪明。有了一个所谓的经验，踏实干活，不说为佳。放弃是非判断成了政治恐惧的代价，我就这样走入了 1959 年。

第八章

初下牛犊

那是1958年秋天，正值我们响应毛泽东的又一号召“除四害”（四害为麻雀、老鼠、苍蝇、蚊子，麻雀成了四害之首。在全民除麻雀中，全国共灭了好几亿只麻雀。据说，编《毛泽东选集》第五卷时，把麻雀改为臭虫，可怜的麻雀，你就别想得到平反），全校停课。正当我们在海淀区对麻雀撒下天罗地网战犹未酣之时，学校突然把我召回。学校与总后军械部科研局又一次签约，要我们与协作厂研制一种轻重两用机枪，将三种已装备的枪简化成一种，而且要大幅度减轻重量，指定我为技术负责人，提出方案后到工厂去试制。这是1956年拟定的十二年武器科研远景规划中的一个重要课题。那时协作厂正在仿制苏式自动武器，没有新产品设计人员，也没有试制机构。就学校来说，专业教研室的教师中已有几位由于道文教授带领去了工厂，与协作厂共同研制新的自动步枪（即后来的63式自动步枪），能参加研制的教师只剩我一人，能依靠的只能是高年级学生。我非常乐意做这件工作，一是我国开始自己研制武器了，我有了参与这项研制工作难得的机会；二是可以脱开校内频繁的政治运动，专心搞研究，能在实干中提高自己的能力。

1958年是练胆量的好机会，农村有一句话是这样说的：“人有多大胆，地有多大产。”那个年代，好像人们把高度烧酒喝多了，农民都敢上山炼钢铁，粮食放卫星，我们怎敢落后？于是我挺着胸脯眼睛一眨也不眨地把任务承担了下来。正好高年级学生不上课有时间参加科研，便从当年五年级（2541班）和四年级（2551班）抽出23位学生参与本课题的研究。作为毕业设计，学生组长是2541班的王秀兰。我们依托陈列室的条件，作了初步调研，这一调研使大家很快冷静下来。原来前苏联的重机枪在同类产品中是较轻的，前苏联的轻机枪也是如此（当时我们尚未掌握国际上的其他最新动态），越想越觉得任务的分量不轻。不但枪种合并很难，而且重量还要大幅度降下来，这个牛皮可不是随便能吹的！

1958 年接受 67 式
机枪研制任务

从左向右：王秀兰（54 届学生组长）、朵英贤（技术负责人）、吴尚礼（54 届，工厂科研组组长，担任过总工程师、厂长）

开沙龙

我们的研制基础条件也很差。武器用的材料只有仿苏产品所用的品牌，国内也仅仅有仿苏产品的工艺。在老产品上抠重量，抠不下多少，人家早抠过了。想来想去，在结构上打主意可能有出路。从调研中就能看出，结构原理不同，重量差异很大。于是，大家坐下来搞“沙龙”。科研组中，我和学生的年龄相差只大三四岁，有的调干生还比我大，虽说是“师生”，实际是“伯仲”，搞起“沙龙”很是活跃。大家讨论的结果，形成三个共识：

一是只有设计新结构，才能三枪合一及大幅度降重。

二是先抓枪身，后抓枪架。枪身的设计矛盾多，首先要把重量降到轻机枪。那时，我们还不具备系统工程概念，才有此下策。

三是抓枪身的心脏部件，心脏部件能基本确定枪身重量。

这三个共识非常重要，确定了技术途径，明确了技术关键。最重要的是大家一开始就摆脱了“人有多大胆，地有多大产”的狂想症。我们先从最主要的心脏部件闭锁机开始，进入论证方案构思。在我的主持下，很快构思出一个短枪机方案（楔铁上下闭锁）可使枪身重量降到10公斤以下（原枪为14.6公斤），估算一下，效果不小。1959年春节后，我率领课题组去昆明协作厂。在协作厂的合作下完成工程设计，进行了必要的分析计算，便投入初样枪试制。1960年初，该方案样枪在国家试验基地进行了一系列摸底试验。须知，这是我们的第一次尝试，要求不多也不高，主要是摸底，射击时能打响打连就很满意。实验结果超过了我们预期的目标，枪身重量明显减轻，但样枪存在的问题也很严重，故障太多，毕竟是摸底性的样枪。

1960年暑假前，在后两届学生（2551班和2561班）的参与下，一个新的枪身方案产生了。这个方案保留了论证方案短枪机的特点，构思了一个新的供弹机构（另一个心脏部件），大胆地将双程进弹系统改为单程进弹系统。这一构思是出于进一步降低重量考虑的，简化结构，还能降低加工成本。如果成功，将是一项重要发明。但成功的难度很大，因为适用于53式枪弹的各种枪械，全系双程进弹系统，采用单程进弹没有先例。我们将难点分解为新式弹链结构、新传动机构、推弹过程中的定弹结构。多方案筛选后确定了单程进弹的枪身方案。1960年8月，总后军械部与当时的二机部共同召开“608”会议，会上进一步确定了轻武器发展的基本方向是“简化系列、减轻重量、补缺配套”。由国家正式对该课题立项，工厂将其取代号为“608”。这时，解放军总后军械技术研究所派3位技术人员也参与研制，设计队伍壮大。1960年10月，我率领课题组带着新方案第二次去协作厂。为了配合新样机的研制，工厂派周诚工程师筹建设计所及试制工段，这使产品研制走上了正轨。在对学校带来的方案加工和调试过程中，由吴尚礼对枪机作了创造性的改造，由“楔铁式”改为“偏摆式”，使产品可靠性明显提升。吴尚礼是最早参加该课题的学生，毕业后为了继续参与研制，被分配到昆明协作厂，1963年我离开工厂以后，他就是该课题技术方面的核心。吴尚礼做事干练、睿智。

1962年，在后一届学生（2571班）的参与下，完成了新枪架方案的设计。这个方案的主要特点是创造性地利用了浮动技术，这项技术在国内首次出现，而在原理上有独创，专用于导气式武器。这使枪身对枪架的后坐抗力大幅下降，大大提高了全枪的稳定性，使重量也大幅度下降。1963 年夏天，新的枪架和枪身配合成功，在昆明市大板桥作了远距离（1000 m）精度对比大型试验。结果是精度与 53 式重机枪相当，但重量优势明显：53 式总重 40.4 kg，608 产品 23.5 kg，58 式连用机枪 12.8 kg，608 产品的枪身只有 9.5 kg。效果出人意外，地区军事代表局立即上报总后勤部。总后军械部很快来指示，要我们立即进京汇报。到北京后，先向部机关和解放军各总部一一汇报，然后，在北京“八一”射击场又组织一场对比试验。比赛项目中不但打定点精度，还要打 400 m 横向扫射命中概率，参比产品是 53 式重机枪。试验结果是定点精度两枪相当，而 608 产品的横向扫射命中概率比 53 式稍高。射击现场有各总部和机关的领导、代表，对这一结果给予高度评价，表示十分满意。这是我们国家完全自己设计的首个机枪，结构上很有独创，重量很轻，性能不弱于国外同类产品，哪有不高兴的！

1963 年夏科研所欢送朵英贤

经过这次汇报，机枪的结构基本确定下来，以后主要是提高可靠性和身管部件的寿命。1963 年秋，正当部署下一轮的研制工作时，我因严重的胃肠炎回太原机械学院，研制任务交给了团队。经过几年的磨炼，这个团队的成员非常执著和执著扎实，即使受到“文革”那样的冲击，有些人甚至不断受到政治屈辱，时常无故调离，仍然痴心不改，团队的凝聚力很强。终于在 1967 年 608 产品经过 6 个循环后设计定型，命名为 1967 式重机枪。1970 年生产定型后装备部队。由于“文革”动乱，以及研制工厂来回调换，造成 7 年无辜折腾，产品质量很不稳定，经军队大量使用，67 式在 1975 年和 1979 年作了两次重大改进，分别命名为 67－1 式和 67－2 式。由于改变了操作方法（射击时，射手可以用肩抵住枪托，减轻了枪架负担），使 67－2 式机枪的重量又从 24 kg 大幅降到 15.5 kg。67 式机枪获 1978 年全国科学大会奖，67－2 式机枪获 1983 年国家科技进步二等奖。单程进弹机构获云南省小发明一等奖，“四合一”身管寿命技术（将身管组件重量由 5.8 kg 降到 3.6 kg）获兵器工业部级科技进步一等奖。67 式机枪的技术含量很高，为其他同期轻武器产品无可比拟，与当时国内外同期机枪相比，67－2 式机枪的总体性能处伯仲之间。该机枪一直装备到 20 世纪末，此外还有外贸。

67－2 式机枪

我要叙述一件很有意义的事情。1979 年正当改进 67 式机枪的时候，从边境战斗中获得前苏联产品 PKMS 通用机枪。这是前苏联于 1969 年开始装备的机枪，总体性能可以说是二战后各国通用机枪中的佼佼者。中国从某友好国家获得了产品图。军委某领导见到以后，非常欣赏，指示赶快仿制该产品，以取代 67 式机枪。236 厂立即投入仿制。对于这一指示，立即受到军械部李开副部长为首的科研局的据理抗争：一是 67 式机枪的方案素质很高，难以生产定型是由于“文革”的严重干扰和三线建设使轻武器企业技术实力下降。二是管理不当。没有生产定型就转厂生产，产生新的问题，后来又转回 356 厂，该厂又重新组建生产线，造成 7 年徘徊。三是长期崇拜国外产品，见一个仿一个，中国的自力更生何时能实现？在僵持过程中 67－1 机枪已改进成功，而仿制的 PKMS 机枪也仿制成功。于是军方决定进行选型。356 厂提供 102 挺 67－1 式机枪，236 厂提供 500 挺 PKMS 机枪。分别送到全军 10 个地区的部队做试验。这是国内首次大规模地作选型，由于地区多，批量大，试验组织工作严密，得出的结论有统计意义，可信度大。几个月的试验及操练，得出了一致的结论：67－1 机枪的射击精度、机构动作的可靠性及携行战斗性能均优于

PKMS 机枪，得到参试部队的肯定和好评。但 67 - 1 机枪的重量较重，希望能改进。这次选型没有留下悬念，356 厂立即对 67 - 1 式进行了改进，在保持 67 - 1 机枪性能的前提下，将全枪重量由 24.5 kg 降到 15.5 kg。至此，由于工厂生产已趋于稳定，67 式机枪的方案的素质真正得到体现。使我感动的是 67 式机枪的团队非常执著和坚韧，有的人甚至受到政治打击，也痴心不改。更感动的是总后军械科研局，他们支持的力度就像引力一样，时刻能感受到，尤其在最困难的时候顶住了压力，激励了团队，挽救了产品。

67 式机枪的研制成功，锻炼了一大批技术人员，造就了许多轻武器行业优秀骨干，有了系统研制的经验和成功的作法。在后来的 95 式枪族研制中，能够排除许多干扰，就是依托了这些经验。更让人感动的是，在工厂的那几年正是我国三年困难时期，我们都是年轻人，粮食定量低，副食供应很差，长期食不果腹，学生又没有工资，工作地又是抗战时期挖的窑洞，又潮、又阴、又黑。在这样的条件下，大家始终保持着旺盛的工作热情，执著地追求自己的梦想。每到星期六，我从商店买几碗高度烧酒，师生们把食堂打来的饭菜集中到一起，高高兴兴地会一餐，打个小牙祭。有道是“一醉忘掉千次饿”，酒能显性，每次聚餐后总有两三位同学带着醉意和我聊到半夜。师生感情非常深，直到现在还有人念叨着“608”的人能不能再聚一次。由于长期工作劳累和脑力紧张，我的消化系统严重紊乱，一吃饭就泻肚，长期胃痛，抗生素不灵了，便回到太原机械学院，先是住院治疗（这时自动武器专业已迁到太原机械学院）。1963 年秋，到妻子学校所在地平凉疗养。在回首难以忘却的这段历史时，我非常感念原科研所长周诚，以及吴尚礼、叶其汉、刘存祥、李秦章、吴培增、陈胜华、刘振钊、李如馨、卓穗如、王秉义、顾妙珍、王聿衍、李亚民、欧建诚等相伴多年的学生。在 67 式机枪研制的全过程中，他们受到系统的锻炼，陆续成了轻武器行业的技术和管理骨干。也长期不能忘一批优秀的技师马重堂、廖文清、包家骝、陈翠昭。更加使我铭刻于心的是科研所干事徐宝娣，在那困难的年代，时不时地弄点粮票，悄悄地予以接济，而她自己也很困难。

太原机械学院的建校可追溯到 1941 年八路军总司令部军工部在太行抗日根据地创建太行工业学校（以兵工为主，校址在山西省黎城县看后村），由于战争环境的变化，历经停办与重建，于 1949 年秋在太原西北郊上兰村又重建了太原兵工职业学校。1951 年改为华北兵工工业学校，归重工业部兵工总局管辖。1958 年升格为太原机械学院，属专科（3 年制），归第一机械工业部管辖。1959 年改为 5 年制大学。1961 年 8 月，将北京工业学院两个系（共 4 个

太原机械学院校门

太原机械学院全景

常规武器专业）调整到太原机械学院。从此，我的行政关系也随迁到太原机械学院。1962 年又将沈阳工业学院大学部全部调整到太原机械学院。1963 年元月，学院又被划归中国人民解放军国防科学技术委员会管辖，成为国防工业八所院校之一，学校办学实力大增，成立了 4 个系，成为当时在国内常规兵器专业最为齐全的高等学府。到 1971 年，又归属第五机械工业部。校址上兰村是太原市的一个风景区，西靠优美的二龙山，边邻“烈石寒泉”和窦大夫祠，从山口涌出的汾河由西而东依依不舍地从身边流过。明末名宿傅山故居西村紧靠东南，是当年阎锡山的避暑地，距市区 47 华里，交通倒是不方便，50 年代领导进城办事，还要骑马。1961 年 8 月，在自动武器专业往太原搬迁前，我从昆明匆匆回到北京，于 8 月 19 日和曹占英草草结婚，一起收拾行李一起到了太原。曹占英毕业于甘肃师范大学物理系，1960 年分配到甘肃平凉师范专科学校任教。这次我们一起来到太原机械学院不久，她返回平凉，我也又返回昆明。

1961 年 8 月在北京结婚

从左向右：卓穗如（56届，主持机枪寿命研究）、吴尚礼、朵英贤、王森学（总军械部科研局608产品主管参谋）、王秉义（56届，课题组成员）

近5年的时间，带领学生边实习边设计，把两用机枪结构的方案定下来。这一项工作是创建性的，使我们提高了实践能力，加深了专业知识。更重要的是经受了一次思想考验。这要从1961年说起。

那年春节，我回甘肃探亲，亲眼目睹了困难时期的实际景象。当时因农村政策的严重失误，导致大量人口非正常死亡，人口大量逃难流散到其他地方。1960年12月底，中央西北局兰州会议已撤消了甘肃省委书记张仲良的一切职务，调整了农村政策，首先解散了公共食堂，允许农民回家自己做饭吃。食堂吃了进行了三年，砍树烧饭三年，森林果树几乎砍伐殆尽。这些情况对我的刺激太大，抱怨哥哥没有把实情告诉我，致使我长期不能协助家庭渡过难关，还把一路上节省下来的十几斤粮票全周济了别人。我和哥哥长谈多次，他的冷静使我吃惊。首先，他认为这几年的失误很严重，主要是急于求成、脱离实际、作风霸道造成的。甘肃之所以比别的地方严重，是由于省委书记张仲良一伙人灭绝人性所致。他曾叙述过河西走廊那骇人听闻的“夹边沟劳教农场”，那里管制着甘肃3千多名已开除公职的“右派分子”。夹边沟地处甘肃河西走廊西部，巴丹吉林沙漠边缘，自然条件特别恶劣，是一个荒漠地风沙口，是一个生存的绝地，这个地方被国外称作“中国的古拉格群岛（一个放逐死囚的岛屿）”。省委竟把几千名“右派分子”从甘肃各地遣送到这里，组成“劳动农场”，进行管制劳动，就地开荒种地，“自给自足”。50年代的甘肃总共才有多少知识分子？这几千名“极右分子”可以说是全甘肃的精英！那时，连地地道道的农村还没有解决吃饭的问题，现在却叫这些手无缚鸡之力的文人在寸草不生的荒滩上“自给自足”，明明是送他们走上死路。这些右派的家属如果是有工作的，则为了政治生存，为了孩子，都“划清界线”离去，这些右派就成了无依靠的人。如果是无工作的家庭妇女，这些妇女本是依靠丈夫度日的最底层群众，她们无路可退，还指望着丈夫在劳改释放后相依为命，共度未来。亏得这些家属时不时地偷着爬上去新疆的煤车或慢车，千辛万苦还能给丈夫送点食物。我哥哥同教研室的一位姓张的“极右分子”的妻子是家庭妇女，丈夫被开除公职后，全靠白天卖香火，晚上捻麻绳维持母子三人的生活。她按照别人给她绘制的线路，背上食品千里去寻夫。第一次去，人是千辛万苦找到了，但送到丈夫手里的食物已剩不多。第三次去时，人已逝去，连尸骨都找不到了。这些妇女都是现代真实的孟姜女！那个时候，就连普通的农村都在成群的饿死人，夹边沟的人能有好结果吗？据说只有为数不多的几百人生还。甘肃发生的另一件事是搜粮。那几年农村普遍刮“浮夸风”虚报产量放“卫星”，那就得按上报的产量上缴公粮。可实际产量因刮“共产风”逐年下降，征购指标逐年增加，即使把粮食全拿走，还是凑不够。省委武断这是农民瞒产私分，对抗政府，于是层层下命令，“完不成征购任务，提头来见”。以通渭这样一个小县为例，就成立了“万人整社团”。民兵带着武器，对农民挨户搜粮，翻箱倒柜，甚至挖地三尺，搜到的粮食，一粒不留。还用酷刑逼迫基层干部和群众交代藏粮食的地方，口号是“决心大，刀子快，向资本主义要粮”。在这个过程中，打死逼死近百人，被绑送劳教的近两千人，结果是全县近三分之一的人非正常死亡，惨烈程度难以想像。这是中共中央西北局兰州会议后透露出来的。其次，哥哥认为大错之后，教训惨痛，必有大改。想想 1942 年的整风，就会有信心。哥哥也不让我去农村探视，许多老人这几年都去世了，会伤感。另外，炼钢和吃食堂，林木烧光了，森林也毁了，一片破败，也会伤感。对我的思想没好处。于是，我不敢久留，将带在身上的钱全部留在家里，立刻回到昆明。不久相继见到中央调整经济的文件及“调整、充实、巩固、提高”八字方针，确实感到政府在大改，心中无比高兴，鼓励同伴们继续鼓足干劲，全身心投入工作，不为困难所动摇。

也是这 1961 年，哥哥跟我说，我们姐弟三人中，以姐姐家生活最为困难，一家 8 口人只靠姐夫 48 元工资生活，姐姐用捻麻蝇和卖香火的钱来补充家用。两个小外甥因经济困难辍学在家，两个大外甥在上大学，开销大。他建议，母亲的生活费用由他管，要我腾出一点钱接济一下姐姐。他说，他和姐姐家住在同一个四合院中，经济上不要有过多的联系为好。按照他的建议，我便与妻子商量，因为她刚生下一女，还有一个妹妹跟着她读书，父母还在农村，需要赡养。我们俩的工资加起来还不到 120 元，经过筹算，决定保一个外甥上完大学，每月支付 15 元左右。另外，过节换季时，给姐姐家再寄钱，用以改善生活和添加衣服。这样，姐姐有了一个稳定的经济支撑。直到现在，外甥们只知道我经常寄钱给他们，不知道这是我哥哥的统筹安排。我曾经要求调动工作到兰州，主要是因为兰州为 11 类地区（太原是 5 类），地区工资补贴有 10 元左右，这对我来说很重要。那时我能自己支配的工资不到 25 元。而哥哥只是一个多病的中学教师，却负担了六个人的生活。

也是这一年，我犯了一个明知的错误。我把身上的公款几乎全部留给家里，缓解一下困难，便乘着坐铺离开兰州，辗转到了泸州，不幸粮票和零用钱被小偷偷盗一空。幸亏泸州市公安局看了幸存的证件，接济了二斤粮票一元人民币，并送上去昆明的长途客车，一路凄风冷雨到达工厂。马上面临着结清 100 多元的公款的问题。一是无钱可还，要是月月扣起来也吃不消，还要留钱给家中不断寄食品，情急之下向工厂和学校两头报了出差费。当然，心中不是滋味，直到自己能承受的时候，才向工厂和学校说了实情，也检讨了错误。到了 1964 年，太原机械学院是“四清”试点单位，这些事都翻了出来，在教研室内挖思想。我知道思想再怎么挖，老家农村饿死人的事绝对不能说，只能检讨困难面前意志不坚定。我是在两难的情况下犯的这种错误。

第九章

厄运缠身

1964 年，我的教学任务颇重，指导部分 59 届学生的毕业设计，主讲 60 级的《自动武器架座设计原理》课程和 61 级的《自动武器概论》课程。到了 1965 年春，又带领 15 位 60 级学生去重庆某厂进行毕业实习。恰好，工厂接到上级部门的指令，要为越南紧急研制适用于“胡志明小道”的多种轻型武器。因为工厂原来的研制任务很重，这一下显得设计力量吃紧。我考虑，这是锻炼和培养学生的好机会。根据我在昆明某厂的实践，学生参加到科研中去，在真实任务下搞设计，不论是工艺知识和设计能力的培养，比在学校搞虚拟设计强得多，思想收获也很大。因为毕业前的这半年，课程全部授完，主要是实践能力的培养。经教研室同意，全部学生分别参加到工厂的几个研制项目中。令人难忘的是工厂的领导和技术人员给了很多的关怀和耐心的指导。在学生们按期返校后，我继续留在工厂作整理和交接，我的爱人曹占英来到酷热的重庆，在嘉陵江旁共同度过了很有意义的假期，她作为一个物理教师，初步接触到工业生产是怎么回事。1965 年 9 月以后，我回到学校，明显感到几个月之间，学校气氛变化很大。大批师生滞留在农村参加“四清运动”（清政治、清思想、清组织、清经济）。在校师生中大力贯彻林彪的“四个第一”（人的因素第一，政治工作第一，思想工作第一，活的思想第一），学生中只有鸡毛蒜皮的小事，却当作活思想抓来抓去，被抓得鸡犬不宁，人人紧张。教学中又贯彻“郭兴福教学法”和“专业一条龙”。总纲是紧抓阶级斗争，以转变师生的政治思想为主旋律。这正是山雨欲来的时候，那灾难的 1966 年即将来临。

1965 年冬的学期末，由于教研室里绝大部分教师去参加农村“四清运动”，毕业班（班号 1209）的毕业实习和毕业设计指导工作只得由我和带病的李德芬老师承担。因为自动武器教研室经常与工厂合作搞研究，与工厂的关系

1965 年和曹占英在重庆

密切，所以这一届的毕业设计仍在工厂进行。我俩满有信心地接受了这一任务，于 1966 年春节后率同学来到工厂。

但是，我们没有想到的是这个班那么特别。

1209 班的学生，是在 1962 年国内强调阶级斗争的情况下，由学校经过挑选进校的。他们大部分来自农村贫下中农和城市工人家庭，有的还是中学的学生干部。进校后，正好贯彻林彪“四个第一”的政治思想方法，班班有指导员，时时抓学生的“活思想”，常常划左、中、右。年轻的学生中“活思想”是不少，但都是些小事，长期抓这些，都学会了一套“从小看大”和无限上纲的功夫。出生的优越感和思想上的浮躁结合在一起，就成了他们的一大特点。1209 班在 1964 年遭遇到两件事。一件事是全军学习“郭兴福教学法”。郭兴福教学法原是在军队基层教战士的一种好方法，“教一招，会一招”，简称“单元教学法”。但是推广到国防科技委员会所属高等院校后，没有消化其精髓，生搬硬套，降低了本科教学水平，破坏了大学课程的完整性、系统性，使学生的学习受害不浅。另一件事是他们到三年级时，根据毛泽东的春节讲话，“学制要缩短”的精神，学校立即把五年制改为四年制。这个年级的学生要把剩下三年的课程在两年内上完，因此有的课被取消，有的课被压缩。去工厂时，专业课还没有接触。这又给他们制造了第二个特点。

1209 班还有一个特点，就是不团结。临下工厂前，年级指导员提醒说，在同一个年级中，1209 班是最不团结的班集体，年年换班干部，一个班中当过班干部的不少，但都在“窝里斗”中沉浮。而这个特点恰恰没有引起我的重视，以为学生中的矛盾没有什么了不得。后来才知道，这个班中有几个专工挑拨的能手，选上去的干部在他们的算计下一个个被挤下马来。他们躲在后面，兴风作浪，主要是有几个蛮不讲理的“混混儿”受到了利用，凭着“红五类”出身，搅得全班不宁。

这个班约30人，李德芬老师年轻，又有病，她只带5人到一个自动武器厂，我带着其余的到另一个自动武器厂。在厂研究所党支部的支持下，学生分别安置在几个课题组中。课题组长像学长一样，挑起了指导他们业务的担子。然后根据每个人的题目，结合厂内同类产品，安排实习内容。这样做有助于他们了解工艺，提高设计质量。按照我的打算，第三步便是结合各人的题目，分别补齐专业课。没想到麻烦事儿接踵而来。

先是有好几位学生因“四清”中家庭成分有变化，或早恋等问题，生活中被孤立被排挤，严重影响到情绪，便决定由团支部书记带上这些同学到李德芬老师那里，避开那些兴风作浪者。没有多久，几位学生因与工人一起住在50多人的宿舍，能看到这些工人在宿舍生活的全貌，不是他们理想中的工人阶级，于是在宿舍门旁贴了一张大字报，内容涉及公共道德、纪律、政治学习、污言秽语等。说实在话，大字报的内容全是事实，用心也是好的，但工人不领这份情，恰似太岁头上动了土。近200工人围攻设计所，要与贴大字报的学生辩论，说是“污蔑工人阶级”。多亏厂领导出面劝退了工人。这里，我生了两份气。一是气工人无理取闹，靠政治优势压人。二是对学生有气，人家是工人，是老大哥，现在叫得很响，连贫下中农也要让三分，你才是个农家子弟，怎么能多管闲事教训起工人来呢？真让人心寒！接着又出了一件事：一个同学在组织生活会上乱写乱涂，写了“东方不亮有西方”几个字，被一位“心红眼亮”的女技术人员发现，认为涂写者对社会不满，向往资本主义，把字条上缴给工厂工宣队（该厂是四清运动试点厂，重庆市委派工人宣传队进驻该厂）。工宣队认为有严重政治问题，便展开调查，准备处理。为了不扩大事态，就地解决问题，不给当事学生留下后遗症，我请求工宣队暂缓处理，由学校派一位年级指导员来共同处理。来的是孙庚未，我在重庆火车站等到了他，详细禀明原委。他找到工宣队将事情果断地予以消除，并借这次机会向同学们传达了毛泽东关于教育的春节讲话。指导员临走时叮嘱我耐心搞完毕业设计，平安返校。

孙庚未的叮嘱中含有“耐心”和“平安”是有深意的，可我没有在意。孙庚未在传达毛泽东的讲话时，有这样的话：“现在的教育是把学生当作敌人对待。”这下把部分学生对我的不满一下引发出来了。可那时，我和学生生活在一起，工作在一起，又要操心补课辅导设计，又要抽空去关照李德芬老师。我比他们累多了。总觉得机会难得，又要不能让工厂失望，纪律抓得紧，加班加点更不少，却忽略了学生的思想感受。那正是5月天，中共中央关于文化大革命的“五一六通知”在全国如火如荼的贯彻中。6月1日，《人民日报》等发表社论“横扫一切牛鬼蛇神”。6月1日晚，中央人民广播电台全文播放了北京大学聂元梓等人于5月25日贴出的大字报。这个大字报后来被毛泽东赞扬为“第一张马列主义的大字报”。全国为之震动，学校开始出现动乱，教学秩序开始受到冲击。学生已开始自发地批斗教师，抄家或监督劳动。这个时候的报纸像鼓风机一样不断发表权威性的批判性文章和各种奇谈怪论以进行鼓动。像太原机械学院这样的高等学校领导面临这样的形势就茫然无措了。精神浮躁的学生成了意识斗争的急先锋。为了躲避学生的锋芒，缓冲面临的政治压力，校内各级党政按照以往的惯例，先把有历史把柄的老知识分子“清理”出来，组成“劳改队”，监督劳动，以示他们的领导也不落后。至于斗争“党内走资本主义的当权派”，谁也不承认自己是走资派，还没有目标，那还远着呢。孙庚未就在这时到了工厂，6月份的工厂还是抓生产的正常环境，他眼见我还在一门心思地抓毕业设计，与学校反差很大。在处理完政治事件并和学生们座谈后，已发现部分学生对毕业设计有反感情绪，要求立即返校。离结业只有一个月时间，如果我驾驭得好，可能安然度过这一个月，那就非常完满，既完成了最后的学业，也不耽误政治运动。否则，政治风暴会把这个独行中的扁舟随时掀翻。他叫我“耐心”，就是驾驭好，冲刺一个月就是胜利。他叫“平安”返校，就是别翻船。可是在6月末，南京大学的学生游街批斗了党委书记匡亚民，报纸一登，使立刻唤起了这里的部分学生，南大学生温元凯成了他们的楷模，他们闹着要回学校参加“革命”，而我的思想还没有转过弯，加上工厂领导的坚定支持，我更加固执地要求他们把设计任务完成，作完总结再回去。这一要求惹怒了他们，便到市委去告状，市委书记不接见，就把怒气发到我身上。我哪能抗得住当时的阵势？相恃几天以后，只好让大部分学生返校，班干部主动留下，协助做完交接工作。返校的学生连夜给我写大字报，铺天盖地的贴满了教工食堂，说我是“学霸”，“镇压学生运动！”我妻子曹占英是春节后从甘肃调来的，见到这个阵势，吓得魂飞魄散，愁得吃不下饭。偏偏我也随后从工厂回来，她说：“我刚刚离开甘肃，本想清静地过过日子，怎么太原整人比甘肃还厉害！”这时，她已怀孕五个多月，我说：“我一没杀人，二没放火，没有犯下死罪，放心好了。”嘴是这么说，可心里明白，已经翻船了。果然不久，一张“命令”贴在我家门口，内容如下：

最高指示

凡是反动的东西，你不打它就不倒，扫帚不到，灰尘照例不会自己跑掉。

命　令

朵英贤，你疯狂反对无产阶级文化大革命，拼命镇压革命学生，罪行难容，现自即日起，自带工具，每天早晨清扫革命会场，接受革命群众监督。如若抗拒，小心砸烂你的狗头。

一二〇九班革命学生　××日

“革命”会场西门口（与郝明新主任）

这是当时校内通用的一种格式，要对谁搞“群众专政”，就用这一纸命令。这张命令的特别之处是我的名字前面没有戴反动帽子，估计在写命令时有过争论，最后留了余地。但“狗头”二字还是感到刺激。抗是抗不住的，北京红卫兵闹腾的情况，这里隔夜就知道，为了珍惜自己，为了保护自己的“狗头”，没有任何考虑，准备了清扫工具，主动按时到清扫的会场。因回校没有几天，校内动态完全不了解，首次去扫地时，还带着口罩以遮掩遮掩。到了广场，才发现先我扫地的教师已有一批，各自找一块地皮就地清扫，无人分配，各人也互不说话，只有刷刷的扫地声。广场是介于集体宿舍和教学区之间的一块露天洼地，两侧各是教师食堂和学生食堂。清扫的时间正好是大家来吃饭和人流去上班的时刻，扫地劳动是次要的，当众羞辱是主要的。在人流稀少的时候，劳动监督的人出现了，素不相识，是谁派来的也不清楚，只听见一声“集合”，大家一字儿排开站在一起，他便从怀里掏出《毛主席语录》高声念了起来，念的内容都是毛泽东关于对敌斗争的语句，念了三四条之后，便是一声“解散”，走人。“劳动”本来是很神圣的，“劳动创造了世界”，“劳动创造未来”，还有世界公认的国际劳动节呢！按照传统说法，只有剥削阶级才会厌恶劳动，把劳动当作惩罚的工具。可是我们这劳动人民当家作主的国家，竟然把劳动真的当成了惩罚的工具，什么“劳动教养”、“劳动改造”、“下放劳动”、“劳动锻炼”，后来又有新花样“劳动羞辱”。至于后来风靡全国的“五七干校”更是拐着弯儿用劳动迫害干部和知识分子。“劳动”二字已被糟蹋得不是什么玩意儿，至于用劳动来羞辱人只能证明高喊“反对修正主义”、“消灭三大差别”的那些权威已是“黔驴技穷”。我在第一天经受刺激的时候，开始想通了好些问题，比我位置高的一些老知识分子，有的还是怀着热血，放弃优厚待遇和舒适生活，不嫌国家贫穷，毅然从国外归来报效祖国的，他们很多人在每次运动中屡遭噩运，现在仍然饶不了他们，提着铁锹和扫帚参加劳动，我想不开算老几。第二天便把那用来遮羞的口罩扔掉，堂堂正正地去扫地。对给我安上“狗头”的学生，在感情上也断了师生情谊。他们已不是年幼无知的中小学生，这样绝情地对待老师，满腹委屈无处可诉，我想终身不会原谅他们。我的思想好像升华了一大截，也冷静了许多。

可能是9月份，北京的一部分红卫兵到太原来串联煽风点火，北京红八月的余波也到了太原，他们在全市大会上给省委书记卫恒戴上了高帽子，搅了会场，然后到工厂学校继续煽风点火。太原市破四旧迅猛火燎起来，抄家、剪辫子样样都干，不过档次和风格带有地方特色，连家里有电视机、收音机、项链、羔皮大衣、旗袍、高跟鞋等都视为资产阶级生活而被抄走。几个北京红卫兵到了太原机械学院后，在讲台上大谈革命群众如何扬眉吐气，“牛鬼蛇神”如何威风扫地。听众中一张纸条递了上去，看完之后，便把纸条一抖说：“这上面问怎么对待老师。”“老师是修正主义的帮凶，他们哪一天不给我们灌输修正主义？老师也是当权派，只要不给你60分，你就得留级。”一位女红卫兵插言道：“我们学校的老师被我们整得乖乖的。”这场报告以后，老师们开始倒霉了，扫会场扫马路的老师陡增。对我的第三波冲击是红卫兵抄家，我长期单身，没有什么家当，床底下只是妻子带来的一只蓝帆布箱，箱子里面最贵重的是一件旧皮料大衣。他们见没有什么“四旧”的东西，便把皮大衣封在箱子里，等待展览，再就空手回去了。随着“文革”的扩大，“走资派”和“牛鬼蛇神”的人数越来越多，我的压力随之减小，随着全国大串联开始，学校红卫兵们都去串联了，我的劳动便自行解除。

有椿事情让太原机械学院风光了一下。外语教研室有位教师雷崇立，在

红卫兵大串联

1966年初从北京大学调来，调来前是北大西语系党委副书记。她的丈夫是一系教师赵以钧，二人长期两地分居。1966年6月，北大党委陆平等因“压迫”聂元梓为首的造反派被批斗，全国闻名。太机的造反派在躁动之下，想借雷崇立曾是陆平部下，在太原煽起批判反动路线的火。在太原市几经串联之后，召开了一个“批判陆平爪牙雷崇立大会”，大会就在太机大操场，还搭了一个大批斗台，大标语铺天盖地。一位年方三十四五，穿着朴素，仪态端雅的年青教师被几个身着军装的女红卫兵挟持着走上批斗台。批斗开始后，第一个发言人怒斥陆平一伙镇压造反派的罪行后，厉声喝问雷崇立“你是陆平的黑干将，老实交代你的罪行，”这时，雷崇立立即朗声回应“我交代”，顺手把话筒拿到手，“我在太机是一个普通外语教师，太机的反动路线我够不着。我很早就离开了北大，派工作组压迫学生我一概不知”（漂亮，两头撇清，釜底抽薪）。会场一下静了下来，并且有了议论，“连这都没弄清楚，开的什么会！”主持人没有料到对象不但不认罪，还撇得一干二净，第一个发言人像庙里的泥塑，下一个问题没法问，呆在台上动不得。根据往常的潜规则，无论批判的对与不对，被批判者一律弯腰认罪，这是官样文章，主要是给台下的群众看的，以示惩戒。主持人还算机灵，知道遇到了高手，“不要狡辩，你的反动思想照样在，就要照样批，”但是，这样一来要调整一下发言次序，原来的不灵了。正在这时，雷崇立不失时机，顺手把话筒又拿到手，“欢迎大家批判我的资产阶级思想，我铭记在心。”她顺着主持人下台阶的说法，把政治批斗变成了思想批判（漂亮，凄苦的调侃，机灵的突围）。或许我还在被红卫兵罚扫环境，一种敬意涌上心头，她落落大方、沉着应对，让台上的一伙变成了一群狼狈的丑类，绝对是一位太行（山上的）女侠。批判稿一篇一篇念下去，那都是隔空喊话，伤不着对方，会场里已是嗡嗡声四起，到处是小会，声势这么大，对付的却是一个普通女教师，大家已经失去兴趣。这时，一位太机的年轻造反派气急败坏地直跺脚“罢咧！这家伙（雷崇立）真厉害，只用一招就把大家的斗气全给泄啦。”说这话时她全忘了雷崇立是她正儿八经的师娘哩。她还给另一位她的老师洪琴写了好多大字报，我印象最深的是“从图书馆借阅的书看洪琴的人生观”为题的大字报，还列了一串书名，攻击自己的老师真是到了搜肠刮肚。这场闹剧只好以虎头蛇尾散场，造反派们竹篮打水一场空。末了，主持人宣布，北京大学派人来晋，要将雷崇立揪回，接受那里革命师生的批判。当晚，雷崇立与丈夫泣别，带着幼小的一儿一女，在押下去了北京。那时，北京已被诩为世界革命的“中心”，是全世界的农村包围全世界城市的“指挥中心”。

事隔一年多，母子三人回到太机大院。在幼儿园值班中，和曹占英碰到一起，问及去北京的情况时，雷老师淡然一笑，她说：“我属于猫科动物，在太原是一个吓人的老虎，到了北京就变成乞食的小猫。在北大，我算老几，我的头上一层层的走资派和反动权威，一到那儿就成了无人管的游民，管吃管住，比在这儿自在。”她利用那段时间给孩子恶补了数学和外语，时光没有浪费，为他们日后上学和去国外谋生打基础。

那年10月31日下午7时，妻子生下了女儿，重6斤4两，请来邻居医生接生，我是唯一的帮手。自此以后，不论风吹雨打，总算过上了真正的小家庭生活。那时，太原的供应还维持着七年以来的一个月250克油、250克肉、12.5公斤粮（其中70%粗粮）的标准，没有其他副食品。由于农村普遍在割“资本主义尾巴”，连鸡都不能多养，农贸市场上很难买到鸡蛋。我只好背上挎包到附近二三十公里以外的山村去找，一天也只能找上十几个鸡蛋。再就是去寒泉捞虾米，捞虾的人很多，半天时间也只能捞上一碗半碗，回来后一煮，连汤带翠红色的虾，妻子咕咚咕咚喝得好香！和妻子商量后，给孩子取了一个乳名叫“朵蛮”，我们那里的方言，“蛮”就是健壮的意思，这也是我们的愿望。不料，这个名字后来被毕业班知道，认为我们在映射红卫兵野蛮，骂他们。借着运动，逼着我改名字。为了以后不再招惹是非，自讨苦吃，我请老同学魏大放到派出所代我把名字改为朵曼。魏大放因不承认“错误”，1957年被戴的“右派”帽子至今还戴着。他是在医院的病床上被动员给党提意见，挖空心思地提了几条，结果成了“右派”。要承认有意反对共产党，在心里迈不过这道坎，“罪行”比他重的人帽子都摘了，他宁肯戴着帽子一日复一日地劳动。他的爱人张婉如是同班同学，深知他被冤屈，始终厮守不离，任凭政治风霜日夜摧残。现在，我们一起劳动，我被监管，他可以自由行动，比我高贵半个级别。

第十章

“日记”救驾

现在，暂时回到1966年夏天我刚刚返校的时候。

学生的大字报并没有引起我的恐慌，无非是他们出出气而已。使我惊恐的是被我一直认作是知己朋友的苟非，在我身后无情地下了毒手。他看见我已被学生“打倒”，为了争宠，趁势落井下石，整整写了28张大字报，细数了我的“反动”言行。他说得有时间有地点，言之凿凿。大字报中没有谩骂，却一字一重锤啊（学生的大字报骂得凶，可没有分量）！这28张大字报从“反对三面红旗”、“反党反社会主义”、“反对党的知识分子政策”、“为右倾机会主义分子彭德怀鸣冤”直到“攻击伟大领袖毛泽东”。分门别类，条目明晰，看得我冷气直抵心窝。因为事关重大，我请妻子抄了下来。

苟非的父亲原在某县城开一茶馆，土改时回农村，因农村无地，成为贫农。解放前好几年，苟非已高中毕业，并在社会上工作多年。1951年考入华北大学工学院，毕业后留在自动武器教研室。1956年他也是留苏生选派对象，按照他是贫农出身又是共产党员，加上功课优良，留苏不会有问题。不料在这个时候，他村子里有人告他解放前当过土匪，这个干扰使他落选了，他却不知此情。而在那一批选中的人中，有些人并不怎么样，功课差不说，表现也一般，如此反差使他大为不平，情绪愤懑。到了1957年，“留苏选派”成了一个鸣放的重要内容。结果，相当一部分人为此事被打成右派，因为他是贫农出身，只被开除了党籍。对此他更加想不通，思想非常压抑，长此以往患了胃溃疡，动了手术。这正是1958年风风火火的时期，因为我与他同住一个宿舍，我再忙也得抽出身来照料他。每天到大食堂为他煮面条，去茶炉房给他冲鸡蛋，眼看冬天到了，还把我母亲给我做的过冬衣物全给了他。实在忙不过来了，就找教研室的张拯人先生帮忙。张拯人二话没说，腾出一间卧室，由他的妻子（也是我们的《机械零件》课助教）朱尚勤在伙食上予以照料。这一住就是两年，直到1960年底康复。1961年秋，我们专业和教研室迁往太原机械学院，太原条件比北京差，气候又冷，他的胃病又犯了，就把农村老家的妻子和孩子接来照料。这样一来，他的生活就紧张了。只有60元的工资，却要养活3个农村户口。教研室的同仁们都尽力帮助，于道文教授经常用粮食和钱接济，年轻教师出差有节余粮票也给他，（要知道那个时候大家都吃不饱啊!）有家的老师拿出衣物接济。他的困难大，教研室的爱心就集中到他身上，职工困难补助年年只给他。到了1962年春天，全国动员部分城镇职工带薪下放农村，这时教研室以他是骨干教师为由，四处活动，使他不但没有下乡，还把他家的3个农村户口迁入太原市。1965年他的妻子又要生孩子，那时我在重庆，一面写信给他，要他节育，一面抽出自己半个月的工资支持他渡过难关。其实，我自己的负担也很重。

此人身处生活困境，但眼睛却盯着旁人，觉得处处不平衡，处处吃亏。他家和教研室陆家鹏夫妇同共一个厨房，陆家夫妇月工资140多元，又没有孩子，他只有60元的工资，却要养4口人，两家的伙食自有差别。于是他就说："解放前我是贫农，解放后仍过着贫农生活。解放前他是地主，现在还是过着地主生活。"说这话时，全然忘掉了陆家平时对他一家的接济。在理发店，看到理发师的手表在他眼前晃来晃去，联想自己还买不起手表，回家后越想越气，说："念书有屁用!"到厉瑞康院长家，看到厉抱着孩子跟他说话，十分感慨地说："高干的孩子多幸福，我家为啥吃不饱，穿不暖?"这种不平衡，根深蒂固地扎在他的脑海里，甚至对1960年不让他吃营养灶也耿耿于怀。终于来了"文化大革命"，这可是他"苦尽甘来"的好机会。他掐指一算，教研室内的学术骨干，不是反动权威，就是出身不好，觉得"翻身"的日子到了。为了积极表现自己，他和学生中的造反派头头勾结在一起，先对教研室作了"阶级"分析，说教研室"由反动学术权威和地主分子掌权"。说教研室是一个"黑染缸"，像他这样的农民子弟长期受到"腐蚀"（他对大家的关爱所作的解读）。他是被原北京工业学院一系党总支开除党籍的，他把这件事说成是地主资本家迫害了他。他在教研室内被压得最低，连个儿也"变矮"了等等，不一而足。于是他采取"雷公打豆腐"的手段，先从软处下手。开始写大字报与教研室划清界限，说教研室是一个黑染缸，硬是把他染黑了。然后以两批大字报（72张、55张）指向张拯人，内容都是在张家养病期间说的话，有时间有地点。所揭发的内容，在当时看来非常反动，非常系统。在他导演下，不容分说，张立即被红卫兵以漏网右派的名义打入劳改队，妻子朱尚勤也受到株连，被戴上“修正主义分子”牌子扫马路。他正在选第二个目标时，我刚好被红卫兵贴了大字报，还被勒令扫大会场。既然我已“倒下”，就无还手之力，于是，配合学生的大字报，他批判我的28张大字报马上出笼了。第三个目标是陆家鹏。陆是教研室党小组长，但陆因家庭成分差，平时谨言慎行，找不到把柄，于是就怂恿红卫兵搞突然袭击——抄家，没有抄出什么来，便来了第二次抄厨房，结果搜出几块发霉的饼干。（后来有人怀疑，两家共用一个厨房，饼干到底是谁的?）红卫兵没收了陆家的购粮本，陆家有两个月只能靠大家接济粮票度日。第四个目标是系主任、老教授于道文先生。在教研室学习会上，苟非站起来发言，历数于对他的“腐蚀”。会后有人问于先生：苟用了你多少钱？于说：“每月借钱，三年多了，加起来接近500元（约合苟非工资的8倍），还有每个月的全部粗粮。”借了这么多从未归还分文，现在反说是“腐蚀”了他。他的老婆还在家属会上揭发于先生的“奢侈生活”。说他不吃粗粮，不会做饭，还爱弹钢琴，过着资产阶级生活。于道文先生是三级教授，单身在太原，不会做饭，学校照顾吃特灶，所以有余粮可以接济他家。这一下吓坏了另一个老教授申正宾的老伴林坤范，林跑到苟家，对苟讲：“你单身的时候，常到我家吃喝，这都是你自己来的，不是我请来的，不能算腐蚀，请你不要写大字报。”林师母后来回忆说，苟没有给申写大字报，申的压力小了很多。教研室内年轻教师和众多实验员都很冷静，由于苟非平时就没有人望，他又选错了打击目标，所以不但无人响应，反倒引起了这些人的众怒。由于苟非借红卫兵的势头做事，别人暂时只好不说话。见教研室内没有一个人反应，胆子更大了，他便鼓动红卫兵到北京工业学院闹着为他恢复党籍，闹了几个月，却是无果而返。返校后和造反派学生混在一起，仍操旧业。有一天，他把我截在路上，先告诉我红卫兵对我已不再有行动，“你的那本‘日记’说明你已有很大进步。但是对陆家鹏还要整，陆肯定要倒了”。还说，我知道陆的事很多，劝我大胆揭发出来站在“革命”一边，要有立功表现。他想用“胡萝卜”的手段调动我的“积极性”。因为他处在上风头，我还不敢惹他，只好假装高兴地答应“让我想想”。临别，他还叮咛：“陆肯定倒了，别怕！”表现出很得意很亲热的样子。看得出来，他这一招是预谋了很久才提出来的，可他想错了。

那个时候，批我的28张大字报就像千斤石一样压在心头，特别是张拯人进了劳改队后，我的噩梦就没有断过。好在当时的运动风头转向“走资派”，社会上也大闹起来，我这个小人物排不上号了。于是我一有时间就考虑如何解困。教研室内不会另有人整我，但是最介意的还是红卫兵，他们肆无忌惮，变数大。为了消除红卫兵（主要是毕业班学生）对我的记恨，我便开始写假"日记"，就是苟非提到的那本"日记"。一天写好几篇"日记"，把时间补齐，主要是反复参照《毛泽东选集》第一篇文章"湖南农民运动考察报告"的观点，如革命对象问题，"好得很与糟得很"问题，"革命是暴动，不是请客吃饭"的问题，对照天天发生的事发表评论。结论是一律"好得很"，接着批判以前认为"糟得很"的思想。又仔细联系阻挠学生返校闹革命的错误。明知这是下意识的行为，为了政治生存不得不这样！老天真帮忙，果然等到了。红卫兵抄家时把这份所谓的"日记"正好抄了去。他们看了以后，认为我转变较快，同情革命小将的行动，检查也"深刻"。于是，"红联"战团的头头于立选找我谈了一次，要我继续好好改造，争取立新功。同时在他的要求下，我在房间内接连贴了七张大幅毛泽东像（睡在床上就看见天花板上的像，坐起来四周就有像，进出门则门里门外有像，要时刻不离毛主席），以示对"红太阳"的无限热爱。就在这次谈话中，我知道了苟非将他与张拯人在1958年—1960年在张家养病期间的谈话记录本交给了红卫兵，以示所揭问题的真实性。天啊！此人当时有病住在人家家中，接受了那么大的帮助，那是几乎救了他的命啊！却将谈话内容记下来准备后用，这种阴暗的行为善良人匪夷所思啊！那么批我的28张是否也有黑记录？不管怎样，红卫兵的态度使我吊着的心暂时放了下来。这才转过来应付28张大字报，那是索命大字报。

苟非自1957年被开除党籍以后，对社会、对党的怨恨很深。1961年他探亲回湖南，见到农村情况后，情绪更是低落，回学校后言词很是激烈，毫不隐晦农村悲惨状况和死人的情景。他只得将妻子和两个孩子一起带到学校讨生。我在1958年处理右派阶段，心理上并不是很紧张，各方面还没有受到挫折，即使是困难时期，工作劲头一直很高。所以，我们两人在交往中，他常常是抱怨和指责现实，毫不掩饰自己的愤怒，我则常常缓解他的情绪，往好处劝他，观点相近处就添上两句。他的28张大字报中所批的观点，今天看来是完全正确的，但在那个时候绝对是"反动"的。28张大字报所揭发的问题中绝大部分是他的观点，而且常在各处发泄。因为他想"翻身"的愿望极为强烈，又看到当时学生主宰一切，就整天与造反派学生混在一起，先从他了解的人下手，精心罗致罪行。他知道，对方一旦被审查，根据历次运动的规律，被审查者不允许解释和申辩，强行解释就被视为"负隅顽抗"、"继续放毒"。这样，他可以先下手为强，一刀子将你捅死。他给张拯人贴127张大字报，不由分说地把张打入劳改队就是例子。据张讲，大字报中的好多话是苟非讲的。幸好，对我的28张贴得迟，红卫兵的注意力已经转移，而他们内部又发生了分裂。这就给了我一个充分准备的时间，使我找到了很多有力的证据，一旦事发，他就会落入十分被动的局面。“文革”发展到后来，这件事渐渐远去了。

我不懂遗传，我不知道人是否有一种贪婪而极度绝情的基因。

一则补记：

1972年某日，苟非突然到我干活的地方来报到，说是军宣队让他来劳动。那正是整党的时候，我是一系劳动队的副队长，劳动队队员都是没有资格参加整党的教师。苟的到来使我非常惊讶，他怎会来这里？后来得知，情况是这样：他在一次集会中喊了“反动口号”，被教研室在场的年轻教师从会场揪了出来，一阵批斗之后交给了学生。交给学生有好受的吗？在“毛泽东思想学习班”，他也尝了一段滋味后被放了出来参加劳动。“文革”以后他到处宣扬自己如何受到迫害，就指这件事。可他从来不讲他迫害那么多别人的事。

20世纪70年代初，苟的老母变卖了农村的房产，带着钱到太原，想跟自己在太原做官的儿子过。到儿子家后，儿子和儿媳不欢迎长期留住，这样，老人没有把钱交出来，却藏在自己的褥子里，万一住不下，还得回农村瘫痪的二儿子那里。没有多久，褥子里的钱不见了，就问家里人，可谁也不认账。一腔怨气，她无处发泄，就蹲到门口，大声哭诉，不断拍打自己的胸脯，埋怨老天。全楼的人边瞧边劝，苟非夫妇就在屋内。不久，80多岁的老母含恨回了老家。此事就成了个谜。一个人在母亲身上都能下手，对待朋友可想而知。什么叫认人“孝”为先，这就是一个反面例子！

1995年4月10日是我国自动武器专业的创始人于道文教授的80岁生日，全行业近300多位学生在中国兵器二〇八研究所为他祝寿。因苟非也在场，便有好事者问于先生：“苟非在’文革’中要与您划清界限，借您的钱和粮票他说要还，到底还了没有？”于老摇摇头笑笑，旁边的师母张初鸿发话了：“还不还无所谓，算是帮了他。但对他不好，一想起，他自己心里就是个病！”师母错了，此人身上就没有感恩的基因，他不会因此患病的。过去他在会上主动说过要划清界限，把借的钱要还清，那是在做戏，心里就没有还钱的打算，现在干脆不提了。

第十一章

造反有理（走向混沌）

毛泽东说，马克思主义的道理千条万条，归根到底就是一句话：“造反有理。”

毛泽东和林彪多次检阅红卫兵，指导“文化大革命”

1966年8月8日，中共中央八届十一中全会通过了《中国共产党中央委员会关于无产阶级文化大革命的决定》（简称16条），正式确认了“左”倾指导方针，成了纲领性文件。8月18日，中共中央召开了“庆祝文化大革命大会”，毛泽东和他的接班人林彪在天安门城楼上首次接见了集聚在广场上的数十万红卫兵，发出了“你们要关心国家大事，要把无产阶级文化大革命进行到底”的号召。中央“文革”发出通知，鼓励各地大中学校的革命师生免费赴京大串联，各地立即掀起了红卫兵大串联的迅猛热潮。毛泽东和林彪又接连七次接见全国陆续来北京的红卫兵，于是学生们臂戴红袖章，手摇红宝书（《毛主席语录》），扛着“造反有理”的大旗，到全国大串联。还鼓励红卫兵破除一切压制，破除“四旧”，横扫一切“牛鬼蛇神”。为了给他们“无法无天”的行为壮胆，领袖在天安门城楼上或夹在人群中，戴上红卫兵袖章，频频挥臂。这样，不到几个月，“文化大革命”之火在全国被点燃了。在中共中央发布的《十六条》中，肯定了《五一六通知》中“破四旧”（破旧思想、旧文化、旧风俗、旧习惯）的提法，但对“四旧”这样广泛和深远的问题没有作内容界定，另外也没有制定相关的政策和做法，一切交给了红卫兵。而北京开头的红卫兵主力还是中学生，领头的都是“红色大院”的高干子女。他们都是“自来红”，“血统论”是他们的纲领，所谓“龙生龙，凤生凤，老鼠生儿会打洞”。他们以龙种自居，自诩是革命的“当然接班人”。在他们的冲击下，各地的公安、检察、法院首先瘫痪，激情万丈的红卫兵高举“革命无罪，造反有理”的大标语，到处横冲直撞，砸古迹，毁文物，毁宗教设施，剪妇女辫子，挖古墓、冲机关、斗“牛鬼蛇神”。他们想斗谁就斗谁，想抓谁就抓谁，大会集体斗，在家几个人斗，手段的原始和残忍难以形容。北师大的红卫兵在头头谭厚兰带领下，冲到曲阜彻底捣毁了孔庙孔府孔林。在这场红色风暴中，北京市是狂飚的源头，据 1980 年 12 月 20 日《北京日报》称，到 8 月底北京一地共抄家 33695 户，有 1700 多中小学老师、校长被打死。北师大女附中校长卞仲耘还是被一群女学生用铜头皮带活活打死的。她为了民族教育事业，终身未嫁，是著名教育家，惨死在自己的学生手中。北京红卫兵的目光在 8 月 18 日以后从街道店铺转向包括历史文物在内的更加广泛的目标，破旧风暴很快席卷了北京市千家万户，对象是黑五类（地富反坏右）、反动学术权威、资本家、名人或高级知识分子、黑帮（正在被批斗的干部家）。红卫兵大串联，将风暴蔓延到全国后，那些小地方也照办。没有高级知识分子，就抄一般知识分子的家，全国上下总共也有一千多万户被抄。散存在民间的大量珍贵字画、书籍、器皿、饰物、古籍都在火堆中消失。极具讽刺意味的是，竟有一伙有权势的人出来趁火打劫，他们通过各地爪牙，对被抄文物进行了掠夺。这些打劫者不是别人，正是被红卫兵奉若旗手的“文化大革命小组”领导陈伯达、江青、康生一伙，还有当时的副统帅林彪。光是康生劫去的文物可足足开一个展览会。这就是文化大革命的开局，残暴贪婪。这是一个可悲的不祥的开局，从此，全中国就进入广泛暴力的、惨烈的“文革一梦”。据传，著名作家老舍和历史学家吴晗一家、翦伯赞是在街道红卫兵轮番疯狂批斗之下，身体经受不住摧残，被迫自杀的。1966 年将中国人推进了又一个所谓的红色风暴中，太原离北京很近，北京发生的事，隔夜就能知道，大家紧张地等待大难临头。

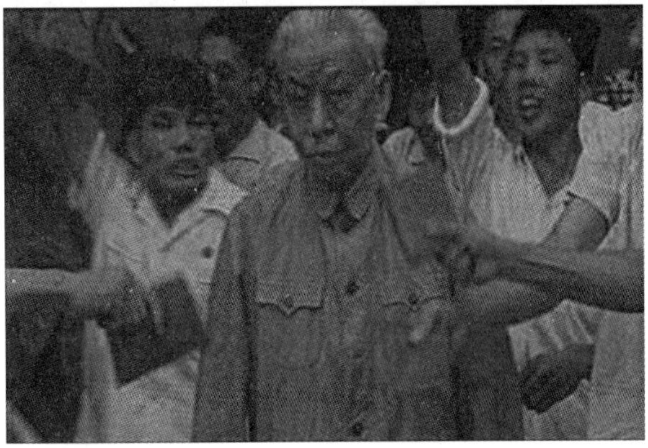

批斗国家主席刘少奇

批斗国防部长彭德怀元帅

批斗团中央总书记胡耀邦（前中）

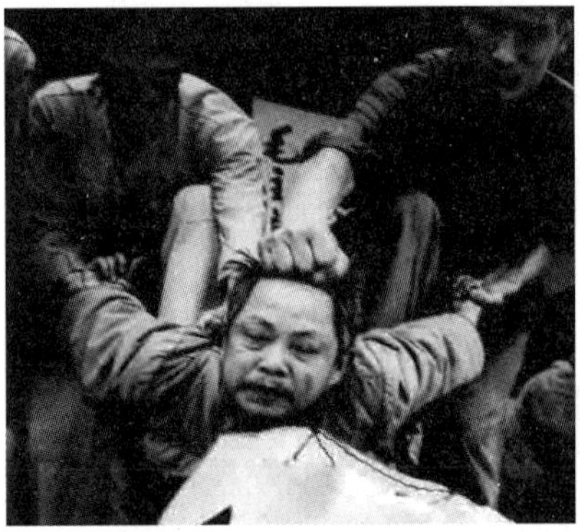

批斗资产阶级反动学术权威

现在，可以去掉五彩缤纷的事件，清理出运动的主线。若把这场运动比作“反右”以后又一次更大的政治“阳谋”是再恰当不过的。“反右”运动是以整风的名义开展，使55万知识分子掉进了陷阱。“文化大革命”是以整肃资产阶级文化名义设下的陷阱，重点打击目标是“混进党内的走资本主义道路的当权派”。运动初期大家真看不出中国有走资本主义的当权派，这个“派”多大？头在那里？不用着急，在1966年8月党的八届十一中全会上，领袖出了大字报“炮打司令部——我的一张大字报”，这张大字报有两个信息：资产阶级司令部不在别处，就在本党中央；从大字所揭内容来看，司令部的头不是刘少奇、邓小平还是谁呢！本次全会上改组了中央领导，林彪代替了刘的位置。大家以为领袖手下留情，刘邓仍保留政治局委员，就好像过去对待李立

三、瞿秋白、博古那样。事情真是这样吗？这要从另一个话头说起。

那是1962年1月份的“七千人大会”，这个会的正式名称应是中央工作会议。这时，工农业战线及文教战线都出台了新的条例，也有了恢复经济的“八字”方针。但从大跃进以来造成严重的经济损失，成数千万的人口死亡。粮食连年减产，1962年的粮食供应非常紧张，亟须提升干部的精神，带领群众克服困难。但开会之初就提出了几个问题，对大跃进以来的失误作何反思？这些失误的教训是什么？由谁来承担这些失误？毛泽东知道这次会议绕不开这几个问题，在其发言中笼统地为中央和自己承担了总的责任。不料与会干部在讨论中要求失误要具体，原因要深究，以防重犯。按照以往惯例，为了顾全大局，维护领袖的威信，第一线工作的领导主动承担责任。而大跃进以来的失误是严重的全局性的，哪个领导均无法代为承担。何况许多第一线的领导都是毛泽东推动大跃进中被批判的对象。农业合作化运动中，刘少奇被批为“小脚女人”。邓子恢为其受过被撤职。周恩来因“反冒进”差点离开总理岗位。庐山会议抓住“彭黄周张”全国进行批判，成了机会主义头子。陈云历来坚持综合平衡、集中统一，反对乱上项目，乱提指标，被批为老右倾，长期靠边。这些一线领导如果敢站出来承担各自的责任，在毛泽东看来，这明明是右倾翻案，反攻倒算，是可忍孰不可忍！而毛泽东知道承认错误，三面红旗（总路线、大跃进、人民公社）就要倒下，对他个人来讲后果不堪设想。正在这时，林彪的机会到了，他高调发言，大跃进以来的错误，主要是全党背离了毛泽东思想，偏离了毛泽东的历次指示精神。于是有的领导顺着这个思路痛陈自己的失误，甚至误导领袖的失误，还替领袖背起决策失误的责任来，毛泽东如释重负。对于大跃进的分歧和对分散主义的批评，中央和地方之间本来就根深蒂固，这次会议上的承担责任问题，连表面上的一致也没有了。毛泽东仍然守口如瓶，七千人的大会开了一个多月，责任问题只能悬搁起来，无法产生任何有效的决议。通过这次会议，毛泽东蓦然意识到自己已处在危机四伏的环境中，联想自己其他的重大失误如人口问题等，党内已有了反对派，目前尚处在地下，有朝一日他们会集中清算这一系列错误，像赫鲁晓夫清算斯大林的事件在中国可能重演。他甚至觉得中国的“赫鲁晓夫”就睡在自己身旁。1962年以后他不再插手国内的经济事务，把主要精力放在政治路线斗争上。从这一年开始，他大讲阶级斗争，路线斗争，开始寻找政治突破口。

1963年2月的中央工作会议决定在农村进行“社会主义教育运动”，中心内容是在干部中进行“四清”（清政治、清思想、清经济、清组织），通称

“四清”运动。不久，经过深思熟虑，毛泽东对中心内容作了修正，“什么四清与四不清”，这次运动的主要目的是清理“那些党内走资本主义道路的当权派”，“走资派”的提法这时首次出现。这个提法把运动引向两条路线的斗争，企图从小走资派一层一层地挂向大走资派。两年来，被批斗的基层干部近千万，整死的近百万，大部分是贪污腐败和生活作风问题，政治路线问题不多，挂不上去。因为在农村批资本主义路线，就要批“三自一包”，而“三自一包”是救活了农村的，受到群众和干部的普遍欢迎，记忆犹新。看来此路不通，于是转向城市文化层。这个领域聚集着大量的资产阶级知识分子，有不少的反动学术权威和民主人士，很多岗位的领导权已掌握在大大小小的走资派手中，要比农村多得多，顺藤摸瓜，能揪住大走资派。为此，从 1965 年后期不断地在文化领域开展对“有鬼无害论”、“中间人物论”、“三家村札记”、“燕山夜话”的批判。调门一次比一次高，远远超出了学术范畴，到批判《海瑞罢官》时已成了政治批判，利用小说反党，说是为彭德怀鸣冤。林彪和江青又演了一场双簧，出台了一个在军队文艺界座谈的纪要，系统地批判了所谓的文艺黑线，同时也把江青从后台推到前台。这使在第一线指挥工作的刘邓根据毛对知识分子的一贯态度，误以为毛在发动文化战线上的又一场政治斗争，要清理一批新右派。因此指导方法和“反右”时一样，引蛇出洞，聚而歼之。这一策略邓小平尤其熟悉，于是把工作重点摆在这个领域，并派了大量工作组进驻学校及文化部门。以北京为中心，指导全国。为了及时掌握情况，把妻子王光美由“四清”岗位改派到清华大学任工作组顾问（夫妻共赴“国难”!）。王光美在“四清”中创造了扎根串联的“桃园经验”并向全国推广（被毛泽东后来批为形“左”实右）。我这才明白，1966 年 5 月我返校参加文化大革命时，已有一批历史上有把柄的老教授和新近揪出的中年教师被投入劳改队，原来是根据这个统一部署采取的行动（聚而歼之）。把王光美调到清华大学，可能是要她再创造一个“清华经验”，指导全国。而毛泽东这边呐，他先不急于向知识分子开戒，那是运动后期的重点，目前是要解决“资产阶级司令部”，于是使出了组合拳，改组了北京市委，解决“针插不进”、“水泼不进”，批判彭（真，主北京）、罗（瑞卿，主军委办公厅）、陆（定一，主文教宣传）、杨（尚昆，主中央办公厅），使中央各首脑机构群龙无首，为后来成立的中央文革小组在京主持工作扫清障碍。1966 年 8 月，毛泽东认为解决刘邓的时机已经成熟，召开了八届十一中全会。全会中，迫不及待地亲自写出大字报（“炮打司令部——我的一张大字报”），直击刘邓。刘邓以“文革”中派工作组镇压学生和“四清”中形“左”实右整干部的错误，解除了第一线指挥权。刘邓这时才明白，绕了这么大的圈子最后整到自己头上，原来是遭遇到了新“阳谋”。

八届十一中全会以后，文化大革命大致在两个战场进行。主战场是北京，深度解决资产阶级司令部。另一个战场是各省（市）夺权，清除刘邓班底。中央文革小组推动运动，主要借力于学生，这时全国的学校都停课，学生参加文化大革命。以高干子弟为核心的中学生红卫兵先是在“横扫一切牛鬼蛇神”的号召下血洗了北京城。可是不久，他们的父辈在本单位或地区一个个成了走资派，他们那疯狂的底气立时化为乌有，开始反对文革小组，指称文革小组怀疑一切，打倒一切，结果他们的组织“联动”、“西纠”被打成反动组织。这时大学生造反派组织已经成立，著名的头头有北大的聂元梓、清华的蒯大富、北航的韩爱晶、北师大的谭厚兰、地质的王大宾。这些人物都是中央文革小组在他们受本单位工作组的压迫下扶持起来的，成了铁杆造反派。在文革小组的掌控下，带领同伙冲击中央机关，揪斗正在主持工作的首脑。揪斗的对象越来越多，级别越来越高。接近年底，他们竟然抢捕了彭德怀元帅、贺龙元帅、罗瑞卿大将等，进行轮番批斗。如果不是周恩来竭力相护，陈毅元帅也难逃此劫。中南海内部的造反派也不顾国家主席受宪法保护，对刘少奇的批斗日益升级。接着中央文革小组向社会公开了以刘少奇为首的“61 人叛徒集团”案，这 61 人都是中央老一代在职的高官。这时的造反派们，无法无天，飞扬跋扈，天下大事，舍我其谁？在造反派的冲击下，各省市的夺权斗争，根据条件也陆续展开。毛泽东有句口头禅“破字当头，立在其中”，这句话是否灵验，且看山西省的夺权。

1967 年元月，上海造反派夺取了中共上海市委及市政府的党政领导权，结合了新的革命领导干部，成立了革命委员会，这就是著名的“一月风暴”。以此为标志，文化大革命进入了全面夺权的新阶段。此后，每个省（市）只要条件成熟就可以夺权，成立革命委员会。在革命委员会的领导下，逐步转入“斗、批、改”，将运动引向深入。“斗”是从政治上思想上斗倒各级走资本主义道路的当权派。“批”是批判反动学术权威，批判资产阶级修正主义。“改”是改革不合理的规章制度。“夺权”是“文革”的又一个战略部署。之前的战略部署应该是发动群众，起来造反。紧接着，黑龙江省造反派夺权成功，称为“东北的曙光”。山西省造反派于 1 月 12 日夺权成功，称为“华北的春雷”。

其实，山西省的各地区（市）及各基层单位，在“一月风暴”后就闻风

中央文革小组炮制的资产阶级司令部（漫画）

而动，纷纷夺权，遍地开花。那时，各单位都有好几个造反派组织，在批判“反动路线”的过程中，因观点不同和结合的干部不同，形成对立。只要有一个势力较大的造反派抢先夺了权，对立派基本被排挤出来，迫使其在社会上活动，寻找盟友。1967 年 1 月 17 日，太原机械学院校内几个群众组织“东方红”、“东风”等首先夺了学院的党政大权，成立了“革命造反总部”。然而，另外两个群众组织“红旗”和“第四野战军”（简称“四野”）认为这是假夺权真保皇，并联合校外的群众组织，于 1 月 27 日进行了第二次夺权，摧垮了“革命造反总部”。这次夺权后，校内处于一片动乱之中，院系党政领导干部绝大多数被打成“叛徒”、“特务”、“走资派”、“反革命修正主义分子”。很多教师被打成“反动学术权威”、“牛鬼蛇神”、“反革命分子”、“漏网右派”等等，搞批斗、抄家、游街、人身侮辱、打入“劳改”队。北京红卫兵掀起的红色风暴在这里继续演绎。但时间不长，山西省革命委员会内部出现分歧，红卫兵们又涌向了社会，派性斗争从校园走向社会。

在山西省夺权时，省城 17 个群众组织联合起来，成立“革命造反总指挥部”，夺了山西省党政大权，成立了省革命委员会，一批领导干部被结合进来。但是好景不长，由于革命委员会（简称革委会）内部不团结，矛盾暴露在社会上，分歧越来越大，群众组织间便产生对立，先是用大字报互相攻击，后来逐渐发生武斗，革委会处于瘫痪状态。问题出在革委会本身。中央文革小组支持的干部中，有的不一定正派，热衷窝里斗。群众组织中，一些头目为非作歹，鱼龙混杂。1967 年 1 月，为了巩固夺权成果，尽快消除派性斗争，全国百万解放军介入文化大革命，进行“三支两军”，这是“文革”的又一战略部署。山西省各基层逐渐派驻中国人民解放军毛泽东思想宣传队（简称“军宣队”），进驻太原机械学院的是总后勤部驻晋 8731 部队。山西省革命委员会领导成员中增加了驻晋部队首长。这一措施暂时遏制了武斗的升级，但分歧仍然存在，文字攻击有增无减。问题出在各地军宣队在支左中，也陷入派性斗争，有的还是炮轰革委会领导干部的一派，分歧比以前复杂，武斗又开始蔓延。解铃还须系铃人，只能靠中央文革小组来协调，可处理了好几次，仍是“烧饼”翻过来翻过去。且不说文革小组这伙人本是些“点火”专家，心里关心的是该“倒”的人倒了没有，其他就不论了。所谓路线斗争已被简化为“两个司令部”的斗争，查一查干部的履历，就可定为哪个司令部的人，而不管这个干部的品行是好是坏。群众发现被愚弄了，他们的话也就不灵了。可每一次反复，在基层就有一派被压制，被大面积地清算，被迫害，两派逐渐演变成仇家。1973 年 4 月我离开太原时，派性问题仍没有解决，革委会主要领导干部已换了好几茬。所谓“立在其中”原是泡沫。

文化大革命朝着中央的部署蹒跚行进，由于各地区在夺权和建立新的革命委员会的过程中，该地区的基层单位已抢先夺权，对立派之间的斗争打得火热，反复地夺权，社会上乱成一锅粥，好长时间处于无政府状态，许多丑恶的事情便浮上水面，散布在多地的屠杀事件就是一例。1966 年春夏之交，正是北京红卫兵掀起血统论高潮的时期，红卫兵在“横扫一切牛鬼蛇神”的号召下，血洗了北京城，农村也没有闲着。各地杀人事件愈演愈烈，大兴县的红卫兵在 8 月下旬开始打杀“四类分子”（地主、富农、反革命、坏分子），先是个别屠杀，后是“四类分子”及其家属子女。各地人武部介入后开始集体屠杀，一个大队一次坑杀十几人到几十人，然后就是各大队竞相比赛。到屠杀被制止时，十三个公社共杀害 325 人，有 80 岁老人，有 38 天的婴儿，还有用钢条在孕妇腹部捅死的胎儿。有 22 户被杀绝，很多户未被杀绝是因为子女在外地工作。由于屠杀在加速进行，不得不加以制止。时任公安部部长的谢富治在北京公安局召开的会上作了指示：“群众打死人，我不赞成，但群众对坏人恨之入骨，我们劝阻不住，就不要勉强。”“民警要站在红卫兵一边，跟他们取得联系，供给他们（五类分子）的情况。”还说：“过去规定的东西（指法律等）不管是国家的，还是公安机关的，不要受约束。”老百姓把公检法当作庇护他们的一道天，听听这堂堂部长的一席话，欲哭无泪啊！这无疑告诉各地的流氓和屠夫：“杀人无责。”果然不久，北京市中越人民公社又发生了有预谋的集体屠杀事件，一夜之间诱骗开会时，民兵突然下手，坑杀二百多人。1980年冬，我在昌平见到了中越人民公社的后任书记，他因受害者家属追索行刑责任人无力破解，调昌平县任职。“太惨，匪夷所思！”他凝视着前方，不断地摇头。“上级有指示，这事不要传播。我们经常干蠢事，还死要面子。”他相信，同处在“红八月”，北京市其他地方也会有屠杀事件，不过规模小压掉了。由于谢富治的讲话效应，同样的更大规模的事件在广西各地、湖南零陵、邵阳、道县等地区发生了，正是1967年8月到10月。事后统计，光是道县一个县，杀掉的人约占总人口的1.2%（6000～7000人）。手法极其原始残忍，挖眼、削鼻、割耳、断指、割乳、刀砍、铁烙、火烧、烟熏、活埋、沉河、坠崖、石头砸、绳子勒、锄头挖、炸药炸……目不忍睹，耳不忍闻，把中国拖回到中世纪。被害者有“五类分子”及其家属子女、农民、中小学教师、医生、国家干部、工人、探亲学生。宣判并执行这一切的是自封的各级“贫下中农最高法院”（实际是各级人武部）。1967年夏天，太原机械学院一位教师家突然来了几个“革命串联”的人。他们是从道县屠杀中死里逃生出来的，听了以后着实吓人。他们觉得这种事山西的农村迟早要发生，“事发很突然，千万不要去农村”。在回答为什么要发动文化大革命时，毛泽东经常讲，中共建立政权以后，进行的是和平土改，和平统战，保留了资产阶级及其法权，敌对阶级的人还在，他们在共产党内找到了代理人，一些政权落到这些人的手里，已到了资产阶级复辟的危险。副总理陈永贵讲得更露骨：“他们（地富反坏及资产阶级）人还在，犹如冬天的葱，叶枯根烂心不死。”世间发生任何事情都有因果关系，就像方程式的左边和右边，左边已是这样，那么等号右边就有了答案——斩草除根以绝后患。这就是无产阶级专政下继续革命的理论，一个不断抓人杀人的理论，而且这种运动一次不行还得来多次。这场文化大革命本是朝着资产阶级司令部的，却让这场运动的始作俑者意外地得到了另一个借口：过去的种种失误是民主革命不彻底所致，文化大革命就是补这堂课。

人劳碌一生，第一因素是为了生存，并不是当下的高调“活着就是为了革命”，或者更左更玄乎：“活着就是为了解放全人类。”可是在我们中国倒是

红卫兵宣传毛泽东思想

大队社员跳忠字舞

有一个现实的政治生存问题，就是你要生存下去，除了靠衣食住行，还得依托政治生存。这对于经过不少政治运动的人来讲，再熟悉不过了。只要你在政治上出了问题，株连的就是妻子，就会殃及工作环境和物质待遇，子女们的上学也会成问题，全家就会沦为“贱民”。就拿文化大革命中芸芸众生不得不苦苦挣扎，无非是为了政治生存。别看有的人趾高气扬“左”得出奇，有的人点头哈腰委曲求全，目的都是一个：怕沦为“贱民”。“右派”不就是榜样吗？“黑五类”（地、富、反、坏、右）不就是中国现成的贱民吗？这些“贱民”已被丑化为“牛鬼蛇神”，“文革”一开始，首先横扫的就是他们。至于那些打秘密报告坑害朋友的另类人物就更不用说了。现在，我们又面临着如何参加文化大革命？按当时很权威的说法：“旧”学校（指文革前的学校）是资产阶级占统治地位，培养出来的都是资产阶级知识分子。这个标签决定了我们要有自知之明（尽管学生们很不服气），参加运动只能是顺应形势，“灵魂深处闹革命”。那时，校内校外群众组织林立，参加活动就得先选择哪一派，称作“站队”。我们有一批处境相近、观点相似的教师，经常在一起自发的学习，对于“站队”，因关乎政治生存，不敢妄动。论直接利害关系，则以校内斗争为主。论路线方向，则以社会斗争为大。最后，根据我自己的处境，决定站到校内斗争激进的一派，这一派是抢先夺权的群众组织。整我的那些学生，专业教研室里大部分教师，以及全系教师的主要部分都在这个组织中。这一选择可以缓解自己当前的矛盾，避免引火烧身。但这一派在社会斗争中暂时处于劣势，有可能要受到挫折。我仔细一想，那也不怕，想整我的人也无法得手，因为：“你对了，我也对了”，“我错了，你也错了”。何况，我也不是什么头头。

这一行为着实令别人惊讶，而我又不便明言，躲祸躲到了“曹营”。

“要文斗，不要武斗”，中央“十六条”中有明文规定，说是文斗触及灵魂，武斗只触及皮肉。可武斗从来没有停止过，而且不断在扩大、升级。开始的武斗还只限于对“五类分子”（地主、富农、反革命、坏分子、右派），后来波及“黑帮”（走资派的代称），除拉去批判中随意拳打脚踢、跪煤渣、棒击、铜头皮带鞭挞、“喷气式”以及特殊刑法外，平日还要罚劳动。每人胸前挂一个大木牌，牌上用大字标上姓名和反革命身份。早饭后，自挂木牌，携带劳动工具，在大操场集合，从点名开始，他们必须弯腰90度列队，由红卫兵领读《毛主席语录》。之后，一路弯腰向劳动现场走去，还要“嚎”为他们特编的歌，称“嚎歌”，歌词大意是认罪悔改。兹录一首如下（声调低沉，类似牛哼狼嚎。曲略）：

嚎　歌

我是牛鬼蛇神，
我是牛鬼蛇神，
我对人民有罪。

我要低头认罪，
我要低头认罪，
一定老老实实，
不能乱说乱动。
要是乱说乱动，
把我狗头砸烂，
永世不得翻身。

中午释放回家吃饭，回家时还得带上木牌。如果路上碰上附中附小的学生那就糟了，这些不懂事的孩子就会不断地令他们一个个弯下腰来嚎一嚎，如果满意了，就在屁股上踢一脚放人。那个年代，如果是一般群众，只要有人贴你几十张大字报，不经落实就会打入劳改队进行“群众专政”。对“专政”对象无人道、尊严可言。可能对这种全国性的乱子（打、砸、抢、抓、抄）遭到了非议，于是副统帅林彪发话了，大家要有一个正确的“乱子观”：“好人斗坏人，坏人活该；好人斗好人，两相误会；坏人斗好人，好人锻炼；坏人斗坏人，以毒攻毒。”这等于是鼓励照样干下去。可是全面夺权以后，武斗已变成群众组织之间的斗争方式，“黑帮”和“反动权威”已撂在一边。武斗已发展到枪炮相向，都有借口，掌权的在“保卫红色政权”，想夺权的要“枪杆子里出政权”。各地武斗规模迅速升级，武斗的主力已是工人和农民。正当全国人民忧心忡忡的时候，从中央传来了更加权威的声音：现在还不是天下大乱，像四川这点乱不算什么（当时，四川大型武斗迭起，死人无算），乱是乱了敌人，锻炼了群众。不破不立，“破”字当头，“立”在其中。好像他那红彤彤的未来世界，要靠不断的破坏，才能从地下冒出来。这个时候，中央文革小组又祭起“文攻武卫”的号召，要“左派”也拿起武器“自卫”，不要吃亏。结果，谁都自封为“左派”，谁都可以利用这个口号，使武斗更加肆无忌惮。山西省太原市、晋中地区、大同地区及晋东南地区的武斗规模越来越大，双方都说是“文攻武卫”，都在喊冤。我们太原机械学院内部几派也势不两立，武斗一触即发，一派已洗劫了学校武器馆，忙于参加市区的武斗。太原市区的两派在太原钢铁厂的武斗十分惨烈，武斗中的死亡者，各派都自诩为烈士，能做到的都建坟立碑（这些无人祭扫的荒冢在文革以后都被夷平了）。我们天天在担惊受怕中听说各地的武斗。有道是“革命不是请客吃饭，要斗争就得有牺牲”，为有牺牲多“壮志”，敢教大地“一片红”。

1967 年 7 月，校内发生武斗的风声越来越紧，两派干将晚间巡逻，随时会擦火。随着大家，我和曹占英带着 9 个月大的女儿回兰州，想躲开武斗，双方的老母亲也有好几年没见了。可在大同市等待火车时，遇到了两位落魄的年轻人，这两人是甘肃省甘谷县因派性武斗中被赶了出来，已身无分文，讨饭度日。跟他们了解到甘肃的武斗也很厉害，既然如此，就取消了去兰州的念头。我劝他们设法回去，再也不要参加派性活动，并把两张去兰州的火车票送给他俩。我们忧心忡忡地折返，回到了学校。要是全国的城乡都像山西、甘肃这样，那就要再次遭遇全国性饥饿。“大跃进”造成的困难还没有过去，现在又这么折腾，中国人怎么这样的苦命啊！在“一句话顶一万句”的指引下，愚昧的群众被驱赶上街头寻找那想要打倒的目标。我们为什么不清醒过来？还要为虎作伥，再参加下去就是自己继续坑害自己。

这一年，1962 年和 1963 年进校的学生按照年份该毕业分配了。这两届学生是校内校外斗争的领头羊，而低年级学生的行动基本上受高年级的影响和牵动。他们被分走，教师们大部分额手称庆。低年级学生对学校内部知之甚少，又是些鸡毛蒜皮的事，兴趣在校外的派性斗争，教师们的压力比以前小多了。这里说一个插曲。某派一个头目于立选打好行李，准备去火车站托运，然后去解放军某部报到。火车站就在学校外面，他和送他的几位同伙刚刚把行李放

乘车去武斗

宣讲活学活用毛主席著作

下，就被提前埋伏在那里的对立派包围，要他打开行李。人家人多势众，又带着武斗器械，只得把行李解开。原来，行李中还有不少抄家物资和公家的器件，如电子管收音机、皮衣、手表、变压器等。这位头目明明很被动，却嘴头硬，从“造反有理”一直辩到“拿得有理”。对立派仍要扣人扣行李，还要他检讨认罪。这一来，围观中两派的人越来越多，形势在变化。那正是中午，我正在做饭，有人急急告我兰村火车站两派可能要闹起来。问明原委后，我立即去找教师杨生采，请他找抓人那一派的头头调解，妥善处理，绝对不能让武斗在校内发生，否则后患无穷。总算调解成功，该头目的行李被扣下后放行。后来得知，该头目报到后，军方不分配工作立即让他转业，回到丹东老家就业。事后，好多教师对于我出面斡旋有微词，应该让他也尝尝被整的滋味。

1968年春节前，校内一场武斗不期然发生了。先是“革命造反团”和“第四野战军”的广播站继续打口水战，互相攻击，言词越来越激烈。不久，“四野”便开始进攻“造反团”控制的大楼，在攻防中用步枪射杀了守楼的一名学生张新生，是本校附中初三学生。“造反团”不支，便抬着尸体直奔支左部队本部进行抗议。这下，引来校内家属的逃难潮，怕的是这会引来社会上更大的武斗。为了不让受难者家属（学生的父亲是我教研室教师，母亲已昏厥不起）再次受到伤害，我和教研室的胡崇和技师把一家四口人转移到校外，由天津妹妹家来人接走。死者已矣！被“造反团”埋在二龙山南坡，立有石碑。“大地一片红”就是这样染成的！

第十二章

民族韧性

1967年10月，毛泽东号召学校“复课闹革命”，学生要脱离社会斗争，回到学校复课，搞“斗、批、改”。我估摸着，该打倒的已经倒得差不多了，有的已经被整死了，两派再斗下去的必要性没有了，该“收”了。从中央再也没有听到对武斗那种阴阳怪气的声音了。要收就得先把放出校门的学生收拢回去，这都是些潘多拉盒子里放出去的魔鬼。现在，学生参加社会斗争对运动的发动者只有弊而无利。再者，根据文化大革命的“使命”，无产阶级最终还要占领文化（尤其是教育）领域这块阵地，利用学生把矛头指向学校内部，指向“反动学术权威”，搞“斗、批、改”恰是时候。这不愧是一石双鸟的如意部署。想起文革初期学生在校内的折腾，教师们的心情自然又沉重起来。在我的记忆里，只要毛泽东每次发出号召，为了响应他们心中最最最红最红的红太阳的号召，立刻敲锣打鼓，走街串巷，集会行动起来。可这次在太原机械学院里就是没有任何动静。原来，学生们已经深陷社会斗争，难解难分，原来的班集体或年级已分成几派，做不成统一行动。再说，运动初期，校内该斗的斗了，该批的批了，与社会中的问题相比，校内那些鸡毛蒜皮之事，再斗再批已无兴趣。这次部署算是落了空。但对复课，确实有感兴趣的，那就是1963年进校，1967年就要毕业的学生。胡闹了几年，专业课没有沾边。他们想的是补课，而不是“斗、批、改”，这就无法实现。尽管有个别班联合起来，逼迫一些教师上课，这个时候的教师，胆子也练人了，很轻松地应付过去了。学生已是天之骄子，又无牵挂，对行为后果一无所知，对社会上派性斗争兴趣不减，但他们还没有认识到他们的使命已告结束。这次没有贯彻最高指示是学生们最后一次“无法无天”了。

1968年4月5日，正是清明节，曹占英于中午在家中产下儿子朵强。这次我没有当帮手，带着女儿在门外听消息，由物理教研室的曹才芝和宋辉两位老师守候在旁。忽听见曹才芝蹦跳拍手，大叫“是个儿子啊”的声音，我当然特别高兴，终于安全生下儿子了。在她俩看来，一女一儿生得多好！新婚夫妇的怀里常被撒花生，不就是希望这么生孩子？一上秤，6 斤 8 两。才 1 岁 5 个月的女儿就要受罪了，父母把一半的爱分给了弟弟。房子太小，不足 8 平方米。晚上，四个人挤在一张大床上。白天还得由爸爸背出，喂饭时背进，好让妈妈坐月子。幸好这正是初夏的天气，一会儿背着去汾河边，一会儿又上二龙山水渠边，又洗又晒，辛苦中却有浓浓的甘甜。

1968 年 12 月 22 日，毛泽东提出：知识青年到农村去，农村是广阔天地，在那里接受贫下中农的再教育，很有必要。潘多拉盒子里放出来的魔鬼收不回来，就给他们一个新去处。当年被认为大有作为的青年学生，此时已沦为再教育的对象。这次让青年学生“上山下乡”是有强制性的，不像以往只是号召性的。1966 年—1968 年毕业的初中、高中城市学生，失去留在城市的任何可能。这批人后来被称为“老三届”。从这年打头，这项政策一直持续到 1980 年才被终止。据统计，这 12 年“上山下乡”到农村和边疆的城市青年约占城市人口的十分之一左右。当年之所以这么做，一是缓解就业压力，一是想彻底结束红卫兵运动，釜底抽薪，消除这些青年因无法就业可能带来的麻烦。“文化大革命”已不欢迎他们了。这场运动也触及到我的亲属。这次“上山下乡”有 4 个方向，少数到解放军、到工厂、到职业学校，多数到农村。按家庭成分分配，黑五类子弟一律去农村。小侄女朵进民（1951 年生）因她父亲还在牛棚，理应去农村。根据以往的经验，这些青年没有返城的希望。不知大侄女碰到什么问题，早把小侄女从学校转出去，把户口又挪到她家中，侥幸没有去农村。我的大外甥女陈海文（1950 年生），因“成分好，表现好”，就去了部队，到甘肃省灵台县的万宝川，在林建师务林。这一去直到 1978 年才从林场走出，已经是 28 岁了，在华亭县商业局做了几年售货员，1981 年又调到白银市。海文儿时好学，思想上进，我姐姐认定是块好料，准备往大学攻读，一阵狂风卷来，梦想彻底破灭。这场运动使千百万青年不由自主地改变了他们的整个人生，失去了学习机会和青春年华。说实在的，他们是“文革”初期被广泛动员和利用的基层力量，这就是所谓的“红卫兵”和“红小兵”。大部分人因幼稚和狂热跟着别人做过错事，更有一批是做尽“打、砸、抢、抄、抓”等罪恶事情的坏分子，血债不少。到了这个时候，这些人的狂躁依然不减，以他们的卑劣和无知，还把运动初期那套动乱的行为带到了相对平静的农村，演绎着一个个哭笑不得的“阶级斗争”故事。“文革”以后，还是这些人抱怨毛泽东毁了他们的一生，可他们从不站出来忏悔一下他们曾经毁掉了多少无辜的家庭，摧残过多少无辜教师，直接或间接地断送了多少人的性命，更有那数不尽的古迹和文物毁在他们手里。

激情的下乡青年

侄女春圃、外甥女海文（左一）（2008 年 9 月）

文革已经折腾了三年多，城乡还在武斗。红卫兵下乡已经使这批青年开始品尝他们自己酿造的苦酒，可全国人民也在看不到底的深渊里苦苦挣扎。自打 1961 年开始，城市职工已有 8 年不调工资，物价不断攀升，人口在自然增长，生产几近瘫痪，供应越来越差。城市的副食供应，除了最基本的肉油，全靠发给每人的副食券，这是空头票，有货则凭票定量供应，无货则年终作废。中国大地，苦难过去才几年，新的饥饿又在频频招手。从 1966 年起学校已经三年不招生了，被运动折磨不堪的教师们无所事事。不知怎么的，就像来了传染病那样，一夜之间大院的人们心照不宣地要亲近生活了，而且是那样的炽热。部分教师先开始自己动手改变自己的家居环境，那时，住房都是分配的，面积很小，室内陈设破旧，千篇一律，一床一柜，一桌两凳，墙上是领袖大相，桌上是暖瓶茶缸。不久，他们展示了自己利用废旧和小块木料设计、制作的家具，有立柜，有台桌，还有各式沙发等，样式新颖，美观大方。一时间成了热仿的对象。这些教师也成了热门把式，也替别人做，手工越来越精巧，惹得木工房的师傅也去观摩。还有一些年轻教师，利用购来的等外品元器件，焊收音机，越玩越高级，收台的分辨率也越来越高，竟然能调到国外电台（为这事，他们吃了政治审查的苦头）。手工制作的外形不怎么样，可收音播音质量很高。其中一些人后来走上了机电专家一行，成了我国有名气的电测非电量专家。记得有位教师制作了一个“骑驴式”放大器，大概是把两级放大的元件驾在一起，形象地比作骑驴。又把一个 12 寸扬声器拧到双人床板下面，整个床底下收拾成混响室。开关一打开，一个低沉的声音从床间传出，房间里缭绕，好似几百里以外的闷雷在低咏。全套装置都是废旧品，不足 20 元。他爱人说“自从安装了这骑驴放大器，失眠症缓解了不少”，可能有催眠效应。住平房的教师也可以养鸡来改善生活。那个年代，有孩子的家庭，鸡蛋是重要副食，可政府的每月供应中除去 250 克猪肉和 150 克油，其他副食均不供应。鸡蛋要到自由市场去买，又少又贵。有条件的就自己养鸡，养鸡要多养母鸡才能多下蛋，可买雏鸡的时候怎么识别雌雏与雄雏？有一位家属买了十只，长大后竟有九只是公鸡。可有几位教师练就了挑选母鸡的功夫，从走势和吃相就能判断是公是母，八九不离十。每次河北省的鸡贩子一来，家属们就请这几位“大师”代劳，鸡贩子见他们一前一后地到来，感到大势不妙，但想走也走不了，实在无奈，最后将挑剩下的小公鸡挪到别处去兜售。还有一些教师以流水作业制作手提琴，材料是从太原木材厂的废料中便宜买来的。这些教师想培养孩子有一技之长，扩大将来生存的门路。太原手提琴早已脱销，而且买不起，只好自己做。反复探索，终于制作出了音质颇佳、外形独特的手提琴。提琴把是空心的，把尾是张口的龙头，用玻璃球做成眼珠，玻璃纤维做成胡须。恰好在中国共产党的生日庆祝会上大展风采，惊动了山西省歌舞团，因为他们也买不到提琴，于是双方达成协议，一把提琴培养一个孩子。后来，有些孩子凭这点功底参加了山西驻军的文艺兵（真是立竿见影）。有趣的是有一个孩子的父亲张拯人被定为“反动官僚家庭”出身，夫妻还双双在劳改队中，在驻军政工系统对入伍孩子政审时，发现这是一个革命军人家庭，祖父是策动云南起义的有功将领，中将军衔，1955 年才退役，现在云南省参事室工作。于是，决定接收孩子入伍，并协助把家庭成分改正过来。真是：父亲做琴助儿子，儿子参军济父亲（出了劳改队）。还有一个例子堪称传奇。教师王峻也是在洪洞农场农闲无事，自学练起了针灸，给农民扎针，竟扎出了名气。周围几十里的农村吹得很神，一般头痛脑热不在话下，脸受风、肩肘炎都是一把抓，尤其校内一些瘫痪病人，扎针之后症状大为减轻。他一不收钱二不收礼，妙手普济，以此为乐。他已年过四十，家属和孩子在河南，还住在单身宿舍。空床就是病床，每天在楼道内排队看病的农民不少，忙得不可开交。明知“大夫”不收礼，还是抱着鸡、提着蛋以表心意。后来有人提醒他“这是违法行医，出了事就要坐牢”。他醒了过来，把一些大病号做了安顿之后，便贴出“回家探亲”的告示，自己暂回河南，这才解脱。学校恢复以后，他常出国做技术谈判，随身带着银针，给老外也扎几下，算是“银针外交”。提起往事，哑然一笑。斯人于 2008 年去世，享年七十七。还有相当一部分教工是两地分居，这才是回家团聚的好日子，他们也不会闲呆着。我们还有一些教师，家有孩子但住房面积不过 8～10 平方米，住在楼上，无条件养鸡，只好每隔几天就走到 20～60 里的农村找鸡蛋。碰上运气还能买点肉。那几年因批判“三自一包”（自留地、自由市场、自负盈亏及包产到户），在农村“割资本主义尾巴”，取消了自由市场，城市买不到鸡蛋，到农村去，也不敢张扬，是在农民家中偷着买。太机大院里广泛传言：“说人家老师们只会耍嘴皮，啥都不会干。其实不是这样的。你看，他们干啥像啥，做的家俱连匠人也佩服。”时光就这样流走了，可也展现了人们为了生存自强不息的一个侧面。对这种现象绝不能说成是玩物丧志，而是失去了人生目标后一种短暂的生活回归。

“黄粱一梦”和“南柯一梦”是我国广为流传的寓言故事，说的是落魄书生一个在客店，一个在槐树蚂蚁洞旁做了一生经历富贵的“美梦”，一觉醒来，还是困顿在原地，时间好像凝固未动，环境仍然照旧。现在，我们好像也在做梦，对老百姓来讲，文化大革命确实是一场正在做的“梦”，人斗人，斗个不停，打砸抢，愈演愈烈。阶级斗争早已不是历史发展的动力，而是一次次的煽动和破坏，根本不是什么“立在其中”。有朝一日梦要结束，那就不是一切照旧，若把文明和物质的损失用时间来衡量，时间就朝着天地洪荒倒着走了说不清的年份。折腾来折腾去，对百姓说来还是温饱要紧，要挣扎着活下来，谁能漠视它？说它是这场运动的侧面，其实这才是直对人生的正面。《易经》上有“天行健，君子以自强不息；地势坤，君子以厚德载物”，诚然！这是中华民族韧性的一种写照。

在这走向混沌的年份，人们的是非观已受到很大的挑战。比如，有的人把同伴们的长期生活帮助说成是对他的思想腐蚀。又如教师努力教学，被说成是拼命灌输封、资、修；把严格要求学生，说成是卡工人农民子弟；把放弃国外优厚生活回国参加祖国建设，说成妄想走资本主义。最大的是非颠倒要数颠倒“忠”与“奸”。记得那是1967年，江青集团的干将戚本禹在党刊《红旗》上发表了一篇论历史上清官的文章，结论是清官极力维护封建王朝，阻碍历史发展，而贪官是腐蚀王朝，使其加速灭亡，因此两相比较，清官的危害更大。此论可谓惊世骇俗，势在颠覆所有的历史。背后若无人指使，区区一个刀笔吏怎敢犯这种大忌，《红旗》也不敢刊登。那年头，正是红卫兵猖獗的时节，一时间国内挖古墓的事件迭起，连人民保护了几百年的西湖岳飞墓、合肥包拯墓、北京袁崇焕墓等也被挖尸弃骨。连辛亥革命英雄秋瑾的墓也未免于难，挖出遗骨，弃之湖中；张之洞的尸骨被吊在树上示众，康有为的尸骨被拖在地上游行。

这就使我联想到另一件见怪不怪的事。那是1965年秋天，一位基础课老师不辞辛苦，晚上到学生宿舍为一个学生补课。因为次日要继续授课，课前辅导一下，在我们看来这位老师极负爱心又很尽责。可是他前脚走出宿舍，后面就有年级辅导员指出，这是“资产阶级顽强地向无产阶级争夺接班人”。按照这个逻辑，应该是混饭吃的老师比敬业的老师好，因为他“不争夺接班人”。这也是一种颠倒。在这种黑白颠倒的指引下，“文革”中就出现许多严格要求学生的老师被学生打入劳改队。那些课文讲得浅，作业留得少，分数给得高的老师反而逍遥自在，乐得在家里做饭逗孩子。一些平时学得好的学生，在班上也抬不起头，因为他受“毒”太深。可是实用主义又使学生前后矛盾，有的学生因感“文革”中胡闹了好久，眼下又面临毕业，可专业课程一点没有学。这时，他们便忘了“中毒”，专找那些被批斗的老师上课。仍是那付居高临下的面孔，说是要他参加“复课闹革命”，学生帮他继续“斗私、批修”。然而，这些老师知道这是黄鼠狼给鸡拜年，不会有好心肠，他们已不是“文革”初期的耗子，现在已胆大到可以玩猫了！他们“热情地”答应上课（免得又挨斗）并“积极”备课。但在上课时却大段大段地背诵毛泽东的《实践论》、《矛盾论》和《毛主席语录》，“检查”自己的唯心主义教学实践（主动批判）。专业课内容只涉及皮毛（免得被抓辫子）。这时，谁胆敢不让应用毛泽东的著作，学生明知上当却无可奈何。师生关系已滑落到这等地步，还赖在学校有什么劲头！下决心走吧，可又到哪儿去呢？遍地依旧是烽火。

我陷入了深思：看来反右以后的认识和经验都不能保护自己。做党的驯服工具，我已经够驯服的了，做事情，我也够认真、够玩命的了！“尽吾志而无悔焉”，这是对良心说的，解决不了生存现实。我逐渐清晰地感觉到，学校不是久留之地，这对我们不啻是火坑。解放后，学校是各种政治斗争的实验场，教师都是牺牲品。农村的“四清”运动，也要把学校搭进去。“文革”中有大批的学校停办，生存下的也是半死不活。农业学校去了农村，石油学校去了油田，水利学校去了大坝，文科大学大量关闭，社会又出现了像黄帅，白字先生张铁生这样的“反潮流英雄”。毛泽东断言学校是资产阶级的阵地、“池浅王八多”，培养出来的是资产阶级的知识分子。显然，他要办的“新学校”，绝对不会依靠如今的知识分子。明摆着的是，让学校逐渐远离学术，成为意识形态斗争和政治斗争的演练场。今后怎么办？古时候提倡“达则兼济天下，穷则独善其身”，顺利的时候可施展治国牧民的抱负，逆境的时候修身养性，以儒道兼济的功夫完善自己，“慎其独也”。这是有独立人格的知识分子可为之道。孔子不用于鲁，就可去列国周游，我们有什么独立人格？户口、工资、档案、粮票、油票、肉票、布票、副食券、购物券……把你牢牢地捆在这小块土地上，寸步难移，人不作驯服工具能行吗？保持一个良知的独立人格多难啊！

第十三章

是祸难躲

那是1969年冬天，我们一系教工在郊区黄寨大队挖河道刚刚回校不久，大家正准备过冬，"一打三反"运动开始了。"一打"是"打击现行反革命分子"，"三反"是"反贪污、反浪费、反对官僚主义"。根据所谓"一分为二"的哲学，资产阶级在不断衍生，新生的反革命分子时时隐藏在革命队伍中，他们打着红旗反红旗，人们难得识破，必须不断地深挖。一次"文革"远远不够，还要世世代代地挖下去。这套"继续革命的理论"在"文革"中达到顶峰，是一场场腥风血雨啊！群众除了心悸，再就是无奈。悲剧就在于人群中有那么一些人，仗着这套理论想着法子残害同类。运动是在总后5915部队和后字495部队驻校军宣队领导下进行。他们伙同校内一部分人，在极"左"思想指导下，以残酷斗争的方式给群众和干部罗织罪名，大搞逼、供、信，制造了大批冤、假、错案。像这样一个不大的新学校，就有近百个"反革命疑犯"被隔离审查，许多人被无辜投入监狱，两人被迫致死，还有大批群众受到诬陷和冲击，校园里风声鹤唳。我妻子曹占英便是第一个受害者。

一天傍晚，我在和邻居挖菜窖，妻子教研室的人来找她，因为她去批判组上班还没有回来，他就急忙告诉我：早晨学习（1970年）元旦社论时，曹占英漫不经心地在桌上涂了许多字，有些字被人有意勉强串成"反标"，军宣队正在查，要曹占英仔细想一想。说了就走。人刚走，曹占英就回来了。一问她，先是说没有写啥。再叫她想想，朦胧地记得曾拿起笔构思批判稿的内容。又想想，记得读元旦社论时无心听读，还想着漫画栏的题目，乱涂了一阵。她越想越不对头，这才紧张起来。曹占英先是兰州师范学校毕业的，作为小学教师的基本功，学会了弹琴和画画。毕业后分配到一个小学教书，由于很敬业，又担任少先队辅导员，得到很多表彰。1956年申请报考甘肃师范大学被批准，升入物理系。在校期间，漫画和乐器又有长进。“文革”期间，被军宣队召去办批判专栏，主要是配图。这使我想起1968年何源海副院长“反标”案，他是在大字报上不该打叉的名字上打了叉，第二天被发现，当即将何批斗后投进监狱，坐牢一年后释放出来。晚饭后我们夫妻俩想来想去，这场无端的灾祸可能躲不过去，因为有院长的先例在。果然，夜里11点左右，军宣队派人来召她。她走了以后，我一个小时一个小时地等到天亮。人没有回来，却有人来要她的衣服牙具，果然是坏事。我担心有人借此机会搞派性，特别是利用孩子弱小来做文章，达到不可告人的目的。儿子生下来就爱得病，因此取名“强”，就是希望他少生病，这时他正在感冒发烧。女儿可能是蛔虫病，闹肚子疼。曹占英疼孩子是有名的，如果有人利用孩子做文章，我怕她把持不住，就会被迫把别人害了。我顾不得什么了，决心先弄清反标实际情况。有几个晚上，等到孩子睡了以后，我分别到物理教研室几位老师家调查，根据他们讲的情况可归纳如下：那天上午学习《人民日报》1970年元旦社论，先读后讨论。读的时候，曹占英因构思大批判专栏漫画，拿笔在桌子上随意写画，等到社论读完，就起身离去。讨论时由别人坐在曹占英的位置上，也是无意中欣赏那些乱涂的字和画，其中有两组字比较显眼，左前方是“消灭了”，右前方是“林副统帅”，中间还有一些零星的画和字。这位老师多了一份心思，觉得连起来的意思不太好，就想擦掉。这下引来好几个人，其中有位“心红眼亮”的米某不同意擦掉，去报告了军宣队。这个时候，学校正在动员开展“一打三反”运动，但高潮一直掀不起来，军宣队正在寻找机会，这不，猎物终于到手了。他们饥不择食，不经仔细斟酌，便立案审查。只要稍微慎重一点，这个“反标”是绝难成立的。首先，两组字一左一右，相隔甚远，中间还有其他笔划。否则，只要展开那天的社论，把上面所有正面的和负面的词对应地连起来，那该有多少反标？其次，这两组字若从左到右连起来，则文法不通，反之则全是正面的意思。其三，有意写反标也不会在这种场合。我心里有了底，就在家等结果。岂料，就这么简单的事，却把人隔离了20多天，估计还在作什么文章。于是打听到她隔离的地方后，背着孩子去找，看守的人不让我进去，我就大声争辩，让她知道我们都很好，别担心。后来得知，曹占英调来的时间不长，群众中没有留下什么把柄，档案里除了简历，就是几件表彰的证件（在送往市公安局的档案中这些证件全被烧了）。唯一可抓的是她出生地主家庭，除了“反动的阶级本性”，没有其他现行活动，怎么借此把运动掀起来成了难题。这时，军宣队的矛头又指向了我，查丈夫的情况。我去找她的时候，正在让她交代我的“反动”言行。我所在的自动武器教研室也跟着倒了霉，有人安排我去参加一次审查会，会上让我发言，命题是如何与妻子划清界限。我只说了“反标”并没搞清，再说曹占英还在审查中。揭发大会一下冷了场。会后，军宣队不客气地整治了教研室的人，逼迫他们一个一个地站起来表态，直到承认“朵英贤是反革命”为止。然后写大字报揭发，再让我去看。不看则已，一看反而壮了我的胆。大字报贴满了楼道两侧，张张骂得狗血淋头，但言之无物。举一个例子：略“最高指示”（每张大字报报头都有一条摘自《毛主席语录》的所谓“最高指示”）。

朵英贤（名字上打叉），你这个反革命分子，明明知道老婆是在你支使下写了恶毒攻击无产阶级司令部林副统帅的反标，你却躲在后面，还要伺机反扑，你的狐狸尾巴早已攥在革命群众手里，跑是跑不掉的，你若迷途知返，还能留一条小命，如若不然，革命群众绝不客气，将你毫不费力地打翻在地，再踏上一万只脚，永世不得翻身!!!

虽然这种大字报骂得好凶，但对我毫无压力。显然这是强势逼迫下应付过关的一种方法。教研室为我受难了。

春节过后的某一天，批斗曹占英的大会终于在露天会场召开了。那天，空中还飘着雪花。我抱着两个孩子被安排在会场前几排中间。只听一声“把反革命分子曹占英揪上来”，话尤未了，几个彪形大汉就将曹占英反剪双臂，摁着脖颈，身子压得不能再低了，（她有类风湿关节炎，怎么能承受得了!）趔趄着进了会场。这些大汉都是和曹占英同一个基础部的年轻教师，平日里还是有说有笑的同事，可今天一夜之间好像变成了野兽。他们的爪子下拨弄着一只猎物，按头的，扭胳膊的，抓肩膀的，还有推腰的，甚怕到手的猎物仍不驯顺。大会进入批判，那些发言者歇斯底里地大声念稿，时不时“怒不可遏”，上前把“猎物”的头发揪住用力摇晃。两个孩子已吓得闭上了眼睛，头埋在我的怀里。这种批斗会，“犯人”只是个道具，不准申辩，会前就被警告不得反抗。也有“顽固”的，那就用纱布把嘴塞住。我作为丈夫，眼睁睁地看着妻子受罪，却无能为力，连一个家庭妇女都不如！记得那是 1966 年秋天，造反派批判修正主义路线，把主管科研的何源海副院长拉来批斗，全身挂满了白纸带，上面写满标语，让他站在课桌上。这时，外语教研室的一位剃平头戴眼镜的年轻教师，拎着墨汁罐，拿着毛笔，在何的脸上涂抹，表示“斗黑帮”。还没有开始批判，老人紧张得虚脱，突然从桌上翻了下来。人已经不能动弹，旁边的大汉们还在大喝“这家伙装死”。这时，一位年轻女医生拿着听诊器从人群中走来，我想，这一下何院长有救了，只要她说一声“到医务室检查”就行。不料她把听诊器一收，就吐了两个字“没事”，转身回到原位。大汉们立即把人提起来，准备再斗时，何的妻子死命地护住了丈夫，一面撕开喉咙唤来儿子，用劳改队的平板车把老人拉走了。而现在，我一个男子汉竟不如一个妇女勇敢，一种内疚感像刀子一样扎在心头！朦胧间声讨已完，随着一声“押下去”，妻子被推出会场，直接上了市公安局派来的囚车。这时，主席台后面端坐的军宣队长（牛姓）和军宣队政委（郭姓）就移到前台作动员报告。他们讲了些什么没有听进去，我的心已随着囚车走了，两个吓坏的孩子紧紧地抓住我的前胸不放，我一阵茫然。但在心里还没有忘记这两位军人是解放军的光辉代表，一身军装，那表明是人民的保护神啊！可万万没想到他们竟然在明明知道的假反标上布下阵势，大做文章。几十天来，白天黑夜轮番对一个年轻女教师、两个幼儿的母亲无止境地批斗、攻心，连带着各种侮辱，甚至临上囚车前进一步掀起恐怖。靠制造恐怖来推动政治运动，值得吗？这还是一个高等学府，人的兽性何至于此！我是弱者，只能认命。等我清醒过来，抱起两个孩子回家时，雪已经下得很大了，会场里已空无一人，只有看守的学生在旁。

儿女合照（落难前四月，后为彭福桃）

人到了监狱，名声虽说不好听，但中止了校内大大小小无休止的批斗。次日，外语教研室的一位看守人来跟我结算曹占英被隔离期间的伙食账。从退回的粮票来计算，曹占英每天以一两粮食度日，连吓带愁无心下咽，可见把一个女人整到什么程度，人性何在？我和曹占英是经好友介绍于1961年在北京结婚，那时她在甘肃平凉师专任教。1962 年 5 月生下一女，由于月份不足，母奶不够，加上当时食品供应紧张，这孩子到 1963 年夏天还不能坐立，也不会说话，一场感冒转成肺炎夺走了小命。此后，她很悲观，说：“我们可能要失去做父母的权利了！”我说：“为什么?”“生了一个，已经作孽，如果再生，还不是再作孽！”这样，我们决定，国家困难不过去，或者两地分居不结束，就不再生孩子。直到 1966 年初，她调到太原机械学院（中北大学前身），才决定要孩子。“文革”初期，由于没有意识到山雨欲来，得罪了学生并受到惩罚，才使我冷静下来，惶惑之中“过日子”的心思一下涌上心头。那样功高的元勋，被斗得死去活来，我们老百姓又弄不清什么“两个司令部”，蹦来蹦去还不是陪杀场。于是心思一下转到不足 8 平米的居室。挂上新窗帘，换上日光灯，买架缝纫机……两人的家庭负担重，曹占英能吃苦，手勤快，渐渐能给大人小孩织毛衣，进商店就买减价布头，回家剪裁做衣服，我们很少买现成的衣服。我也不闲着，手工做些吃杂粮的工具，铁丝编编马扎，隔上几天背上布兜到几十公里路外的农村买些孩子吃的鸡蛋，或者去附近的寒泉捞虾米。虽然，太原市的供应越来越紧张，生活紧紧巴巴，只要老天爷不降灾，日子倒也过得比单身丰富些。好景不长，老天虽然没降灾，人祸却撞进了家门。这不，刚刚生下两个孩子，满想着过一过团圆的家庭生活，这突如其来的灾难，彻底打碎了自己编织的美梦。至此，我家已惨遭夫妻分离，母子分离，今后的命运实难想像！

在此，要略微说一下“文革”中的“三支两军”。1967 年元月上旬，上海造反派夺取了上海市委、市政府的党政领导权利。以所谓上海“一月风暴”为标志，“文化大革命”进入了“全面夺权”阶段。此后，夺权之风迅速蔓延全国，在各省市掀起了一场由造反派篡夺党和政府权利的狂暴行动。为了夺取各级党政的领导权，各群众组织之间展开了激烈的派性斗争，全国处于“打倒一切”、“全面内战”的混乱局面，公安、检察、法院等机关基本失去作用，工矿企业停产或半停产，也影响到农业生产，武斗成风，局势已很难控制。毛泽东决定人民解放军正式介入“文化大革命”，执行“三支两军”任务。

“三支两军”是“支左、支农、支工、军管、军训”的简称。“支左”即支持“革命左派”，支持“文化大革命”，说到底就是支持造反派夺取，巩固已夺取的政权。“支农”就是支持农业生产。因“大民主”、“大串联”和武斗之风已迅速蔓延到农村，一些地区的农民参与夺权斗争，打派仗，影响了农业生产，解放军要协助驻地人民公社抓好生产。“支工”即支持工业生产。

“文革”开始，就给工业生产带来严重危机，许多地方厂矿、企业已处于停产停工状态，工人分成两派只顾缠斗，全国工业生产出现急速下降，解放军要大力支援地方，支持工业生产。“军管”即军事管制，是针对当时混乱局面，对一些特殊部门（如边防、要道、要害部门、民航等）实行军事管制，以避免更大损失。“军训”就是对大学、中学实行军事训练，是“文化大革命”教育革命的一项重要内容。将解放军严密的组织性、纪律性灌输于学校的教学工作，稳定教学秩序，防止更大的混乱。从 1967 年 3 月开始到 1972 年 8 月结束“三支两军”，全军共派出数百万解放军干部战士，完成了“三支两军”任务，对稳定全国局势，维护社会安定，做出了一定贡献。但解放军付出的代价异常沉重。

“三支两军”是在特定历史条件下采取的非常措施，是在“文化大革命”的错误理论、错误方针下进行的。它的首要任务是“支左”，就是说既要支持那些动乱的制造者，又要维护社会安定，目标和行为相互冲突。“支左”过程中，军宣队自己不由得也陷入派性，使之处于非常被动的局面。特别是林彪江青反革命集团十分猖獗，利用“支左”来达到他们各自的阴谋。所以，像高等学府被指为资产阶级的阵地、“池浅王八多”的地方，他们会忠实地执行极“左”政策，残酷迫害教师是情理之中的事。一位劳动队的教师发了高烧向我请假，我亲耳听见一位年轻的解放军支左队员狠狠地说了一句：“这种人死一个少一个，看啥病！”为什么同类之间如此仇恨？原来他们是来清理“王八”的。就全国来讲，解放军的形象已受到了严重损害，坦率地说，解放军也是受害者。

第十四章

再显中世纪

妻子被抓走后，我便成了一系开展运动的敲门砖。首先是打压态度，全系近千人的大会，声势浩大，按照惯例，先把我押进会场，然后个个上台“批判”。是我老婆写了你们捏造的“反标”，人也被抓进监狱，我又没有写，凭什么斗我？胸中升起了无名的火。我不顾大汉在旁，直起腰，仰起头，大喊一声“（批的内容）全是假的”。会场顿时混乱，批斗会被搅荒了。我立即被揪到隔壁小屋，用拳脚整治了我的态度。但自那以后他们再也不敢开大会。白天让我在家看孩子，晚上开小会批斗。儿子的病一直拖着，每次我被带走后，监视的学生认为这是“狗崽”，就不按嘱咐喂药。等到半夜回来，两个孩子吓得一直蒙在被子里，屎尿糊成一片，扒在我身上不下来，一左一右搂到天亮。

为什么要打压我的态度？每次审讯，审讯者先是要我与“反革命”妻子划清界限，要揭发她，立功赎罪。我则要求看一看曹占英的“反标”，以了解真实情况后义无反顾地大义灭亲。这样，批斗一开头就顶牛了。他们说“你这是不相信解放军，再坚持就是反对解放军”，“解放军是伟大领袖毛主席缔造的，林副统帅亲自指挥的，你知道坚持下去是什么后果？”每一次重复到这里，因为投鼠忌器，便以沉默对待。但也对军宣队一伙人心存侥幸，总认为他们也是人，尤其是解放军的代表，只要是人总有一点善心吧，已经冤枉了一个女人，残酷批斗，又投入监狱，总不会再株连全家吧？该亮亮“黄牌”啊！事实并非如此，他们大权在握，既然冤枉了一个人，那么你全家也得服服帖帖，认罪服罪。这时我想起了一则寓言：在上游饮水的狼看见一只小羊正在下游饮水，为了“正当”地吃掉小羊，就说小羊把水搅浑了，害得它不能喝水。小羊争辩说自己在下游啊！于是狼恼羞成怒，“你敢反驳我，就是大逆不道”，于是扑向小羊。这种逻辑在霸道的环境中一点也不算稀奇。

我到底造了什么孽，现在得到这样的报应？人到了这步田地，就要胡思乱想起来。噢，是了！那是 1969 年冬季的一天，我正在三楼阳台上干活，一只小鸽子被一只鹞鹰追急了，直朝阳台冲下来。鹞鹰飞走了，可鸽子摔得半死。我本能地捡了起来，看看还活着，就留下养起来，想让两个孩子逗着玩。又怕鸽子飞掉，就把翅膀剪短。可这只鸽子就是驯不服，整天缩在床底下不出来，喂食也不吃，孩子们设法摸摸牠，它就用嘴叼。我想，玩也玩不成，不如宰了吃掉，就三下五除二收拾下了锅。可惜一条小命没有葬送给鹞鹰，却丧在自己想逃生的主人家手中。想来，这事做得非常可憎！现在，运动株连到一家人，不是报应是什么？我冷静地想了想，还是设法把孩子送回老家吧，多大的罪过我一个人承受。于是向军宣队打报告，请求批准让老家的人来把孩子领走，好让我专心参加政治运动。

来领孩子的是我姐姐，一位家庭妇女。进门以后四下找我，我就在她面前，她却认不得。我被打得鼻青脸肿，她哪里能认得出？我叫了声："姐姐，你来啦！"吓得她把背在背上的油瓶全掉在了地上，油淌了一地。她一下子扑在我的身上，哭着说："你犯了什么罪，打成这样？""祸是闯在曹占英的头上，人已进了监狱，他们不遂意，还要整我。"她看看凶神恶煞般监视的学生，又看看床上熟睡的孩子，一屋子的狼藉和臭气，大嚎起来："这已经是监狱啊！还有比这差的吗？"姐姐一到来，他们对我的审讯批斗更加凶残，她是有心脏病的人，天天以泪洗面，衣服前襟常常被擦得湿透，还要整理房间，为孩子洗涮屎尿，给他们做顿可口的饭菜。每当我被带走直到半夜回来时，她还紧张地等待着。押送的人一走，就急忙问我："他们还打吗？"我无言以对，只能沉默。这个时候我也有了挨打的经验。经常来传呼我的是年轻教师姚祥余，每次批斗结束，总让我在安静地方坐一会，直到不再流虚汗。有一次在路上，他告诉我："今晚有学生参加，因为你不认罪！"我立即明白这个暗示的含义，于是借故折回家中，设法防护。腿上改穿了毛裤又穿上棉裤和罩裤，脚上套了好几层袜子，上身除了毛衣、棉衣还加上棉大衣，还带上棉帽子，这样多少能保护一下，防止伤到骨头。谁要是先动手，就应声倒下，蜷作一团，任他们拳打脚踢。只可怜五官无法遮挡，鼻青脸肿，嘴唇撕裂，吃苦不少，难怪姐姐进门时认不出来。只要我不认"罪"，遭打无疑。这样下去，姐姐心脏病必会复发，那就更糟。我决定请军宣队派人把她和两个孩子送到大同，再送上火车，然后给兰州第十中学的哥哥打电报派人接站。我明知哥哥关在"牛棚"中，但别无选择。开始姐姐想多住一段时间，冷静想想后，同意了。临走，我就跟姐姐说："我过去过于贪工作，对母亲没有尽过义务，母亲最疼我。结婚也迟，34 岁以后才有了孩子，不曾想祸福不由人，又要拖累亲人。孩子有你带走，我一百个放心。你们走后由我一个人全力对付祸患!"她抱着一个孩子，又牵着一个孩子刚要跨出房门，又有所思地回过身来，眼睛牢牢地盯着我："弟弟，我要叮咛一句才能放心地走。苦难再大也要撑住，千万不可寻短见（指自尽）。兰州寻短见的人不少，不但没有人同情，还说他'自绝于人民'，把家属害了，成了反革命家属、反革命后代，可怜啊!"见我坚定地点了头，哽咽着走了。

与姐姐（63 岁）在一起（1985 年春）

至今，我很感激 14 教研室两位青年教师，他们妥善地将姑侄三个送往大同，第二天又送上去兰州的火车。可事情没有那么简单，孩子到了兰州以后就遭到拒绝，姐姐是个家庭妇女，已没有自主权。我估计，外甥们要划清政治界限，在淫威面前他们决意割断亲情。姐姐遇到了两难，因为姐姐在临别时明确要我放心："因为你在自己很困难的时候拉扯外甥们，大家都会疼爱孩子。"这时我已囚进了"毛泽东思想学习班"，昼夜被轮翻审讯，哪里顾得上？只有对可怜的孩子深深内疚，听天由命了。所幸，关在"牛棚"中的哥哥随后也来了信，说是孩子已"妥善"安排，要我"积极学习，过好社会主义这一关"。后来才知道，哥哥知道姐姐的处境后，请假走出"牛棚"，果断地将我女儿送往永靖县乡下，由患有肺气肿的嫂嫂照顾，儿子被送到一位 60 多岁的五保户老太太处，老人孑然一身，是一位虔诚的佛教徒。由于两个孩子是在惊吓中离开父母的，生活环境变化又如此之大，成了名副其实的落难者。他们经常患病，太原——兰州之间我没有少跑，到 1973 年我调回兰州，照顾孩子是主要原因。

在“牛棚”旧址

孩子一走，他们便放手地整我，先把我送到“毛泽东思想学习班”，是关押“牛鬼神蛇”的地方，简称“牛棚”。这是一栋四层楼房，门庭正中放着毛泽东的大像，好一副“慈祥”的外表，每天在这里还要向他低头弯腰，做“早请示”、“晚汇报”。平时非常敬仰的领袖在我的心中已是可怕的地煞神。这场运动是他发动的，红卫兵无法无天是他怂恿的，“池浅王八多”是他教唆的，他是这场祸乱的始作俑者！里面的房间都是专政对象的审查室，是另一种气氛。我的住房在最西边靠南，审讯、吃饭、休息三位一体。说是“学习班”，实为拷问室。审讯者轮流换班，被审讯者则昼夜不得休息，还被随意拷打。特别是晚上，不时传出嚎叫声和求饶声。后来二系的季昌炎老师实在受不了摧残，从楼上跳了下去，算是彻底解脱了。我的问题已经是秃子头上的虱子——明摆着，“主犯”是妻子，已经进牢，对我主要是打我的态度。我调查过“反标”的几家已经向军宣队交代了，但隔离中的我不知情况，还在不惜代价地守口如瓶，怕连累他们。军宣队还想较劲，可群众已没有劲头了，我已是一个没有用的靶子。几位看守我的人经常给我暗示，特别是轮到学生来审讯时，还事先给我打个招呼。快要毕业的学生，为了从军宣队那里获得一个好的毕业分配，破案心切，在对象身上不择手段，这就苦了审查对象。有一天看守带着我去大楼看大字报，那几家用大字报“揭发”了我去找他们落实“反标”的情况。原来他们早交代了，我还撑着干吗？当晚就向军宣队承认了，次日在大楼内张出大幅标语“朵英贤彻底投降了，”以示他们的胜利。从此，审讯停止了。在“牛棚”结业那天，袁德朋受命来宣布对我的处理结果：敌我矛盾，按人民内部处理。笑话！照此处理结果，还得“谢主隆恩”呢。

1970年7月，原国防科学技术委员会所属八所高等院校，分别划归第二、三、四、五、六机械工业部领导，太原机械学院隶属第五机械工业部。在林彪反革命干将邱会作的操纵下，1970年7月五机部军管会决定太原机械学院停办，改为国营红旗光学仪器厂，生产军用光学仪器。改厂初期，由驻校军宣队主持领导工作。学校改为工厂以后，开始人事大调整，新的工厂把原太原机械学院家庭成分为红五类的教师和专业适合的教师留下，然后由北京工业学院和南京炮兵工程学院调走一部分教师，还有部分教师因两地分居及其他实际问题离开，最后剩下280多位教师因成分（黑五类）及“现行反革命”、“历史反革命”、“反动学术权威”、“反革命家属”、“严重政治问题”、“牛棚”中正在审查等等情况，编入“待调连”。这些人因暂时没有去向，为工厂干杂活，我们这些劳动队员也属待调连。不是说高等学校“池浅王八多么”，这280多人就该是淘出来的“王八”。“王八”这个词很不雅，骂人时不是有“王八蛋”一词吗？于是有人就取了一个双关的名称——“烂西红柿”，意思是好西红柿走了，留下的是烂的。好的能一直好下去吗？在这一贯的政策下，迟早也会烂的。为了保存自动武器专业，该教研室大部分教师也调入南京炮兵工程学院。顺便说一下，如果没有这280多位“烂西红柿”，就不会有1978年太原机械学院的重建，就没有中北大学的今天。那些“烂西红柿”原来都是受伤的精英！知识分子的历史这么荒唐可笑，像面团一样任人揉来捏去。平时利用他们教书，政治运动一来，他们也有新的用场，成了挨整的对象，几年之间就能经历一次轮回。

按“一打三反”运动的要求，运动进入清理阶级队伍和整党阶段。那时我刚刚走出“牛棚”，却迎来了一批待清理的新学员。因为我没有资格参加整党，便去劳动。1971年9月，有人告诉我一个好消息：林彪摔死在蒙古了。起初将信将疑，到了月底这个消息已在基层传达。我的“案子”是犯在林彪头上的，他摔死了，我该得救了。高兴溢于言表，天天在盼着曹占英的处理结果。我想，好的结果是整错人了，平反道歉。差的结果是无罪释放，因为各级领导向来是“一贯正确”，没有认错的习惯，尽管他们亲手做了错事，坑害了无辜，从来不会道歉，说这是为了“维护”党的威信。对待冤案有一句通用托词：“事出有因，查无实据。”双方都一了百了，这也成了不断制造冤案的借口。快到年终时，判决终于盼来了，结论却是“攻击无产阶级司令部，现行反革命行为，送回原单位，群众监督劳动”。这太出人意料！据法院诡辩，曹占英犯案在先，林彪摔死在后，摔死前攻击他就是反革命。多么可怜又骄横的诡辩啊。曹占英还是被送到了洪洞农场劳动。我无比悲愤。“文革”中政法系统被一批蠢虫窃居要位，称他们“沐猴而冠”或“衣冠禽兽”毫不为过。无奈之下，我给周恩来总理写了一封诉状，设法投了出去，这是老百姓的最后一道天啊！总理就像那古代的女娲，“文革”以来，奋力而无奈地抢堵那防不胜防的祸害，哪能顾得上我们这些草民！

关于这个事件，我写得稍微多一点，但远远说不上详细，把人当作猎物来对待的场面一概略去，这些场面已经远离人性，不堪入目。至于曹占英在隔离审查中的批斗和在农场监督劳动中的磨难在这本书中也只字未提，难下笔啊！“一打三反”是全国性的，每个单位如此整人，家破人亡、妻离子散的在全国何止千万。是什么力量把人的兽性诱发得这么凶狠？群众的兽性又源自谁的兽性？始作俑者是谁？这是民族史上抹不去的羞耻和污点。在党的十一届三中全会上，叶剑英、李先念等领导人沉痛地回顾了“文革”造成的祸害。挨整的人超过1亿，被整死的（包括武斗致死）有2000多万人，经济损失是建国30年来总投资的2倍以上，使国家经济几近崩溃。这当然是很保守的估计。这种罪孽连国外的中世纪也相形见绌。

打我的人尤其是学生，我因心慌，哪能记得？可旁边还有不打的人，运动结束后处理“三种人”时，他们大部分来信，要我给他们证明没有打过我，我这才知道哪些人打了我。他们曾是我的学生，我一概去信作了无罪证明。中华民族长期以来曾是东方尊师重教的礼仪之邦，怎么一夜之间堕落成地狱了？在这场史无前例的浩劫中，无论是孟子的“性善论”，还是荀子的“性恶论”，都显得苍白无力。十多年的祸害，展现在人们面前的不仅有不少的好人，还有为数众多的恶人，他们的行为令人匪夷所思。例如，几个平时很高贵看似文弱的中学女生，竟然用皮带和钢丝将自己的老师、全国著名的女校长抽死，暴尸校园，而无人敢问。这还是天子脚下的北京啊！这类众多的恶人中，多数是教养而致之。更有不少人则是天生的恶人，有其天性的一面，在他们的基因里主要是兽性，有适合的环境就会发作，这从“反右”后的历次运动中能得到充分的证明。所谓“本性难移”是长期的社会实践所证明了的。“文革”十二年，好人坏人基本可以未盖棺就能论定。一切好心肠的人千万要提防“文革”中经常做坏事的那些人！

第十五章

忘我即菩提

1970年初，我从“牛棚”毕业了，经后勤处与一系协商，我被借到后勤处劳动。后来才知道，原来是一系的领导为了防止学生继续迫害我，不经讨论，把我指派到后勤处。从这以后，我基本上躲开了学生的锋芒。先到一系食堂种菜，我们共有7个人，由种菜工牛师傅管理。这7个人中有一位被打成反革命分子的老教师，有2个因反动言行未被分配的毕业生，剩下的都是年轻教师，也因各种政治问题不能参加系内整党建党活动。我和壮云龙被分配去掏粪、拉粪。粪源是各集体宿舍后面的粪池，粪车自备。我们修理好一辆架子车，安装上改造过的汽油筒，用布兜和粗钢丝做成一个盛粪斗，拴在一个足有二米长的柏树杆。为了能搅动沉淀较深的粪液，柏树杆足有七八公分粗。起初，粪池的气味很难闻，时间一久，也适应了，想一想劳模时传祥师傅的豪言壮语，我们有什么过不去的？从粪池到菜地有好长一段路，为了避开人行道，要绕过几个陡坡，路面又是凹凸不平的疙瘩石头。为了省力只装半筒，不曾想在拉动时里面的粪液前后晃动，冲击力很大。大壮驾辕我拉纤，一天下来，他的腰和胳膊非常酸痛，我的肩窝也被绳子挫肿。牛师傅这才告诉我们，粪筒要装满，装满后上坡虽然吃力，但不伤人了。两个月下来，一系食堂的菜地里一片绿油油，有洋白菜、茄子、萝卜、茄兰、柿子椒、西红柿等高产菜，还有一小片倒茬的小白菜。给食堂陆续提供数千斤蔬菜，还给一系教师每人一份。食堂管理主任一边给教师分菜，一边不断叨叨：“今年幸好有劳改人员，明年就没指望拉！”这是实话，菜圃本来就有人种地，年年种菜，连偷带私分，食堂没有收获。他们不会像劳改人员这么“敬业”，至少不会拉上近400桶大粪来给庄稼施肥。我们国家怎么把人养得这么懒散？可他们的红五类政治地位着实让我们羡慕，难道这不是新的八旗子弟？

夏收后，校园靠山坡的一片地要秋播。那时我在后勤处，便命我带领十几名女教师整地施肥，用土搅拌过的有机肥早已堆在一处，我们的任务是平整土地和撒肥料。这比掏粪种菜的活轻松多了。这些女教师来自各系和附中附小，都是因为政治问题不能上课堂，有几位的丈夫是右派，被派到洪洞县和文水县的校办农场去了。报到的时候，那种穿着真叫惨，破纱巾包头，罩一件旧披肩，松垮的裤子，破旧的胶鞋，手里提一把厨房里用的小锹，一付老练的劳动相，但仍然掩不住平日的秀美和靓丽。当行政上交代完任务，把领头劳动的我介绍给大家以后，本是一个个呆呆的眼神，瞬间起了变化，多少带着一种挑逗。打从牛棚毕业，我的眼睛也变得比以往敏感，女队员眼神的变化，我猜明白了，这是一种本能的防御，她们在各种劳动场合品尝过被另类相待的滋味。她们还有具体困难，多数人还有孩子在家，对领头的管理人员有很大的警惕性。“反革命分子曹占英的男人来管理，是福是祸？看你能坏到哪儿！”。我想，大家都是带着伤口谋求生存，我不会为了改善自己的处境往别人的伤口上撒盐。我们的处境都一样，我要保护自己，也要力所能及地不伤害别人。劳动几天后，便和大家有了一个不能明说的约定，上班下班必须在场，认真干活，中间休息时间可长可短，喂奶的、给上学的孩子做午饭的自己掌握时间。这种约定对有孩子在家的队员非常合适，她们也心领神会，在场的时候默默地认真干活。可没有孩子在家的队员就感到不平衡了，开始时，对我提意见，到后来，也跟着回家休息了。一时间地里没有干活的人。“唯小人与女人难养也！”是不是错误地批判了孔子，我心里也犯急，女人多了不好管，全是女的更难管，古人已有了结论。这样下去会耽误农时，只好采取“包产到人”的办法。好在土地比较零散，对有的人有意分得少点或离家近点，有的分得多点远点，一时来不及计较。再加上我和另外二人是机动劳力，就这样扳回了局面。气氛越来越好，她们还教给我玉米糊糊怎么作才好吃，捡剩下的菜怎么处理才能腌成过冬的菜，一个月供应的油只有150克，每天不过5克，怎么用酱油炸锅的办法将就，还能攒下过年的油，等等。这段日子总算有惊无险地挺过来了。

1970年冬，因太原机械学院停办改为工厂，要逐步修建新的厂房，大部分教学楼也要改建为厂房，需要大量施工材料。在剩下的教师（待调连）中抽调20多人组成劳动服务队，专供拉料。待调连中的人是“烂西红柿”，而这20多人算是最“烂”的，其中有一位60多岁的现行反革命，有好几位中年教师是背着严重政治问题，有好些年轻教师是因为反动言论或偷听敌台等。队长是最好的“烂西红柿”钱德，副队长是最差的“烂西红柿”我。一看就知道前者是监管的，我是带着干活的。也看得出来，钱耻于和我们为伍，我们劳动，他独自站在一旁，有时也做做样子。王文澜老教授已60多岁，被错打成反革命，数九寒天，就不给他发劳保大衣。那年寒冬腊月，风雪比往年大，温度比往年低。五辆卡车每天载着我们在30到50华里之间拉料，一天两趟，起早贪黑，不得休息。上料下料，满身是汗，汽车一开，冷风刺骨。我找到师母舒九英，要她给王老师缝个棉套。她从柜子里找出一件呢子短大衣，赶着缝上一个套头，算作一个护头不护身的劳保服，只好上料时用木料为他支一个避风窝。果然不出所料，身体本来虚弱的高文亭没过几天就发高烧40度。他是单身教师，专职实验室，是个老病号，在集体宿舍住。派人去请医生，可医务室值班大夫不愿为这种人出诊，只好由劳动队派人扶到医务室。我开始意识到以后更是不妙，这才是开始啊，这种高强度的劳动，病号会越来越多，单身汉们无人照顾，医生又是这种态度，会出人命的，得想个办法。我去找司机负责人王春泉，看看他们有没有善意。还没有诉说完，王司机就破口大骂队长钱德，他指出只要钱德不在，一切好办。原来，这每天的任务是钱德定的，一天跑两个来回司机们也累。我琢磨了好几天，决定去找钱德。我说："整党建党是一场政治思想教育，大家光劳动不学习也欠妥。"他说："这不好办。"两人商量来商量去，最后我出了主意："咱俩来个分工，你抓学习，我抓劳动。你每天不去劳动，只参加整建党会议，并把资料收集全，每天交到我手就完事，我在劳动间隙带领大家学习。"瞌睡遇着了枕头，真没想到他很快就答应了，还假惺惺地说："那你的担子太重了。"我说："没事，每晚我俩碰一次头。"钱德被支开，就由着五位司机师傅了，一天只一个来回，中午不回校，大家在学校的市区联络站休息，不惹眼，天快黑时拉着料返校。时间一长，司机们和队员们混熟了，他们对这批知识分子产生了很大的同情心。在他们的庇护下，顺顺当当地度过了寒冬，没有发生因劳动致残或致病的事故。一年多来，我和卡车司机们更结了缘，节假日，大嫂们不是打发孩子给我送来粽子，就是送来油炸米面糕，或者等在路口截到家中吃一顿。处处温暖处处情啊！

又到了1971年的春夏之交，我的任务是跟随泥瓦工师傅王秉臣为工厂各家修理厨房的锅灶。太原是出煤的城市，煤价又很便宜，市民普遍烧煤糕（煤砖）。因新调来的职工家属不少，住房调整很大，加上许多原职工家的炉灶也要维修，炉灶修理任务很重。我是小工，推着装有水泥和工具的独轮车，跟随师傅走家串户。起初，我的任务是清理旧炉灶，准备好砖料，拌好水泥，由师傅完成技术活，末了，抽支烟，喝杯茶，就试试火。顺利的话，一个上午能修好二家。最怕的是烟囱不抽气，堵了不怕，怕的是漏气，那得拆烟囱，找漏气口。因为任务太多，到后来我也上了手，还用热对流概念将炉膛形状作了改进，火势明显地旺。不料隔壁一家知道了，一定要我们把他的炉膛也照样改造一下。答应是答应了，师傅有点不高兴，说我闯了祸，“你这么一来，家属们都要改，很难对付。”果然被他说对了，天天晚上到后排家属房找“曹占英男人”的人陆续来了。自从曹占英被投进监狱后，我就成了反革命家属，校院内的家属就这么称呼我。大都是工人家属，这些家属对省点煤是计较的，我理解，再累也得去。给哪家改好了，哪家就欢天喜地。自从修炉灶以来，我经常面对的大致是三类家属。一类是教师家，女主人不大好意思，放下一壶水，一盒烟，客气几句就不再出来了。一类是高级干部家，尽管“走资派”和“资产阶级知识分子”同在受迫害，但她们还是泾渭分明，优越感挂在脸上，只管叫你修，水也不倒一杯。第三类是工人家庭，这一层的收入一般是每月30多元，妻子是家庭妇女，子女偏多。我惊奇地发现，这一层人对“文化大革命”早已厌倦了。社会上乱了这么多年，家中人口在增加，可十年来工资分文不调，他们的生活越来越差，大人小孩经常吃不饱，物质生存非常脆弱。学校内批判这批判那，基本不在意。“文革”中空闲时间很多，想挣点钱，政治环境又不容许。有些家属本来还能为本校双职工带孩子，现在学校停课，各家自己带，这些妇女就“失业”了。我一进屋，还是叫我“老师”。我去过一个锅炉工家，因掉了二角钱，妻子把家里翻腾了一个星期，肉铺少找了一分钱，跑上一公里到兰村硬是争了回来。你想想能省煤火的炉灶她不要吗？人生百态，处处都能见到。再后来，后勤处要我搞节煤开水炉，图纸是从天津弄来的。主要原理是把第一道烟囱冒出的烟导入一个包住开水锅炉的热腔内，减少了锅炉内外的温差，保温性能好，流到热腔底部的烟再被导入外部烟囱，煤的热量得到充分利用。但气道又弯又长，抽气阻力大，烟囱比传统开水炉几乎高了一倍。因为全是水泥活，我自己能动手做，大致是一个多月就搞出一个新锅炉。确实节煤，开水不但常有，节煤几乎有三分之一。但这个节水炉不受锅炉工欢迎，没有人愿意用。传统开水炉，一次性填煤烧开就完了，剩下的时间回家搞点其他副业，搞点收入。可节煤炉是慢慢地续火，一刻钟填一次，一上午离不开。王振新师傅把新式炉没能用起来的秘密告诉了我。按照马克思主义的观点，无产阶级是最支持生产力发展的，这件事情怎么解释？

这年秋天，我又奉命为工厂筹办粉条坊。红光厂已初具规模，工厂领导开始考虑为职工生活办点福利。新厂单身职工多，首要的是改进食堂饭食，紧要的是大量养猪，提高饮食水平。大量养猪就得办粉条坊，作粉条时主要的副产品——芡麸是猪能长膘的饲料。这样，我就近联系到兰村镇的粉条坊学习，边学习边筹办。这个粉条坊也是开办不久，请来的是几位河北省的粉条把式。这些把式只生产粉条，却不教技术，但有一批本地的辅助工，机械活瞒不住这些人，带点理化的活就能瞒得住，逼得兰村镇不得不长期高工资雇佣。我用了一个月的时间破解了“起缸”技术。原来，一只缸里装满了用40斤土豆磨碎的料，发酵到一定程度后另行稀释沉淀，掌握发酵的酸度很重要。把式们把地下十几只大缸一一用舌头尝一尝，然后，部分把式把别人带到别处去干活，另外的把式把发酵成熟的缸先加水稀释后，才命徒弟“起缸”。这时，你想舔一舔这些缸内的酸度，已没有用了。我见了好几次，就觉得这有啥难度，跑回学校化学实验室要了一大叠化学试纸，在把式们验缸前先把纸放进缸里，“起缸”的酸度立马知道了，把式们浑然不觉。还有一个难题是“打糊”。原来，太原地区产土豆，要用土豆作粉条的话，要用六分之一的豌豆（绿豆最好，但稀缺）作黏结剂。豌豆的淀粉里含有大量的植物胶，但植物胶性态不均匀。豌豆在磨粉以后也要经过发酵，从沉淀的芡中取出后，要进行“打糊”才能使胶均匀化，打过糊的芡才能和土豆芡搅拌在一起。把式们也瞒着别人“打糊”。正在我要设法破解时，后勤要我立即回厂，工厂决定不搞粉条厂，要搞豆腐坊，豆腐坊成本低，见效快。折腾了好久，因太原市一律不配给豆料才作罢。不论是粉条坊，还是豆腐坊，我都很上心，因为曹占英的问题，我一家有可能被发配到农村，得有点手艺。“立足本职，放眼农村”！

6年来，红色风暴把中国大地烧得滚烫，这个风暴把我一家卷得妻离子散，跌宕不断。我本人也在生死之间来回游荡。可那地球还是那样从容，照样在不紧不慢地旋转，好像对东方一角的伤痛毫不在乎。虽然林彪已经死了，可风暴还在广大的城乡中继续肆虐。这个时候，校内的两派还是斗个不停，由于学生对校内斗争已不感兴趣，对干部和教师的残酷批斗已很少了。我在后勤处“供职”差不多两年，这是我的避风港，避开了各届的学生，苦头就要少吃很多。一想起当初监视在我家里里外外凶神恶煞般学生的样子，还会发怵。

已经忘了确切的月份，老院长厉端康也被派到后勤处和我一起劳动。在这以前，厉院长是被控制在“第四野战军”手中，对立派“红旗”和“造反团”无法批斗。今年以来情况缓和多了，厉得以被放出来参加劳动，还能见到太阳，呼吸新鲜空气。厉是运动初期全校批斗的“走资派”，是“厉家王朝”的总头目，因为自从太行建校直到文革前他一直是这个学校的主要领导人，批斗之狠，身体摧残之严重，不忍再说。我和他最早认识是在1965年他到重庆走访，地区的一些南下干部一听说他们多年不见的老领导来了，高兴得立即去拜访，去邀请，说不完的话。那时我正带学生作毕业设计，带他到各企业去联络。之后，再没有见过。“文革”期间他已身不由己，连爱人陈贵祥老师也遭殃。1969年冬，军宣队派一系教师去阳曲县黄寨劳动，并将厉也派去，接受群众的监督。因为一系是反厉的主要阵地，加上校内派性斗争的伤痕，一系群众有点仇视。说一系主要是反厉瑞康的一派，并非偶然，这要叙述一段历史：那是1961年，北京工业学院院长魏思文执意要改办国防尖端专业，准备将原一系、二系、三系及六系等国防常规专业调往也是国防常规专业为主的太原机械学院。开始将这些系的教师分成两部分，学生的班也分成甲乙两班。因条件有限，太机暂时接纳一系和二系，并于1961年8月下旬特别神速地搬迁到太机，并合并成新的一系。不料国防科学技术委员会主任聂荣臻元帅终于知道了此事，批评了这种做法，明确表态北工仍以常规专业为主，原来的专业立即恢复。北工想把原专业调回，但遭到国防工业委员会主任贺龙元帅的婉拒。调来的师生们已经如梦初醒知道此事的原委，要求回北京的呼声一时很高。原因也很多，那正是我国困难时期，太原的生活比北京差；太机的办学和行政管理还没有脱开办中学的模式，教学科研和后勤处处发生矛盾；那年工资调整中因照顾原中专师资，挤掉了原北工部分教师的份额；南方人不习惯太原生活等等。各种因素合在一起便产生强烈的离心力。太机党委当机立断用组织手段处理了为头的人，压服了群众。不巧的是“文革”接踵而来，一系教师首先起来“造反”，学生也跟着响应。开头是矛头对着党委，后来几近演变，校园里提出了“打倒厉家王朝”的斗争口号，认为不揭开厉瑞康为首的原中专子弟团伙的阶级斗争盖子，太机的文化大革命就不会进行得彻底。这样，厉瑞康成了漩涡中心，浪尖靶子，遭到无情的斗争，其实他才是第二把手。这两年，学校两派组织主要精力在社会上斗，一旦社会上暂时平静下来，校内很重的斗争心结又浮了上来。现在，军宣队把厉放到一系来劳动，真想不出是什么意图。在这种环境下，厉格外小心，已是50岁多的人了，还拼命劳动，吃饭在最后。休息时大家聊天说话，他独自一人蹲在原地，手拄着铁锹把儿歇息。强体力劳动，使他已十分疲惫。时间一久，我便注意到了，休息时常给他送过去一缸子开水。那正是寒冬腊月，挖的是冻土，没有多久他便感冒咳嗽了，越来越厉害。我趁回校办事的机会，找到他妻子陈贵祥老师，回工地时给他带来一些药和衣服。这时他已经太疲顿了，没有多久，在收工时一个高坡上腿软收不住脚奔跄下来，两边都有人，没有人伸手揽一把，我先是在远处叫了一声“把锹扔掉”，他在惊恐中哪里听得见，脚下越发收不住，我飞身上去，从下面抱住了他的双腿，我们一起倒在斜坡上。这一惊吓便回到住处倒在床上，哪有心绪吃晚饭？现在，我们又碰在一起劳动，干的是杂活，我驾辕他拉纤，为了不让监督者说他不好好劳动，他把纤绳拉得很直。我有经验，在这样的路面上，他这种拉法过不了几天就会瘫倒。有天夜里，我在架子车底盘背面接了一根自行车内胎，另一端把纤绳接上，这样拉起来纤绳绷得很直，力量并不大，监督的人以为拉车的人很用力气。过了很久，聊天时他说，开头几天肩膀很痛，以后就不痛，拉得也轻省了。我不能告诉真情。他已是惊弓之鸟，告诉了便会心神不宁。理智告诉他，只要毛泽东对教育界的“斗、批、改”没有进行，他的命运还是未知数。虽说“第四野战军”中有一些群众想保护他，但当对方攻击他们“保皇”时，就要开几次审查会来批斗，以证明他们不保皇。这时常有人下重手，他眉头上有一条很深的疤痕，就是在批斗中有人在身后猛踹造成的（这是他的岳父陈老师傅后来告诉我的）。不久我们俩又分开了，可能是后勤又调我去为工厂做冰棍，那正是炎热酷夏。厉瑞康在那暴虐的“文革”以后，1977 年又主持恢复了太原机械学院，正是依靠了那些被别人挑剩的“烂西红柿”。老院长在2007 年夏天与十几年没有见面的一群学生尽情地欢乐了一整天，次日便无疾而终，享年 86 岁。为纪念他对教育事业的特殊贡献，如今的中北大学为他在校园内竖立了汉白玉雕像，供后人瞻仰。好人得到了好报，但来得太迟！

1972 年的夏天，新成立的红旗光学仪器厂已初具规模，连续两年，工人和退伍军人进厂好几百。厂里要给车间上班的人做冰棍消暑，我在后勤自告奋勇，承担了生产冰棍的任务。先从外面购进一套半旧的机器，等到把动力系统和冰棍制冷循环系统修好以后，便派来了好多女教师专做冰棍。这些女教师大部分是挨过整的，年纪比前一拨大，其中有几位是因小孩喊“反动口号”和写“反动标语”被整。这个时候，我已经有了心计，机器是旧的，故障比较多，修理时要故意留下一些毛病，以便天天保修，这样我就成了唯一的保修工，可以长期稳定在这儿。我好像成熟一些了，标记是多长了一个心眼。

以上，我只记载了那几年比较能记得住的劳动，零零碎碎的劳动不少，加起来也是不短的时间。那几年，我要尽量躲开可能的迫害，时不时地跑回兰州探视两个刚刚得过病的孩子，还要为可能出现的命运作种种安排，身心极度疲惫。强烈的求生欲望，支撑着我挨过了漫漫长夜。

第十六章

寒冬暖意

1972 年秋天我因孩子生病请假回兰州，我决定先将农村的女儿带回太原。女儿已 6 岁，我能够照顾。几年来女儿在嫂嫂的百般呵护下生活得很愉快，还有 80 多岁的奶奶疼爱。嫂嫂也是个病体，已年近 60 岁，长期的气管炎已发展到肺气肿，还得拖着病照看候老婆婆和小侄女。小侄女被嫂嫂娇惯得不得了，一不如意就四脚朝天，用小脚擂鼓般的蹬她。饭吃了一半就去玩，剩饭由我嫂嫂吃掉。一有病，赶快找隔壁娘家人进城叫来大女儿春圃。春圃是我的大侄女，在兰州一家医院工作。她的日子也不轻松，我哥哥还在“牛棚”受审查，丈夫被本单位以走资派批斗后下放到百里以外的山区农村，本人还时时受到停发工资、逼迫到农村劳动的威胁，三个孩子都很小，还有一个刚从初中辍学的小妹妹进民由她照管。时不时，农村的母亲和奶奶还得由她跑去安顿。她才是个 30 岁出头的女人，政治的、经济的、生活的所有担子全压在她的身上。这不，叔叔一家有难，这个小妹妹也落到了她的肩上。一得到信息，马上设法赶到农村。100 多里路，那时交通条件比现在差多了，女儿年纪太小，哪晓得她大姐姐有这么多难心的事。村子的人气环境不错，本是个文化村，外面做事的人也很多，群众对各项政治运动比较熟悉，很多人因政治原因被迫迁回村子，不但不歧视，还给以宽容。我的孩子这么小，这么长时间放在农村，不说也知道家中出了事，孩子反而受到大家的怜惜，大人们亲切地叫她“曼曼”。她经常学着大人到泉水沟里洗衣服，经常把手绢或围巾掉在水里被冲走。另一个村子的孩子们捡到后，认得是“曼曼”的，赶快送了回来，小“马大哈”也成名了。这次我要把她带走，她死活不走，撕破嗓子地在我背上哭叫，我的嫂嫂含着眼泪躲在门后。这真是撕心裂肺的别离！故乡啊，过去您滋养了我，现在又呵护着我落难的女儿，她哭着不愿离开，海洋般的恩情，终身难以报答！

1972 年 9 月姐弟在我身边相会

我这次回老家，已经见不到母亲了。老人于 1972 年 3 月 27 日去世，据说是心脏病，享年 83 岁。那时我还在劳动队里，哥哥决定不告诉我这个消息。小的时候我体弱多病，母亲昼夜不安，成为心头病。好不容易长大成人，却远走他乡不回来。几十年来，她与兄嫂相依为命，好不容易挨过了灾荒年代。所幸的是，老人临终前，总算见到了我幼小的一儿一女，稍稍有点安慰吧！

1993 年与侄子侄女

1973 年母子在太原

女儿回到了太原，曹占英不再去洪洞劳动了，行李被好友王永年带回。但她还是想念儿子，1974 年春天，她只身奔兰州。因五保户老人生病，儿子已送到乡下嫂嫂处，她又赶到农村。这几年虽说老太太贴心地照应，但老人除了给孩子做饭，其他一概没有精力管，卫生更没法讲究。多亏了在兰州工作的三姨妈曹为洁顾照，这大概是老天的安排吧。姊妹中间数她长得漂亮，平时穿着平常又不俗，外甥们亲昵地称“花姨娘”。1958 年，她的高考成绩很好，因过继给叔叔，叔叔又在台湾，大学不予录取，只好转读中专。她当时在邮政局下属工厂里上班。三姨妈每周总是带着孩子喜欢吃的穿的用的来看望，跟孩子亲热一阵，给他洗一洗，还给老太太敬奉一点，那意思很明显。老太太给别人说："这孩子的姨妈跟亲妈妈一样疼他，细心得很，连手纸都操心到了！"姨妈的美貌和超常的关心，成了孩子重要的心理依托。那时，曹为洁刚 30 岁出头，有两个孩子，夫妻俩的工资总共才 70 多元，两人都有家庭负担。她对她姐姐曹占英的疼爱，完全倾注在这个远离父母的孩子身上，使儿子倒把真正的妈妈给淡忘了。这时，曹占英母子已在乡下相遇，还要急切地去看多年不见的老母亲。这几年，老母亲住在甘肃庆阳四女婿马应全家，有时住在平凉五妹曹为福家，自从二女儿出事，老人天天望眼欲穿。

初中时的曹为洁（右）

工作不久的曹为洁（左）

一些朋友看到我在《自述》中有"人间亲情"这样一段情节，觉得人间亲情是血缘的、天然的，用不着在这里表述。中国社会就有很优秀的人伦传统，由于长年推行阶级斗争和无产阶级专政，使这种传统受到很大冲击，社会上父子绝情、夫妻反目、兄弟相背、师徒断义、朋友相诈层出不穷，这是血缘和伦理亲情发生变化的大环境。而在个人或家庭方面，"亲情关系"也在时刻受到考验。谚云"疾风知劲草"，在那个暴虐弥漫的年代把"人间亲情"的面纱揭露无遗。太原机械学院一位教授险些被儿子带领红卫兵打成残废，油泵厂一位老技师在"文革"初期被儿子连批带打比别的工人还厉害。这都是人间最大的"亲情关系"！平日里，"人间亲情"把相当一部分人的自私心掩盖了，而在"苛政"面前倒是把自私的面孔亮得彻底，千姿百态啊。看看那些非亲非故的人，想方设法帮助落难者，该是多大的反差！人间还是有真情。只有那性情率真的人，理性的人，真情不会被势利屏蔽，才能保持"人间亲情"的纯正，本节所叙的就是这种亲情。

1970年夏天，学院后勤处的陈老师傅（院长厉瑞康的岳父）因感念黄寨劳动期间我对院长的一些照顾，通过一系的领导干部郝明新（原一系主任）把我调到后勤处劳动。按照老师傅的说法，离开一系就等于摆脱开了学生。太原机械学院的学生高干子弟多，多是出身“红五类”，整老师要比别的学校的狠得多。搞武斗在全山西出了名，叫什么“第四野战军”、“华北野战军”，武器也多，听着都害怕。我躲过了去洪洞农场夏收这一劫。然后一直窝在后勤处，连续躲过了好多惊险。

有的朋友给我出主意：现在（1971年）正在开展“我们也有两只手，不在城里吃闲饭”的政治运动，据说是甘肃省发起的。大批没有工作的家属正在一车一车地往农村送，你家里以后难免走这条路，种地你们肯定不行，你要学点木匠活，加上曹占英会裁缝，在农村还能度日。这又提醒了我，在木工房师傅们的指点下，木工手艺开始长进，木匠工具也逐步凑齐。这时，一批老教师被赶到后边半山坡叫“干打垒”的小平房去住。这种小平房的四壁都是单砖墙，屋顶盖两块混凝土预制板，夏天是蒸笼，冬天是冰窖，厕所和水都在屋子外面。那时我早被赶到最后排平房居住。老教师们的家都是祖孙三代，家具又多，三间平房哪能够住？家具都在外面堆着，风吹日晒。我们教研室的申正宾教授被赶到倒数第三排居住，全家五口人（母亲、妻子、一子一女），我请师母去向军队讨要木头，由我给修房子。由于他们把教授撵走，自己住进教授原来住的房子，心虚，要木头准给。果然，师母晚上告诉我，军宣队答应校内自己可以捡木头。我动员了原劳改队的几位年轻教师到处捡木料，捡油毡，四五天的工夫，给三间平房盖了一层外罩。几个月的时间，这样的外罩做了好几家。我利用晚上或星期天也给朋友们作家具练手艺（2002年，中北大学副校长赵晋生来看我的时候还说“你给我妈作的柜子还保留着”）。我也给自己添置了准备去农村的家具。

因为曹占英的“反标”案是一个有名的大冤案，群众都很清楚，一些好心的人常常告诉我，好像发现曹占英在什么地方劳动，并且出主意怎么去见她。还亏了拉石头的汽车司机，故意绕道帮我去找，让我随身带上粮票和零钱，包成一小团，一旦见到她就扔过去。好不容易几次走近几个劳动的犯人群，可全是灰色衣服白口罩，根本看不见脸。后来，一位懂得政法的人劝我说，没有宣判的犯人一律拘留在监狱里，不可能去外边劳动，我这才死了找她的心。司机是冒着政治风险帮我的，非常不容易。20世纪90年代我到学校出差时得知，老司机夫妇早已离开人世了。

我的劳动服务队中有四位是单身教师，只能吃食堂。拉砖拉石头经常要去西山或者外地（太谷、清徐等地）。下午回来得很晚，赶不上食堂晚饭，炊事班长李万荣师傅每天守在食堂等我们。我们一下车就直奔食堂厨房，围坐在煤油筒做的炉膛前，李师傅早已拌好一大脸盆高粱面糊糊，备好一碗胡麻油，我们一边烤火暖身子，一边轮流大口大口地吃热煎饼，末了再喝碗很可口的膏汤。我的第一个孩子小时候就放在李师傅家，曹占英入狱后老大嫂提起来就哭，逢人就说冤。我劳动的时候，她叮嘱李师傅把我的吃饭照顾好。

烧开水的锅炉工王振新是位虔诚的基督教徒，妻子的户口在阳曲农村，他家也在后平房，我们素昧平生。每天上下班我总要经过他家的门口，他知道我在食堂吃饭，家中无人，不敢点炉火，冰冷的房子怎么住？只要我路过他家，他总是准备好一个暖水袋迎上来递给我。后来我们熟悉了，就先到他家聊一会再回自己的家。每星期他们还能招待我一两顿可口的饸饹面。

王文澜先生是我的工艺老师，已60多岁，因一件1961年的反标案，在“文革”中被错定为现行反革命分子。老师只有一个儿子，叫王平，在中央气象局工作。老两口被迫迁到平房第八排，和我是同一排。这是学校半山坡上最高最边远的地方，冬天风很大。我因白天劳动不回家，只晚上睡一宿，因怕失火，到了三九天也不点炉子，常常靠王师傅的暖水袋和喝几口白酒取暖入睡。师母舒九英实在不忍，每天晚上给我的房里生一炉煤火，可以坚持到后半夜不受冻。师母虽然没有工作，但文字功底很好，可惜因这场冤案长期忧郁，“文革”结束之前就与世长辞了。人们常说“好人命不长”，当时，坏人当道，好人经常吃亏，命长得了吗？

与王文澜、向大寰老师（1973年）

年青工人贾银贵就住在我隔壁，他的爱人石修娟是太原市一化工厂工人，每个星期六就来这里。修娟高个儿，白净皮肤，鹅蛋脸庞，长得非常漂亮，工作非常敬业，和她父亲在一个工厂。我的两个孩子称呼贾银贵是“好叔叔”，因为在他们有记忆开始，太原机械学院对他们没有留下好印象，大人们似乎都是凶神恶煞。姐弟俩回到太机学院后，恰好遇上贾叔叔两口对他们特别好。那时，曹占英还没有平反，不大出房门，孩子们自己在外边玩，时常有贾银贵从远处招呼回家。修娟一手好厨艺，孩子们时不时在她家里解一解嘴馋。因此这两口被他们贴上了“好叔叔家”的标签。银贵的父亲是一位老离休干部，有伤残，经常从阳泉来长住一段。他似乎对政治运动有一种本能的恐惧，老是叮嘱儿子要小心，儿子经常不耐烦地说：“你是革命老干部，我们是一家工人，谁敢整？怕个屁！”我后来才知道，他是从年轻时就得了这种“病”。那是1947年，晋察冀边区开展一场“搬石头运动”。他那时年轻，可能是民兵，亲眼见到许多地主家被斗争，当场用棍棒石头打死，斩草除根的情景，这叫做“搬石头”，搬掉革命的挡路石。他生性胆怯，吓出了病，找理由不去参加。这以后，政治运动不断，“病”根始终未除。“文革”一来，神经又紧张起来。现在，银贵只有二十几岁，却是一种超然神情，可能也受到父亲一定程度的影响。但他对知识分子也有一种不屑之情，认为这种人主要靠笔杆子、嘴皮子混饭吃，不能动手，不能劳动。没过多久，我发现修娟身体臃肿起来，意识到可能要生孩子了。我实在无以为报，于是提出给未来的宝宝作一个儿童车，修娟挺高兴地接受了，因为太原市已买不到好一点的儿童车。于是我跟着做提琴的老师们（那时提琴也脱销）拉着平板车去了40多里的木材厂，名义是去买废木料（0.13元一公斤），实际是选木料。我根据儿童车的需要挑选了一些木料，又在商店里买了轮子，设计了一个能躺、能坐、能站着玩的多用途童车图样，然后在晚上加工。银贵是钳工，晚上在家，他一直盯着我做活，等到我把油漆好的儿童车交给他时，他并没有欣喜若狂，却很深沉地对我道出他心里的话：“我原以为你们知识分子光会要嘴皮子，看来事实远远并不如此！”一个儿童车竟然改变一个人的看法，我很意外。听说这个小车很受欢迎，姐妹们轮着用。

学校住宅区的第八排，除了被迫搬迁过来的“反革命分子家”，“反动权威家”，大部分都空着。但到了学校改成工厂以后，这些空房逐渐有人住了，大部分只住单身女性或带孩子的女性，很少看到男人来走动。后来才知道，这些年轻的女性都是一批复转军人的家属。1971年，学校改成工厂以后，招收了几百名复转军人当工人，其中一部分人的家就在太原市周围的农村，这些女性若不是他们的结发妻子就是未婚妻。那些年代，农村的生活很是艰难，由于极“左”的政策，农民的生存口粮都难以保障，几乎都要吃政府的返销粮。农民的劳动工分值太低，远远抵不上返销粮价格，年年欠债吃粮，特别是年年青黄不接的时候，欠债吃粮也难以救济。这些女人们就在这个时候来到工厂工作的丈夫身旁，想渡过这个饥荒之月。起初倒也罢了，随着时间的推移，这些复转军人的感情世界也在急速地转移。他们想甩掉农村户口这个包袱，有了农村户口的妻子，将来生下的儿女按国家政策，都将是农村户口。这将永无翻身之日。妻子满腔热情地抱着孩子来了，他们先是责备不该来工厂，然后是无故吵架，继之借故提出离婚，再就是不给粮票不给钱逼走母子。可妻子也有对付的办法，那就是弱势群体唯一的办法——忍着，骂不还口，打不还手，打急了抱着孩子窝在炕角吞声地哭，哪怕两天没有饭吃也不会走。纸是包不住火的，这样的事多了，左右邻居都会知道。开头是不敢过问，人家是贫下中农、解放军、工人阶级，三条红根集于一身，不是一个台阶上的人。不管吧，又看不惯。时间久了，还是有人出主意，要她们去找工厂工会，工会出面就有转机。这么好的主意，竟然没有任何一个妇女去找工会，我也闹不明白这是咋回事。后来，王振新师傅的媳妇说，女的不去工会是对的，找了工会就上了男人的当，婚姻更难维持。原来山盟海誓的一对恩爱夫妻，男人进了城，女人怎么一下子变“贱”了？这是1958年起毛泽东决定农村城市施行“二元治”的后果之一。农民被严格限制在农村的土地上，如果为了生存，农民到城市打工或者买卖农副产品，就被当作“盲流”，收容后强制遣返原籍。不是女人变贱了，而是男人进城以后变“贵”了，有工资有保险，不愿背负农村家庭包袱。我整天在外劳动，这些事是舒九英师母晚上告诉我的，她时不时地给临近的孩子送去点吃的，我因为两个子女的户口在太原，孩子又远在兰州，口粮比较富裕，也就托师母酌情给几家偷着送去。不久，这些年轻的弟妹们（我亲热地称呼她们）帮着师母给我晚上生火，给我清洗积攒下来的衣服，缝补我衣服上一处处破缝，这是一双双劳动的手释放出来的热量。我喝上温暖的白酒躺在床上，朦胧中便开始释放牢骚：“马克思弄出个阶级斗争，又弄出个无产阶级专政。国内的宣传机器一个劲地叫嚣与人斗其乐无穷，还恨不得把全世界搅乱，处处斗起来，人人斗起来，把人们坑得够呛！”“别瞧不起这一盆煤火，这里有无限的温馨，这才是人间真谛！寒冬中的暖意，多么珍贵！”睡梦中，有人警告我：“你小子想离经叛道，没门！”不禁打了一个寒战，醒来时正是寒冬后半夜。

我是在知识分子堆里滚了十多年的人，平时交友不少，现在都在哪里呢？平时最要好的人在路上遇到，就会故意走开，或是捂上脸。我是好人坏人他们总该知道吧？我妻离子散好惨好冤枉啊，同情心真的没有了吗？哪怕是给个眼神哩！何况有的人还是长期接受我帮助的人。对于这个问题，我想了好久好久，在百思中只得到半解：

建国以前，毛泽东一直在农村辗转，既不了解资本主义也未见过帝国主义。建国之初与前苏联的近距离接触，非常敬仰前苏联的社会体制，一见钟情，感慨地说："前苏联的今天就是我们的明天。"要"以俄为师"，"前面的乌龟怎么走，后面的乌龟就怎么爬"。也非常欣赏苏式无产阶级专政，觉得这是建设社会主义的一把快刀子。开始放弃与民主党派达成的共同纲领（先建设新民主主义社会，逐步过渡到社会主义社会），利用国家机器强制进行农业合作化和生产资料所有制的改造，用农业上挤出来的钱从前苏联购买大量重工业装备。在国内，阶级斗争的矛头开始直指资产阶级。他把这场斗争分成两个战场，用户口和供应制度将农村和城市分开，使中国成了二元社会。这又是一个"大手笔"。在农村，实行合作化和"割资本主义尾巴"的方针，放弃了"耕者有其田"的承诺，逐步将农民的土地和生产资料集体化，废除农贸市场，坚决反对"三自一包"，禁止农民进城务工，若不听话进城，就以"盲流"押送返乡。农民失去了土地，只有劳动权却没有分配权和生活支配权。直到"一大二公"的公社化，实现"人民公社加吃饭不要钱"，一个锅里吃饭，彻底断绝农民阶级分化，"跨越"式走进了"共产主义"。这就是要在农村达到的近期目标。曾经严厉批评那些东摇西摆的"小脚女人"和"反冒进"的人，离资产阶级右派只差几步了。在城市呢？那就是解决资产阶级。生产资料的三大改造后，资产阶级在经济和政治领域的实力已式微，但意识形态领域的实力不容低估，斗争将是长期的。好在把农村隔开，割断了与农民的联系，资产阶级失去了天然的朋友，就在城市这个圈子里斗。这类似于三大战役中的"关门打狗"，断了退路。毛泽东认为知识分子实际上是资产阶级在意识形态领域内的主要代表，有些人已钻进党的领导集体，相当一部分政权已逐渐落入代理人的手中。政治运动一个接着一个，重点是整肃文艺界和教育界。教育界牵涉面很大，"池浅王八多"是重灾区。到了"文革时期"，农村的教育基本被摧垮，城市里的学校也大量减少。"四人邦"军师张春桥说"全国都成了文盲也是一个胜利"，这反映了当时的主导思想。还把国内的学校贬称为"旧学校”，“旧学校被资产阶级知识分子所统治”，“旧学校培养出来的都是资产阶级知识分子”。这种估计和讲话使很多人不理解，尤其是那些红五类出身的年轻学子更想不通。他们是出身高贵，在红旗下长大，念了几年书反倒成了资产阶级，共产党的多数高级领导不都是旧社会的知识分子吗？在这种思维定势下，歧视那些放弃国外优厚待遇、回国报效的知识分子就不是偶然了，多数政治运动都要整知识分子就不是偶然了。当前，这场“文革”的最终目的就是“斗、批、改”，斗走资派，批反动学术权威及改革资产阶级统治学校的一切制度，都指向知识分子及其代理人。中国的知识分子命中注定要遭遇这一劫，哭是没用的。爱打小报告这种勾当的所谓知识分子也应知道，侥幸没用处，泥沙俱下，没有遗类。中国的知识分子应该主动退出历史舞台，做好另谋生路的准备。那么，在城市里共产主义的桅杆何时能看见？毛泽东还没有像农村共产主义那样有确切的定义，但有一点是明确的，就是城市里的阶级斗争是长期、曲折的，像文化大革命这样的运动要多次进行，阶级斗争要年年讲，月月讲，要长期地做继续革命的斗争。如果还不理解，就重温一下柬埔寨波尔布特政权所搞的“无产阶级专政下继续革命”的惨状。1975 年中，柬埔寨共产党掌权，一开始就实施阶级专政，农民一律进入人民公社，吃食堂，生活军事化，婚姻配给，取消货币，取消学校，过上了共产主义的生活。城市所有平民一律到农村集体农庄接受再教育。剥削者及剥削阶级一律进集中营劳改，待遇极其残酷。这个国家吸取了中国告诉他们的教训，没有和平土改，没有和平统战，大搞残酷斗争，一掌权就进入共产主义，毕其功于一役，好不快哉！1979 年柬埔寨共产党政权失去民心垮台，全柬共 170 个县，光是 81 个县的 9138 个葬坑中挖出 150 万骷髅，估计全国有 300 多万人死于非命，这还不包括零星死去的人，那时全柬也就 700 万人口。整个 60 万华侨全被视为剥削阶级，到政权垮台时只剩下不到 30 万。那可是一面镜子，是毛式社会的国际翻版。毛泽东的手笔很大，一般人难以理解。笔者由于身在苦海中，痛定思痛，暂作如是解。

再看看知识分子众生相。在我国的具体制度和管理模式下，要保持独立人格是很难的。在各次政治运动中知识分子已成惊弓之鸟，铁骨铮铮的人是很少的，不是说“士可杀不可辱”吗？现在是士可杀，也可辱，像梁漱溟、陈寅恪、沈从文、马寅初那样硬气的人只有这么几个，像姚文元那样浑身坏骨头的人也很少。也有一些文化人一心攀附，拿着笔极力顺应政治时尚。或用漫画颠倒历史，如“毛主席林副统帅会师井冈山”、“毛主席去安源”。或凑政治热闹，谱曲《毛主席语录》，或用小说把流寇写成八路军，或用影视剧反复渲染阶级斗争。群众这样调侃这种剧本：队（厂）长抓生产，敌人潜左右，书记揪坏人，群众受教育。大部分人鉴于“反右”的经验，都要争取政治生存，不要被末位淘汰，只好随大流。也少不了部分人借机泄私愤，平时的嫉恨、不公，职场压抑、矛盾涌上心头，做出落井下石的举动。有的人平时发了不少牢骚，怕“东窗事发”，先下手为强置朋友于死地，这样的事层出不穷。由于政治运动频繁，社会上寄生着一批平时不干实事而专营政治斗争的专业户，场场运动他们都是掀起高潮的急先锋，平时搜集别人的材料，政治运动一来，便整人取宠，只顾兴风作浪。不管运动的后遗症多大，这些人都受到保护，说是要保护“积极性”。在这样的环境下朋友越来越少，一旦有难，朋友们好则躲开，差则墙倒众人推，即使亲情也有可能割袍断义。运动中你若不幸，那炮弹准是来自平时的同窗、同室、同事和邻居。在这种病态下，要做一个正直的人很不容易。惹不起可还躲得起，我不再抱怨见我躲开的朋友了。社会的凝聚力就这样被消解着。

曼子、强子向伯父告别（1980 年）

与家兄侄女阔别留影（1981 年）

第十七章

点石成金

1973 年是我人生路上的又一个拐点。

那年春节后，第五机械工业部科教局在南京主持《步兵自动武器设计手册》的编写工作，编写办公室设在南京炮兵工程学院（南京理工大学前身）的自动武器教研室，主要负责人是专业创始人于道文教授。这个教研室里大部分教师是在太原机械学院撤销后迁过来的。他们为了救我一把，在编辑成员中把我特别列进去。在向科教局局长徐昭汇报时，谈到了我，不料徐局长在“文革”前就认识我，他要求赶快打长途电话给山西省国防工业办公室，让红光厂立刻派我去南京。岂料军宣队以我在劳改队不宜参加国防技术活动为由，拒绝派遣。第二次长途电话就直接问：“他本人是不是反革命，若不是就放人。”军宣队无奈，只好放人，临走还不忘告诫：“这是对你的考验，要老老实实。”到南京见了局长，我第一次放声痛哭。局长说冤枉的人太多了，他也是刚被解放不久。他问我有什么想法，这可是千载难逢的机会。我当即提出回兰州，照料失散多年的孩子。会议之后我跟着去了五机部，由部里开出调动信函，让我在太原办理调离手续。孩子的安全已是我的重点，那时，曹占英的案子平反已成定局，只是时间问题。不料，1973 年 5 月，我到了甘肃工办报到时，只能分配到下属工厂，且都在兰州市以外。这使我很为难，因为我调动原本是来兰州就近照顾孩子的。工办人事处理解我的难处，于是出面找省人事局，省人事局一看我的档案，立马提出一个问题：“你若愿意当工人，就给你办户口。技术干部在甘肃已严重超编，无法安排。”这使我想起了一个事实：我的一位老师陈殿伟，在“反右派”运动后，因政治审查不合格，由北京工业学院调到北京汽车厂当工程师，后来和人民医院的一位女护士长结了婚。到了“文革”后期，根据毛泽东的“626”指示，首都一大批医务人员到甘肃基层工作，该护士分配到平凉专区一个县的农村公社医院，我的老师也跟着去了邻近的一个小厂，据说是给工厂看大门。看来知识分子改成工人就好分配，哪怕是扫地。但是，保留技术人员专业职称就难办，没有那么多对口专业，知识分子真不是“省油的灯”。我当时不知所措，还是省国防工办人事处决定让我自己慢慢找，遇到合适岗位再说。几个月后我终于到兰州电影机械厂上班了。

中央有一个在1980年全国实现农业机械化的规划，全国各省普遍开办手扶拖拉机厂、拖拉机用的单缸和双缸柴油发动机厂、柴油机的精密配件油泵油嘴厂。甘肃省也在开办，正好油泵油嘴厂要依托兰州电影机械厂筹办，急需技术人员。这些厂统归甘肃机械厅。兰州电影机械厂原是甘肃省电影放映公司下属的电影机维修厂，根据江青的“指示”，各省要专门生产窄幅胶卷的放映机和小型电动机，将她的几个样板戏及各种教育片向农村普及，农民交一个鸡蛋就能看一场电影。由于机械工业部已在甘肃临夏州组建了一个规模较大的电影机厂（由上海电影机厂、南京电影机厂及哈尔滨电影机厂联合援建），甘肃电影机械厂已无发展空间，除了维修旧产品，一直发展不起来。机械厅的这种安排是解决困局的好办法。我被安排在技术科，住在集体宿舍，吃食堂。因为曹占英还没有得到平反，这样，按照政策，子女户口随母，两个孩子的户口还在太原。我没有分房资格，两个孩子无法回到身边，更无法安排上小学。我在艰难地品尝着政治生存带来的苦果。

回京后第一张全家照（1981年）

工作找到了，我的户口也落下了，但心如死灰。最好的年华已过去，最旺盛的精力也被无谓地耗去，还落得妻离子散的下场。知识分子老觉得自己对社会有一份责任，现在已年过四十，还有什么能耐？长期的社会斗争，国家养了一批不干实事专门整人的人，我作一个不干事但不害人的人总还强点儿吧？罢了罢了！兰州几个月的近距离生活，使哥哥发现我与以前判若两人，满口的世俗和惶惑，光环已经失去。他是个普通教师，但思想境界远不是一个普通人能比。如果对他下一个定义，按照我的认识，确实是一个范仲淹式的旧知识分子，“处江湖之远，则忧其君”那样的一个普通人。对自己的生活要求不高，十分淡泊，对国家公家的事十分关心，兢兢业业。他原在私立志果中学（解放后改为兰州第二中学）任初中国文课，兼学校庶务主任，赵元贞校长非常信赖他。省教育厅筹办兰州十中时，他被抽调去参与筹备，校址在黄河北岸城郊结合部庙滩子，办学条件很差。作为一名老教师，模范带头，兼工会工作，认真热情。他的清廉是有名的，在困难时期学校把农场托给他管。他常说，孔子给后人留下一个学说，还留下一个理想——大同世界。他很钟情儒家“天下为公”的“大同世界”，他简单地认为“大同世界”的描绘远远涵盖了马克思“各尽所能，各取所需”的共产主义社会，两个未来世界异曲同工。只是儒家在农业社会未找到实现的办法，而马克思是设想通过工业化和无产阶级专政的手段来实现。因此，他的思想中对新社会的认同度很大，尽管对许多政策和作法有保留。他体弱多病，但工作热情很高。孝顺年老母亲在全校教师中享受美誉。尤其疼爱我，政治运动一来，他的信就来了，心怕我出错。调整工资了，他的信也跟着来了，劝我不可争工资。饥荒时期他不告诉家中的情况，独担困难，怕我乱说犯错误。1961 年一席谈话，他的“大错之后必有大改”之说，把我的精神从迷茫中解脱出来。

与家兄（70 岁）亲切交谈（1985 年春）

儿女已长成（1986 年）

到兰州的几个月，哥俩没少谈话。我问他：“当年你说大错之后必有大改，现在怎么不但没改反而更严重了？”他说：“当时我忽略一个前提，1942 年整风确实是一次大改，原因是犯错误的在台下，正确的在台上，改得彻底。现在是犯错误的还在台上，还在整正确的，连小改都没有，根本不想改。”这个观点在当时是够大胆的。但是，他对大改仍有信心，虽然现时的政策已失掉了人心。在说到我的情绪时，他要我从个人得失中解脱出来：“这几年你受了苦，老百姓受了十几年的苦，死的伤的，还有数不清的冤案，那么多谁道过歉？国家也在受难!”“要是说个人损失，你的损失不算什么。运动中整死了多少久经考验的一流干部！建国元帅都被活活整死，连国家主席的性命也没保住。”“一条假反标不会伤你毫发，苦是吃了不少，难道不是磨炼吗？你想一想中国的古人怎么看磨炼，且不说孟子对‘降大任于斯人也’的一番受磨炼的话，西游记中唐僧取经经历 81 个大难，难难都差点要了命，但取经的意志更坚定了。历史上真有其人，真有其事，虽说这是小说，也反应世人对磨炼的认同。这几年你也是在经受磨炼!”。他告诉我一个印度的谚语：“光着脚走路感到难受的话，看一看没有脚而正在艰难默默爬行的人，你的疼痛就会马上消失，前面再也没有障碍能挡住你。你看一看比你的遭遇更差的人，也就不会有怨尤了。”他又说：“运气再不好，活人的志向不能丢，这方面不乏古人的例子。李白常梦想着被朝廷重用，一生不得志，人已老了，还自负‘天生我才必有用’。杜甫身处国家破败，流落四方，人已老了，还梦想‘大庇天下寒士俱欢颜’。苏东坡一生多被外放和流放，从不消沉，走到哪里，哪里就修水利兴教育。他们为后人所念，不仅是诗仙、诗圣和文豪，更是以千古不朽的人格魅力为基础。宋朝的秦桧、明朝的严嵩都是才子，可都是奸臣，留下的只是骂名。这几年批判李杜一辈子想当官，想当大官，是典型的‘学而优则仕’。这是很大的历史误解。历史上的事，要钻进历史才能看清楚，在中国分散的农耕时代，你要想得君行道，匡君济世，建立自己心目中的人间秩序，先得争取做官。所谓‘晨为田舍郎，暮登天子堂’，走进政治殿堂才有作为。否则，只能回家扛锄头，无法实现抱负。像现在，为人民服务的岗位有的是，不一定非要做官不可。像你现在就在国家工业化农业机械化的岗位上为社会服务，多好!”“你的格致功夫已到了一定高度。要加强内省，思想不能停留在技术层面上，那就成了工匠。放在春秋战国时代，顶多是个巧匠鲁班。放在隋唐时期，顶多是个修赵州桥的巨匠李春。放在现在也就是个优秀工程师。”说我：“知识很广，文化尚浅，所谓‘术多而道浅’。40 岁以后正是总结过去，完成内圣外王的时候，怎能撂下呢!”他对我的这种高不可攀的企望使我大为惊讶。这一系列的谈话，可以说是醍醐灌顶，起了点石成金的作用，松动了这几年凝结起来的情绪。

1973 年底，曹占英已彻底平反来到兰州。为了让她放松休整一下，她的工作关系和户口仍在太原，本人住在兰州华林路一院老宅里。这是父亲早年的房产，因兰州道路扩建，1953年移置到此处。1974年夏，她的工作转入兰州油泵油嘴厂，分管职工教育和“721”大学。分得一小套旧房，两个孩子进入段家滩小学。因为两个孩子学前没有任何基础，给孩子补课的任务全由曹占英承担。

我在兰州奔走工作的时候，抽空到母校师大附中去探望离别20多年的老师。学校已变得又脏又乱，原是西北地区一所最有名望的中学，因在郊区，生源不好，优秀教师陆续进城，已沦为甘肃省的二流学校。只在甘肃师范大学（现为西北师范大学）找到已在该校任职的宋登南（物理）老师和何汝仁（数学）老师。宋老师因在1958年搞技术革新，现在还在办校内小工厂，倒也罢了。惨的是何老师。1970年冬，一场由甘肃省发起的“我们也有两只手，不在城里吃闲饭”运动如火如荼地开展起来。这场运动明明是由甘肃省革命委员会进行策动和领导，却用了群众“自动”发起的口号，动员城市中没有工作的家属到农村去。因是“自愿”的，由家属自己确定安置地点，一切路费和安置费用政府一概不予承担，只凭一纸介绍信，就发送到乡下。按照未成年子女的户口应当随母的政策，下乡时母亲要带上未成年子女。至于“反革命”家庭有“吃闲饭”的家属，连同“反革命”分子全家都迁移到乡下。现在看来，要多荒唐就有多荒唐。老师的老伴已50多岁，带着一个还在上学的女儿，去了河南老家投靠远亲。他是抗战前离开老家的，农村没有近亲，只从远房亲戚借了一间房屋，算是安置。那时，河南的武斗还没有停止，近乎兵荒马乱，可怜这母女二人连气候都不适应，怎么参加劳动？只能利用带来的盘费，向生产队买粮度日。就近的中学已停办，女儿也无法上学，辍学在家。老师本来就有心脏病，突如其来的打击和忧虑，病情日渐加重，无奈之下，母女二人于1972年返回学校，可没有了户口，吃粮成了问题。正是这个时节我去探望。我盲目地向老师拍下胸脯，我老家在农村，找几百斤粮食不成问题。不料一到农村，才知道这里农民的口粮也很紧张，大家都欠生产队的债吃“返销粮”。我无功返城，只把自己节省下来的几十斤全国粮票给了老师，杯水车薪！另外，我到省人民医院找到了中学同学林文森，请他照顾一下老师的病。林文森是1956年天津医学院毕业后分配来兰州的，林的父亲是解放前中共地下党员，1957年被打成“右派分子”，屈死在有名的“夹边沟农场”。1973年时“右派”还没有被“改正”，他的工作情绪不高，生活谨慎，母校情况一概不知。知道何老师的情况后，欣然相助。这场“不吃闲饭”运动的后遗症实在太大，

“文革”结束后才得到纠正，所谓“纠正”。只是恢复了城市户口，其他一切损失不管。70年代末，我曾碰见过当年甘肃省革委会的一位负责人，这时他已降为一个工厂的领导人。当提到这场运动时，他还振振有词呢，造反“本性难移”！这场运动也波及到其他省份，山西省也不例外，因实际问题太多，不像甘肃那么凶猛。朋友们估计我家可能在劫难逃，建议我学点技术下乡，便于生存。于是我拼命地学木工，学泥瓦工，学做粉条，后来又学做冰棍，备齐了全套木工工具和钳工工具，思想之紧张可见一斑。我们这个社会不知生了什么怪病，不断地给自己制造伤痕，一道伤痕未平，又抠出一道，一道比一道深，何时有个终结！

在学校，我这个大学老师只是一个“小不点”，但是在600多人的小厂，也算是一个“大个头”。加上这个厂的大部分人新近来自五湖四海，“文革”内斗遗痕迹较小，一些老工人和老技术人员喜欢到我家来聊天，以为我从高等学府来，杂七杂八的事情都有比较高明的见解。那时，国家政策的运作极不透明，神秘的小道消息满天飞，人们喜欢串门打探消息。他们不了解我家是刚从灾难中走出来的，惊魂未定。他们首先受到曹占英的冷落，无笑脸，无问候，不倒茶，不寒暄，完全是另外一个人。她在学校里吃够了“朋友”的苦头，好像在从头做人，在新环境里不希望交朋友，再惹是非。我是1959年认识曹占英的，那时她还在甘肃师范大学物理系上学，还是甘肃女排主力队员，在队员中是最马大哈的一个，性格率真开朗，最适合和我们这些木讷的人搞对象。调到太原机械学院没有半年，教研室的人就给她一个绰号“大曹”，大大咧咧的代称。她进监狱的时候，思想里只有冤枉二字，全是空白。由于监狱里不断塞进“政治犯”。这些“政治犯”绝大多数是知识分子，长期接触之后，才明白了世间险恶。恢复工作以后，她一方面很珍惜新的工作，但也担惊受怕，生怕再出问题。出狱的时候，最大的长进是记住了两句话，一句是“以言获罪”，另一句是“未言获罪”。不知谁教她的，她也对我进行了启蒙。据她在监狱的统计，绝大多数的政治犯人都犯在这两句话上。“以言获罪”就是批评和诽谤了政府被判刑，这在国外中世纪以前有，中国晚清还有，现在的中国又恢复了，如胡风、彭德怀就是。“未言获罪”是凭空捏造罪名之后把人投进监狱，或打上政治标签。这在现在的中国独有。因为在执政学说里就认为新的反革命分子时时在产生并隐藏在群众中，他们打着红旗反红旗，必须时时识别，这要触及的是千千万万个黎民百姓。她说，“未言获罪”比“以言获罪”更可怕，任意性太大，像因为不懂事的孩子喊错了一句话，便把母亲抓起来隔离审查的知多少！一人获罪而被无故株连者知多少！档案里塞进诬陷的政治结论知多少！这种情况仅在秦始皇时期短暂地存在过，所谓“偶语弃市，腹谤者斩”，前一句就是“以言获罪”，后一句就是“未言获罪”。话虽这么说，可我们都在社会上占着一个岗位，这不仅是为了糊口啊！胆小怕事，整日里龟缩起来，想躲开人群，这是不可能的，也不是堂堂正正做人的道理。我们夫妻的感受是一个，但如何处世方面已显出差别，原因也很简单，她的魂魄才刚刚附上身。通过时空隧道，曹占英的思想轨迹也经历了与我相同的过程，尤其她意识到，若不及早从阴影中解脱出来，就要严重影响两个已受过磨难的孩子。俗话说“江山易改，本性难移”，她那满不在乎的神情又逐渐流淌在脸上。生疏的人都不能想像此人曾经经历过一个大劫，唯一的后遗症是心脏有了残疾。

人活着还是要有一种精神。

甘肃省女子排球队（右2是曹占英）

第十八章

落难观音

油泵厂技术科的同志们非常善意地接纳了我。我到来的过程中，大家陆续地知道了我的情况。“文革”中各种事情见得多了，大家反而以同情心相待，还有一些年纪稍大的干部说起来还是初中的同学。为了掌握产品和工艺，先没有给我分配工作，让我熟悉一段时间。这个厂生产单缸柴油机的喷油泵总成，配套兰州动力机机械厂。另外还要生产三副发动机的精密配件（喷油嘴偶件、柱塞偶件、出油阀偶件），每年向农机公司供货数十万副。这三副偶件是发动机心脏构件，也是易损件，社会上需求量很大，供不应求。农村的拖拉机常因偶件寿命已到而趴窝，农民就得跑到外省去购买。

当时的技术科统管电影机械和油泵的产品图和工艺，我被分配管油泵产品。所有S系列的偶件，不论那个厂生产，在S系列油泵中都要通用，包括装配和安装尺寸，就连喷油和泵油特性都要达到通用标准。因此，偶件的图纸是全国相同的，本厂的图纸由援助厂——洛阳油泵厂提供。生产线上我跟踪了好几个月，柱塞的合格率只有50%左右，反复研磨后勉强达到70%，淘汰率太高。国内调研的结果，像柱塞的寿命也参差不齐，无锡和黄县产的能达到300~400小时（发动机运转时间），而西部地区的只能达到60~100小时。所以，农民抢着买外省的。据国外资料，英国CAV公司的能达到1000小时以上。寿命如此之短，市场哪能不紧张？另外，甘肃农机很复杂，大马力拖拉机是从前苏联、波兰、意大利等国家引进的。为支援西部，甘肃进的不少，因配件跟不上趴窝的也不少。这些情况都是我骑着自行车在兰州地区各个拖拉机站和农机公司调查得到的。我想，兰州油泵厂既然是为甘肃省农业机械化服务的，配件就不能限于手扶拖拉机。应扩大工厂工艺流程以适应市场的需求。

首先要着手解决的是生产合格率问题。该厂的设备和工艺目前一时难以改动，工人的技术等级又普遍偏低，这是面对的现实。我试图先从图纸上尝试一下。先把全国各大厂（如洛阳拖拉机厂、上海柴油机厂、无锡油泵厂等）的图纸聚拢，把S系列的图纸作了分类。经过缜密思考，提出了一个新的设计基准和工艺基准基本一致的尺寸布局，尺寸重新标注，这样不但容易加工，喷油口的面积变化也很小。新图纸出来后，跑到洛阳拖拉机厂和汉江油泵厂征求意见（没有提出反面意见）。紧跟着在《油泵技术》上刊载，广泛征求意见。热心的同行们立即来信鼓励我试验，在和油嘴生产线上工作的陈技师商量后，由他主持工艺。几次试验的结果是这样：先按4S1型油头加工，合格率为50%左右。把不合格的油头继续按15S15型油头加工，又有合格率40%左右，这样一次性总合格率就能达到90%左右，而且油头喷油面积变化的标准偏差很小。这样一来，大量节省了不锈钢材料，节省了工时，还增加了一个新品种。15S15型油头的生产成功终于使大部分趴窝的大马力拖拉机动起来了。这是1976年的事。

1977年，油泵行业遇到一个难题。II号油泵要配合发动机增压，油泵的供油量要加大，但偶件的直径不能加大。那么就只能加大供油行程。而泵体的空间也不能加大，这样柱塞簧就不好设计，行业会上大家都觉得很难办。我是学自动武器的，最熟悉的是弹簧。很快找到一个弹簧优化设计方法。根据这个方法设计的弹簧体积最小，应力也最小，能满足增压的要求。我请厂721大学的学生予以验证，结果确实如此。立刻将这个结果函告洛拖厂，并在《机械工人》上发表。由于这篇文章的发表，正在新疆南疆公路上劳动改造的大学同学祖静知道我也到了西北。祖静原是北京工业学院学生会主席，留校后筹建随动专业，反“右派”运动中被打成“极右分子”，被押送到天津茶淀劳改工厂，“文革”期间又转移到新疆南疆。

甘肃省当时就这么一个发动机油泵系统配件厂，按照机械工业部的规定，主要满足本省手扶拖拉机的需求。但是，常有其他型号的拖拉机因发动机配件不足，停工趴窝的不少，品牌又杂。拖拉机手走上门来，往往因配件型号不符空手回去，只好到全国各地去求援，花费太高，还耽误农时。我想，本厂有义务缓解本省这种需求，于是骑着自行车到郊区或邻近的农村各拖拉机站了解，作详细记录。经过半年艰辛调研，基本摸清了趴窝的主要型号。我说服了主管生产的副厂长，增加一些额外的配件。那时的国营企业，不追求利润，多一事不如少一事。1977年末，我设计了一个适用于四种大马力拖拉机的统用喷油器总成，在郊区几个拖拉机上试用后，作为宣传，便在《甘肃农机》上发表。

说起来也不难，就是在本厂的喷油泵总成中，把 4S1 喷油头换成 15S15 喷油头，再根据不同的机型配一个压板，不增加生产线，只加工一个压板，就变成一个新的喷油泵总成。这是一个很有创意的小发明。这为工厂又增加了适用多种拖拉机的油泵总成，当年登门购新总成的客户不少。

这三项改进，受到机械局的特别重视。1978 年元月份，我被邀参加了当年的甘肃省科学大会，受到通报表彰，被授予甘肃省先进科技工作者。比我高兴的是我哥哥，他知道弟弟的精神状态真的调整过来了。他说：“人跟竹子一样，要一节一节的活呀。要跟水一样，不停地流动，流水不腐!”非常怀念洛阳拖拉机厂的彭大流，郭文清夫妇，他俩是广东省潮汕一带人，分别在油泵分厂和发动机分厂任职。彭工在油泵分厂技术科，见我为了一个细节，不断往返于两个分厂，开始全力帮助我。现场探访，资料查询，甚至引见专家都很周到。郭工在发动机分厂，经常带我了解一些特殊工艺。二人天性助人，使我长了翅膀，较快地懂得发动机供油和燃烧的全过程，才有了以上那些进步。

这是 1977 年，一件抹不去的记忆。夏天，我骑着自行车调研发动机配件，在农机公司门口碰上一辆停在路边的中马力拖拉机。据司机讲，这种拖拉机是早年从国外进口的，定西专区不少，大部分已趴窝，主要是配件在国内买不到。因天色已晚，他要赶着回去，了解不到详细情况，便留下他隔壁邻居的电话。趁热打铁，第二天便约好去他家采访的日期。过了几天便乘火车到了定西车站，又走了一个小时便到了司机家。大门敞着，里面一溜有四五间小房，院子对面堆满了柴禾。我站在院子中间，大声喊了几声“有人吗?”没人吭声，就决定到门外等一等。刚走两步就听见咯噔一声，接着听到房门打开的声音。立刻意识到有人在家，刚一回头就看见一个小脑袋缩了回去，又关了门。我两步三步走过去推开房门，却不见人影，仔细环视一下，只见房内沿墙堆放着两个空粮柜，炕上铺了厚厚的一层麦秸儿，中间摊开一个大洞。径直走向大洞，用手一压，果然看见一个 6－7 岁的男孩，一丝不挂地蜷缩在草底下。我问他：“你家大人呢?”他怕生人，问了几次都不不吭声。就在这时听到拖拉机进院的声音，孩子如释重负钻进草堆。司机见了我，抱歉地说：“赶来赶去，还是你先到了。”寒暄几句后，立即进入正题。拖拉机是意大利伯莱达公司的，拆下喷油系统一看，还好是 S 系列，详细测量了相关部位尺寸。不一会，该了解的都有了结果，拆下的油泵又恢复到原位。看看太阳已偏西，司机只好留我吃客饭。他一边大声地喊做饭，一边领我进了另一间小房。原来这个房间的生活陈设比较齐全，有炕、有毡、有被、有柜，还有一张八仙桌，可能是客房，自

彭大流、郭文清一家（1978 年）

已不住。他把小炕桌往炕沿上一放，推我上炕坐定。回过头来朝外面嗔怪一句：“怎么还不动伙？”只听见咯吱一声兼门环的撞击声，一个妇女快步从院门一侧出来进了对面的厨房。隔壁的孩子一听母亲进了厨房，也光着屁股咚咚咚窜了进去。那女人是弯着腰，左手护着右肩进的厨房，这一切我看在眼里。

香喷喷的一大碗白面土豆疙瘩汤，几块切好的玉米面大饼，一盘鸡蛋炒韭菜，饿极了的我狼吞虎咽下了肚，就像那饿极了的猪八戒偷吃人参果，连什么味道都没有尝到。我一抹嘴，这才发现司机只吃了小半碗，他说地头上已吃了一顿。却也没有想一想，我们见面时还不到晌午呢！我准备走了，并约好以后再会，便下炕向厨房走去，感谢一下女主人。女主人没有想到客人来厨房，正在吃饭的她忙不迭地伏身跪在灶门口，右手握住风箱，左手掂起拨火棍在灶膛内拨弄，其实火早已灭了。孩子还在吃饭，只见他弯着上身正在喝锅台上一个窝窝内的玉米面粥，手里还攥着一根扎着面疙瘩的柴棍棍，咬一口疙瘩，弯下身喝一口粥。碗呢？如果那个泥窝窝不在锅台上而在地上，这跟动物进食有什么两样！再看看光着身子的孩子，心里一阵酸楚。我这才明白，司机省下的大半碗是留给娘俩的，他自己还饿着呢。早知是这样，我该少吃些菜。司机说孩子调皮常甩碗，大人是有碗的。我向拨弄火膛的女主人道了一声谢谢，低首垂眉的她，微微抬头不好意思的笑了笑。只见她一对乌黑的辫子斜搭在隆起的素胸前，一双柳叶般的秀眉镶嵌在明眸的上方，有裂口的双袖倒露出一双灵巧的素腕，毛兰布衫的破缝一个个成了点缀人体的“凤眼”（我妻子对孩子衣服上破洞的美称），右肩上有个大“凤眼”，刚才用左手捂住进了厨房。我在四川大足石刻欣赏过一个雕刻——媚态观音。游人们一到这里都要长驻凝视，雕刻者把女人美的亮点都展示在外，启发着游人“你读懂女人了吗?”比起那璎珞满身的媚态观音，眼前的女主人，年方二十六七，风华正茂 ，毛兰破布衫难掩她的秀美，倒是活脱脱一个落难的观音。要不，给她换上一件收腰的长裙，微风中一立，准是一棵临风玉树。若轻摇舞步，亮出婀娜身材，更是婷婷袅袅。时下，你会说这是资产阶级情调，那么就换上时髦的女军装吧（那是让女人男性化的“飒爽英姿”），那也比成天握着皮带横眉冷对的女红卫兵强上百倍，甚至千倍。千不怪，万不怪，只怪她生错了时空，只落得破布衫罩住了自己的身躯，不是落难观音是什么？我从短暂凝思中醒了过来，她仍在拨弄着早已没了火星的灰堆。看来，只要我不离开，她就是跪着不起的了，要不，她的布满“凤眼”的衣裳会给她“丢尽”最后的尊严。我道了一声谢谢，在孩子头上抚摸了一阵，上路了。

司机用拖拉机送我。他说，这里有孩子的农户在锅台上都有盛饭的窝窝，他到处跑动能弄到水泥，大部分农户的窝窝是用黏土做的，表面上烧结了很厚的猪油层，以防裂纹产生。妻子有完好的衣服，今天她不知道有客人来。按照国家规定，工作人员到农户吃一顿派饭，付半斤粮票 3 毛钱，我付了 1 斤粮票 5 毛钱。他说粮票太珍贵，当前农民吃“返销粮”（农民借贷吃国家的粮）仍吃不饱，又不让私人售粮，黑市价格不断涨，光出政策不管效果，逼得一些人找到吃饭的新诀窍，就是偷着进城讨饭打工。收容队（专抓进城农民）抓住也不怕，抓了就得给饭吃，还能免费送回家。我说，这样他政治上就抬不起头了。他说：“吃饱肚子要紧，他们不认为那是犯罪。现在胆子更大了，夏收后就蹓进城，家里的粮食留给老人小孩吃，人多了以后收容队就抓不及了，睁一眼闭一眼，反而清闲了。偶尔抓几个有钱的行商，勒索些钱了事。”原来基层还有这等事情。

坐在车上，一路想着白天司机家的事，对我非常震撼，一个蓝天下，世上还有这样的生活！那些天天喊着要消灭三大差别的人，都在不断地扩大差别，又制造了城乡户口差别，不是讽刺吗！我的脸颊不觉湿了，坐在对面的人以为我发生了什么事，时不时看一下。回厂的第二天就找了陈德，他家就在定西农村。他说，定西地处陇山顶端，甘肃中部最干旱的地区，困难年代死人最多的地方。正在恢复中，“文革”又来了，农民更难解决温饱。当前，百姓怨气很重。前些年在百姓中搞了一阵“忆苦思甜会”，选一些苦大仇深的老贫农给年轻人回忆旧社会的苦、新社会的福。困难时期没留下多少老人，还有一些60多岁的，也不多了。这些老人都不识字，尽管会前千叮咛万嘱咐，只能这样讲这样诉，可到会场，黑压压一片人，一紧张教给的话全乱了，只有实话实说才顺当：“要说这辈子挨的饿，60年代最苦，到处缺吃的，没处去讨饭，只能等死。饿死的也是那几年最多，死了人就地埋在院子里。”这是啥效果？很快就收了。有一年国内几个最困难地区向国务院汇报情况，周总理知道定西百姓没有衣穿，流着泪说：“我这个总理没当好！”和兰州军区商量，给定西每户发了军大衣。陈德说，百姓病了没钱，他一探亲，亲戚们都要借钱看病。他告诉我：“幸亏你去的是司机家，一般人家做不出那顿饭。”我说：“你下次去定西先说一声，我买一件上衣、裤子的布料和一双女鞋，先带到您家，等司机来取。”他是答应了，可是看那神情就知道是不以为然，困难户这么多你接济得了吗？你们这些在大学养尊处优的人，社会上的啥事都不清楚。他哪里知道，我就是从大学里逃出来的，大学教师被比作“王八”，任人玩弄和侮辱，另有一种苦楚。我真想不通，百姓饥寒，国家又顾不上，百姓自己找点活路又不允许，有这么霸道的吗？

我刚到兰州的那几年，哥哥还在十中上班，教研室里他的年龄最大。正是批林批孔运动紧张开展的时候，他原本很尊敬中山大学的儒学家杨荣国教授，可这次运动这位教授以权威自居，积极迎合“四人帮”的调子，到处讲话，对儒学大加歪曲，成了御用文人，哥哥对他很鄙视。他没有看清，批林批孔是一场有所指的政治斗争，而不是学术之争。教研室里他经常憋不住，起来解释或拨正。譬如说对于“民可使由之，不可使知之。这是‘孔老二’的愚民政策”，他纠正说：“这是断句有误，古人没有这种语言，是不懂古汉语造成的。应是：‘民可，使由之；不可，使知之。’百姓对你的主张拥护，就让干下去；对你的主张有意见，就要解释清楚。这哪里是愚民？”“民可使由之，不可使知之，那是老子的主张，教民以愚，不可教民以智。”又如“学而优则仕”等他旁征博引加以纠正，结果引来全校对他的批判。他还不吸取教训，下次照样又来。他不是不知道反对批孔有政治风险，但义愤和责任让他难以平静。后来他逐渐看出来，一次次的大字报是走过场，很多年青老师从他的讲解中学到了不少知识，兴趣还不低呢！老青两代人像在演双簧。我当时理解不了这种情况，不由分说地要求他退休，认为人老了别再受这份气。1976 年正当 60 岁，退休后和我一起住了 3 年多，直到我离开兰州。几年来对我传授了不少传统文化知识。他耿耿于怀的是后人对孔子越来越不认识了，说：“孔子是爱人的，积极入世治世的，从来不讲明哲保身，对孔子的学说应放在春秋战国去找。”“中华民族的形成，民族文化的形成，儒学贡献最大，批孔是批不倒的。”这样乱批下去，败坏的是民族，坑害的是青年。“文革”中“四人帮”大肆吹捧中国历史上的法家，他却说：“中国早期的法家是一个最黑暗的权术派别。他们想用强制的秩序和纪律来强国，力主君主集权，以“权”与“术”驾驭臣民，以严刑峻法驱使人民。法制不是建立在道德基础上，而是建立在人民如何被强力和恐惧来控制。像商鞅的什伍连坐法（秦代的编户制度）是反人性的。一些法家本来就是一批政治钻营者，如李斯与赵高勾结，矫诏害死太子扶苏，动摇了初步统一的秦国。秦始皇死后，不到三年的工夫，就被揭竿而起的农民推翻。这就是法家治国的样板。一些法家人物道德很坏，如吴起“杀妻求将”，十分卑劣。总的来讲，这些法家“智术”不少，而“心术”不正。智术常被那霸道的统治者袭用，心术则成了那些佞人揣摩领导的范本。那几年，他的思路越来越清晰，理性越来越强。他认为，社会要提倡人性回归，这意味着社会就有凝聚力，能蒸蒸日上。《三字经》一开头就说赤子之心是善的，儿童启蒙就强调性善。他还对社会长期流行的“越有文化越反动，越有知识越愚蠢”，进行了尖锐地质疑。“说三个臭皮匠，赛过诸葛亮，在生活中调侃一下倒也罢了，但是用来贬低知识分子那是笑话。你能让三个丑皮匠提出‘隆中对’吗？提出‘万有引力和相对论’吗？搞导弹和原子弹为什么不请出臭皮匠来担纲？大跃进年代不是有成千万的臭皮匠炼钢和放卫星么，结果怎样？”“说知识分子怀的都是假知识，要学真知识就要到手上有牛粪的农民和手上长茧的工人那里去，所以不惜浪费珍贵的时间，将大批有文化有知识的人下放到农村接受广大文盲的再教育，这是一种倒行逆施！”因此，他对当时流行的名言“高贵者最愚蠢，卑贱者最聪明”作了针对性的批改：

聪明者最高贵，

愚蠢者最卑贱。

勤奋学习的人必定智高慧中，而受到尊敬。不学无术的人必定蒙昧无知，而受人鄙视。还说：“人与人之间如果斗得‘其乐无穷’，社会必定分崩离析。社会不崇尚文化，也会愚劣败坏。”

社会内斗不止，人民苦难重重，还看不到尽头。哥哥在晚年笃信佛教，受戒于北京佛学院，成了在家居士。因其语文和历史功底很厚，佛学知识非常精道，走访一些佛学院，进行心得交流，宣扬宽容和谐。在历史上，一些对国事和社会比较注重参与的知识分子，走上这条路的不少，有名的如苏东坡、李贽、李叔同等，心路的轨迹不可思议！1995 年，哥哥在兰州病逝，享年 80 岁。生前学生众多，吊者如注。从效果来看，确实在晚年度化的功德很大，应该说是他的思想对社会的一种贡献。

在我人生的旅途，兄长格外疼我，他的及时指点和力戒使我度过了许多险关，从而没有做过大的错事，没有做过愧疚的事。他的及时教诲，常使我消除心中的障碍，扬起希望的风帆。长兄如父啊！

第十九章

春回路转

1978 年 12 月，中共中央十一届三中全会召开，这是中国共产党历史上堪称最伟大的转折，结合我们自己的体会和认识，对于这个伟大的转折怎样高的估计都不为过。这次会议结束了困扰全国最长最严重的极“左”时代，结束了个人崇拜的愚昧时期，结束了对人民的暴虐。邓小平同志和胡耀邦同志等优秀革命家力挽狂澜，推倒了“两个凡是”，拨乱反正，大力纠正冤假错案，提倡实事求是和科学发展。全会的精神就像一夜春风，刮进了祖国大地的每个家庭，滋润了每个人怀有希望的心田。尤其是我哥哥，他认为“大错之后大改”就在此时。“小平同志三起三落，他的一系列讲话中，凝练出了不少深远意义的思想。过去我们吃了大亏，今后大亏不会再吃了。如果改得彻底，中国人的命运可能大大改变。”他言辞的兴奋是不言而喻的。按照他的说法，“肃反”、“反右派”、“大跃进”、“反右倾”、“四清”与“文化大革命”等政治运动造成的历史灾难与悲剧，给中国带来了比军阀混战和他国侵略更甚的浩劫。人民再也不能承受这样的苦难了。

在我的记忆里，1978 年是很使人振奋的一年。就在这年的 3 月 18 日，“全国科学大会”在北京召开了，这标志着中国的科技事业迎来了又一个春天。在此之前，各省市自治区分别召开了科学大会，征集多年积累的重要成果，通报表彰了一批科技工作者。我就是在这种情况下参加了“甘肃省科学大会”，并被授予甘肃省先进科技工作者称号的。那时节还谈不上物质奖励，但这已经足够了，我们心里积攒的是事业。

1978 年全国科学大会之后，掀起了科技人员归队的高潮。南京炮兵工程学院（南京理工大学前身）自动武器教研室没有忘记我，1973 年他们把我从太原困境中解救出来，现在又及时发来信函，希望我归队，去南京的户口已预

周恩来和邓小平力挽狂澜（1974 年）

邓小平拨乱反正
（中共十一届三中全会）

作了申报。曹占英非常想去，到大城市，能继续她的物理教学，孩子们上学的条件好。对我，则是犯了忌讳。我曾经说过，学校是个火坑，好不容易逃了出来，还能再跳进去吗？再说，我刚刚跨入了发动机行业的大门，干得正欢，退出去很可惜。最后还是没有去成南京。

不久，我又收到了太原机械学院同事的来信。太原机械学院已于 1978 年 6 月正式在原校址恢复，原光学厂停办，改为太机院办工厂，原太机教师继续留校任教。自动武器专业的部分骨干教师还在，希望我忘掉过去的事，回到学校。那些伤心的事怎能忘掉，这封信我没有给曹占英看，也没有回，这就是态度。却想起了远在新疆的祖静，这是至今压在深处的一颗明珠啊！

祖静是位兵器界的传奇式人物。他和我同在 1951 年考入华北大学工学院机械系，但不同班。他的学业和组织能力超常于他人，二年级时已担任学生会主席。1955 年提前一年毕业，筹建新专业（火控随动系统）教研室，已是魏思文院长的年轻爱将，可在“反右”中被重重地打成“极右分子”。可能是爱之愈极恨之也愈极吧，1957 年末，他和方文廷、马启光等其他几位被海淀区公安局押送到天津茶淀劳改工厂，1966 年根据林彪的一号令，他们又被发配到南疆。祖静的女徒弟申湘南抗拒了一切政治压力，跟随他去库尔勒修路，不久便结了婚。申原是一位中专毕业的技术干部，被分配到工厂。正是这个时候祖静看到我那篇文章，以为我也遭难发配到甘肃，因为他离校时，还在继续抓“右派”。1978 年祖静得到改正，按照政策应该返回原单位北京工业学院工作，他筹建的专业和教研室仍在北工。不知什么原因，北工就是不发商调函。这事被太原机械学院知道了，该校刚刚被批准恢复，而教师已大量流散，老院长厉瑞康慧眼识珠，立即联系调人。新疆方面呢，只要北工不要人就不会放人，当时因落实政策，向内地调走的人太多。太机想了一个办法，恳请北工出具“祖静原专业已迁往太机”的证明。这样祖静于1981年才得以调到太机，担任测试专业的教师。1984年他被提拔担任学院院长职务。一上台就与众不同，开始大刀阔斧地调整办学方向，与习惯势力的碰撞很是激烈，甚至丢掉了学院党委委员的职务。幸好有两届党委书记刘毓善和张开增坚挺的支持，终于突破了障碍。他还亲手开创了一门新的测试技术领域，培养了一批像太原理工大学校长张文栋这样杰出的博士生。50岁，这是他实现人生价值的起点，虽然来得太晚，比起那些自生自灭的或被摧残的众多英才，他是幸运的。

到了1979年初夏，突然接到第五机械工业部二〇八研究所的来信，信中转达中国兵器科学研究院院领导的意见，希望我归队，能否到该所工作，征求我的意见。我早上接的信，下午就回信表示很愿意去。哥哥也同意我去，感到我在一个小厂发挥不了多大作用。他对我有一个定位：“不是行政干材，满是科技干材。”认为我这样的人要有好领导才能发挥才干。北京是什么地方？水平摆在那里。自从哥哥退休后，就和我住在一处，每天晚上就是哥俩论“道”的时间，这使我能较多地吸收中国传统文化。现在突然要走开，两人都不忍分别。他说我还能干20年，还是走吧。这是他一生中第二次支持我去北京。然而，我在信中提到一个情况，宋平同志当了省委书记后有一个硬性规定，科技干部调往外省，必须由省委常委通过，任何单位不能私自放人。于是，二〇八所派杨嘉安带着第五机械工业部给甘肃省委的商调函到了兰州。省委同意后，我于1979年6月只身先到北京。

五机部二〇八所大门

研究所办公楼（于2009年10月被拆）

这个研究所的前身是1956年2月成立的军械技术研究所的枪械研究室，该所归中国人民解放军总后勤部军械部领导。1960年10月将原枪械研究室独立出来，扩编成轻武器研究所。1965年4月研究所整建制地转业到国务院第五机械工业部（即后来的兵器工业部），1966年将第五机械工业部第一研究所部分行政人员及原北京547厂的南口试验场并入，6月在南口成立了第五机械工业部轻武器研究所（代号为五机部九所）。进入“文革”时期，管理体制几经变化，在我调入时，名称仍为第五机械工业部轻武器研究所（代号已改为五机部二〇八所）。由于名称改动频繁，严重影响业务。后来不论管理体制如何变化，研究所的对外名称一概称为中国兵器工业二〇八研究所。该所地处远郊，生活很不方便。不久，我发现这里的职工工作非常积极，艰苦奋斗的作风很突出，都在精心地编织自己的业务，突显出党的十一届三中全会带给人们的激情。

我从1956年参加工作至今已23个春秋，半生坎坷，半生蹉跎。作家王蒙说，1957年到1976年是国家失态的季节。何止是失态啊！国家被折腾得接近崩溃，丢掉了许多发展的大好机会，人民遭遇了不断的恐怖，长期的内斗使社会分崩离析，鄙薄文化科学使人才断层，怎一个“失态”了得。虽然十一届三中全会郑重地宣告这一切已成过去，可这几十年留下的后遗症正如邓小平所说“积重难返”，工业、农业、环境的破坏以及江河日下的社会风气，都是尽人皆知的事情。我心中的感恩情结不但未曾丝毫动摇和丧失，反而产生了一种紧迫感，觉得必须好好利用余下的半生。有诗自勉：

坐地行空五十载，
天公难老人易老。
少不更事常跌宕，
老来奋蹄赖痴熬。
浓墨重彩绘改革，
我言秋日胜春朝。

最后一句为刘禹锡的诗句，就把我的秋日权当春日来利用吧。能来到二〇八所心里有说不尽的感激之情，快50岁了，这个所应该是我一生中的最后一站，新的起点。命运把我跟她绑在一起，我要为她的发展竭尽全力。

我到研究所以后，暂时安排到一室，这是产品研究室。因长期脱离专业，研究所领导要我熟悉一段时间。我在北工和太机任教中，教授和率领搞研究的学生约有九届（1967年以前毕业），这些学生留在北京的为数不少，相当一部分已处在领导岗位上。这对我调研和了解情况是一个非常优越的条件。我是一个久经坎坷的科技工作者，我也清楚自己能干什么：有 8 年时间在企业一线工作，熟悉了黑色金属和有色金属的加工特点、冷加工和热加工特点、毛坯精化工艺和超高精度工艺。这些工艺知识对机械产品研制肯定是重要的基础。还搞过近 3 年的测试技术工作，这种能力对科学研究是很重要的。多年来，我一直在自学一般力学，因为力学是研究机械产品的基础。我在寻找适合自己的突破口和切入点。

我选中了计算机作为切入点。进入 70 年代末，计算机已深入到工作的各个方面，成为人的重要辅助工具。北京的所有研究单位基本都配备了计算机。那时用计算机没有现在方便，应用软件还要自己编，然后才能上机。当时，所内没有计算机，已有人进城找计算机解算内弹道，进城很不方便，而想用计算机的人越来越多。我把购置计算机的意见汇报给一室主任李正凡，正凡很支持，并派程女范、赵枢铭协助（后来又请到搞检测的张居兴、孙信远二人）。经我们研究，决定建立计算站。兵器科学研究院有一个设备处，专门为下属研究所配置设备，我们首先到该处，管计算机的人一听我们的要求，先是惊讶，然后是大笑。他说："下属单位就二〇八所还没有计算机，前几天给你们所留了一台微型计算机，可是科研处来电话，说是不需要，结果机子被 70 所所长提走了。这才隔了两天，又急得不得了。这到底是怎么回事？"我们听后愣住了，所内科研处竟有这种观点，使我们始料不及，也非常惊讶。我说："谁这么说的，我们回去一定澄清。不过您想一想，现在大一点的工厂都有小型计算机，一个研究所连一台微机都没有，能行吗？"他说："也是！我们也意外，别的单位抢着要，有的已有了小型计算机，你们所的领导真怪。不过我们处里已没有微机，如果你们有外汇，处里可以帮着订购。"有此承诺，我们便去搞外汇。北方工业公司伸出了援助之手，将一些外购合同中的剩余外汇拨给了我们。这样我们于 1980 年初购进了三台微机。有了微机后，便马上建空调房，并开始培训微机操作人员。两个月的时间，一个小型计算站便建立起来了。程女范在其中立了汗马功劳。她于 1965 年毕业于大连工学院力学系，极聪明且很勤奋，气度宽厚，是团队的核心。机子买来以后，其余的事全靠她张罗。为了扩大应用，所里办了一次培训班，并开始接受外来任务。1986 年初，她到了中国标准化研究院，成了那里的技术核心。我们虽然只相处几年，却留下了久远的怀念。

1980 年 10 月，民政部批了我入京的户口，曹占英告别了兰州的亲人和油

惜别程女范、王增德夫妇（1986 年）

曹占英、朵英贤、陈培梧（2002 年）

泵厂的同仁，带着孩子来到北京。我趁去西安开会的机会到兰州和亲友告别。在此之前，还发生了这样的一件事：那年初，五机部为贯彻干部“年轻化、专业化”精神，部领导都分别到各地的下属单位挑选厂级干部。当时五机部的来金烈副部长不知怎么知道我在北京，而且还没有落户，立即叫我去见他。1966 年，实习学生在工厂闹事时，他正担任厂长，曾救助我好几次。一见面，他就开门见山动员我去重庆某厂担任厂长，我答应考虑一下。老部长以为我答应是不成问题的，只是考虑一下条件而已。而我却好似口含一个桃子，吐又不好吐，咽又咽不下去。于是马上去找部里工作的几位学生，他们一听，几乎都不同意去重庆。一是48岁了，已不年轻，工厂见效不那么容易。二是单枪匹马挑不起那个重担。三是重庆气候太热，一家人从北方去适应不了。何况年届50岁了。四是从兰州去重庆，还不如回到兰州。结论是争取留在北京。因此，我决定不去了，由这几位学生在部里替我把事情作了消解。可是人事司的介绍信早已写好了，重庆某厂党委书记吴廷英同志在重庆等通知到达后，要来接我呢。后来，听说派邹元元去了。邹是比我低两届的同学，每当我们见面，他总要开玩笑地抱怨一句："我是你的替死鬼噢!"他干得真不错，算是老天的拨派吧!

第二十章

“精卫填海”

在建设计算站的过程中，我已有了下一步打算，为研究所筹建一个动力学研究室，加强技术基础研究实力。一是因为当前二〇八所的业务主要在产品研发上，与企业相比没有优势。二是因为看到国内同类研究单位正在大力加强技术基础研究，系统购置分析和测试的先进设备。当时主管科研的石拓副所长支持我的想法。在他的操作下，1980 年 11 月，研究所成立了自动武器动力学研究室（二室），由我和陈培梧担任正副主任。二室的主要任务是技术基础研究，也是未来预先研究项目的主要承担单位，这是研究所领导认识上的一大进步。过去，研究所主要搞产品研制，因为子弹便宜，搞“画、加、打”以轻武器行业最为严重。自动武器的发射及命中过程是高动态、高幅值、高频响，不能单靠理论分析，还要辅之以实验研究。由于研究手段薄弱，普遍深入不下去。和陈培梧商量后，决定以现在正在进行的项目为基础，按其将来的发展前景进行了梳理。不是说“工欲善其事，必先利其器”吗？必须为各项目购置设备。我们两人分工，他主持内务建设，包括人员安排，我全力为研究室解决设备问题。

20 多年前，我在实验室曾经干过三年武器动态测试技术，凭着这点功底，我在北京市及兵器行业内广泛地展开调研。这 20 多年，测试技术特别是在计算机出现之后，变化很大，没有一个长时间的调查，就不能拟定正确的建室方案。一个具体问题是交通问题。研究所地处远郊，无公交车，只能乘坐早晚的市郊火车。三顿饭要在外边吃，每天的伙食只补助一餐（0.5 元），这样长期在外奔波是不行的。所里的车可以派，可得管司机每天中午的一顿饭，长期这样就管不起。要么中午以前赶回所里吃午饭，可是进城办事的时间只有 1 个小时，办不了什么事。这可难住了我。最后下定决心，暂住在车道沟的地下招待所，早上馒头豆浆，中午一个烤红薯，又热又香，又便宜又卫生。晚上吃好点。整个1981年就是这样断断续续度过的，成绩确实不小。兵科院设备处了解到二〇八所的设备太差，只要我们能凑够外汇，就可以帮助订购设备，许多兄弟厂也尽量给我们支援外汇额度。为了购置设备，许多重要的国外设备使用单位，我一一地登门了解，许多国外设备公司的商务代理部都留下了我的足迹。1982年，我们开始谈判，引进国外设备。由于国家设备进出口机关在审查项目时，我既能详尽的说明需求，又能准确地描述设备应具备的特性，所以一审就通过。这一年，总共签署约100万美元的设备，还有数十万国内生产的通用设备。这些设备的主要功能是自动武器各种动态参数的测量和分析，为本室的七个研究课题提供研究基础。由于别的研究室长期没有引进过设备，反差太大，我就主动为他们订购了一些高级分析系统。1981年前后，我们引进了许多力学和物理专业的毕业生，加强了技术基础研究的实力。二室的人气很旺，新人多，矛盾少，有朝气。

1983年以后我离开了比赛场

为了活跃学术气氛，提高研究能力，在陈培梧的组织下，研究室每月举行一次读书和学术报告会。这样，研究室逐渐形成了很浓的学术氛围，报告会的水平也在不断提高。晚上办公室掌灯最密、研读的人最多、时间最长的是我们二室。四室主任刘振纲了解以后，也准备这么搞，他很想把弹道研究加强。

二室还有一批专职测试人员，因为当时项目不多，就组织搞“曝光控时仪”、“程控报时仪”、“测速计”等产品的研究和生产，一来提高技艺，二来提高经济效益。“控时仪”已在北京等地大批出售，每年挣回数万元人民币。

与法国某公司谈判（程女范、李维）

1982 年 9 月二〇八所二室全体合影

可是在平均主义的环境下，二室只能每人每月多发 3 元补助。于是二室就开始做公益事业，为工会和青年团提供羽毛球、网球、排球等体育用品。

1983 年 8 月，我被调到总工程师办公室，担任副总工程师。让我分管一室和二室的业务，离开行政管理。在这个岗位上还做了以下几件事情：

1. 87 式 5.8 mm 自动步枪改型

20 世纪 80 年代中期，军方开始考虑国庆 40 周年阅兵时用什么步枪装备受阅步兵。“文革”期间，我国自行设计的63式7.62 mm自动步枪因可靠性等问题撤销装备，后来暂由56式7.62 mm半自动步枪（仿苏）装备步兵，不久在对越自卫反击战中又逐步撤装。在1981式7.62 mm枪族设计定型后，于1984年陆续装备全军。但这个枪族从核心结构到外形仍没有摆脱苏式结构，军方不愿用这个型号接受检阅。正好，这时正在研制新的小口径枪族。小口径枪族于1987年设计定型，命名为87式5.8 mm枪族。87式枪族由于总体性能与国外差距很大，定型后并没有装备部队，这样国庆阅兵用的步枪还是定不下来。最后，军委决定采用改型后的87式5.8 mm自动步枪。因为87式步枪与81式步枪一样，核心结构和外形也没有摆脱苏式结构，至少要将外形大改才能用于阅兵。设计过步枪的人都知道，心脏结构不变，只改外形，那是非常困难的。研制工厂进行了多次修改，军方均不满意。眼看着时间临近，军方和工业部门商量，由全行业进行攻关，依托在北京的二〇八研究所。1988年9月，组建了改型团队，成立了三人领导小组，组长由军方担任（轻武器论证所马式曾出任），副组长由研究所及工厂担任（二〇八所为朵英贤，296厂为刘肇琪）。那个时候，正值全行业开始酝酿新的小口径枪族的研制，既然87式要改型设计，何不利用这次机会，把国内可以利用的先进技术作一次应用？领导小组决定，改型设计中应大量应用工程塑料以节约木材，以表面燐化技术替代目前的氧化技术以提高耐磨性能。最后选择济南53研究所的尼龙1010改性高强度高韧性工程塑料和南口机车车辆厂引进国外的燐化技术。改型工作的方法方面，为了节省每个试样都要加工的时间，实行了“按图索骥”的古老方法（传说中寻千里马的故事），请来两位工艺美术设计教师，将团队中每个小组提供的不同方案用立体和彩色绘制出来，形成效果图。设计团队共提出5种方案，绘制了5种彩色立体图，然后编序带到总参谋部、国防科工委及兵器工业部（当时是国家机械委员会），都是各部首长群体预选，最后确定了一个方案。我们就按所选方案进行样枪加工，工程塑料的颜色一时难以配出，就请南口暖瓶厂予以配制。很快出了样枪，与立体效果图还是相差不少，但已与87式自动步枪大不一样了。因为时间紧迫，又是军方参与主持修改，改型设计算是通过，共花去两个月的时间，可谓神速。1988年底，投入生产，1989年中，全部阅兵用的枪械交付军方。该自动步枪被命名为87A式5.8 mm自动步枪，1991年获部级科技进步二等奖，阅兵以后不再生产。

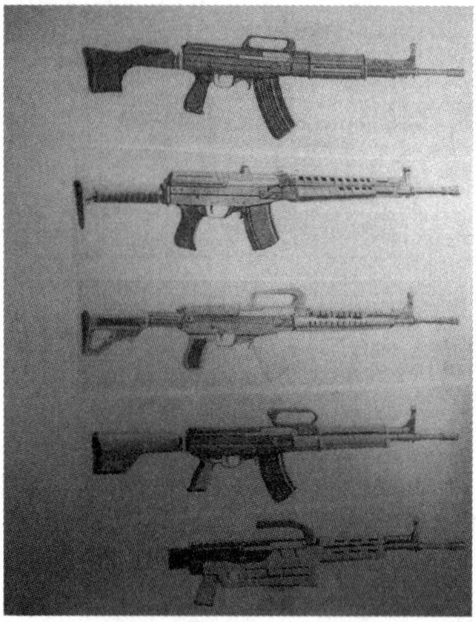

87 式 5.8 mm 自动步枪改形效果图

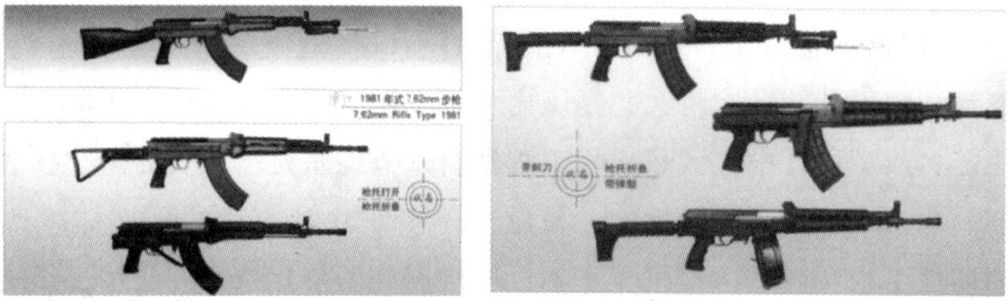

(a) 87 式　　　　(b) 87A 式

87 式及 87A 式自动步枪

2. 主编《中国兵器科学技术词典》(轻武器分册)

1983 年夏,《兵器工业科学技术词典》的编纂工作开始。这是一部兵器工业科学技术方面的综合性工具书。宗旨是尽量反映当代世界兵器科学技术水平,也尽量体现我国在这方面的成就和经验。力求做到内容充实,概念清楚,图文并茂,以满足各方面读者的需要。这部词典按专业分为综合、装甲车辆、车辆发动机、弹道学、轻武器、火炮与火箭发射装置、火力控制、光学工程、炮弹、火箭与导弹、航空炸弹、地雷与爆破器材、引信、火工品与烟火技术、火药与炸药、防化器材、环境工程、防腐与包装 17 个部分,词目约 12000 条。由兵器工业部(十年间按时间的称呼分别是第五机械工业部、机械工业委员会、机械电子工业部、北方工业(集团)总公司)副部长王立任主任委员,兵器标准化研究所所长游首先任总主编。编委会委员共 34 人（含各分册主编）。我担任《轻武器》分册主编。该词典于 1995 年编辑完成，1998 年获兵器工业部科技进步一等奖（我是第三名）。

科技委成员（张昆勋 朵英贤 林国平），1989 年

《轻武器》分册由我和 791 厂张文达总工程师分别担任正、副主编，编委有丁世贵、马式曾、王以德、王宗达、朵英贤、李光亚、李宝瑞、吴世俊、张文达、涂光苏、曾畅基、穆允金等。轻武器是战争中近距离作战的武器，品种繁多。第二次世界大战以后，发展很快。我国由于种种原因，与国外的差距加大。改革开放以后，接触国外新品种的机会大幅增加，但武器、弹药、部件及配套器材的名称五花八门，学科上也缺乏合理的规置，这给轻武器的发展和国内外学术交流产生了消极影响。《词典》的编纂，给轻武器专业一次及时梳理的机会。我们在北京、南京、重庆、洛阳、苏州、石家庄等地借着分编委会会议，召开七次全轻武器专业会议，就轻武器学科范畴、隶属框架、词目设置、名称的确定，释文内容逐层进行反复的讨论和审查。这样做的效果是行业内部对全书的内涵和内容有了共识，使《词典》在行业内树起了权威。其次，在大会中又请到相近学科辞书的编辑成员参加，也协调了各学科之间的关系，如“近战武器”、“榴弹”、“单兵导弹”等等词目归属都取得一致。同时也比较全面地收集了警用武器和民用发射器材。最后，关于“榴弹武器系统”因有少数意见分歧，决定保留总词目的不同称呼，统一子条目的全部内容。整个词目框架及词目内容基本与国际接轨，有利于交流。由于轻武器分册的上述成

绩，分编委会受到了表扬，另拨专款以资奖励。全分册共有 10 章，收词 945 条，约 44 万字，参与撰写的有 90 多位专家，历时约 9 年。

分册部分编委（左起：朵英贤、马式曾、王宗达、李光亚、王以德、丁世贵、吴仕俊、涂光苏、李宝瑞）

3. 编著《自动武器设计新编》

20 世纪 80 年代，计算机辅助设计在国内逐渐开展起来，辅助设计必须依托各种计算和分析的数学模型。对于自动武器，流行于行业内的都是适用于教学的数学模型。但对于工程来讲，这种模型的分析精度太差。为此，我开始物色适合于工程应用的数学模型。这项工作于 1985 年开始，我利用一年多时间，从国内外的各种刊物和技术资料中筛选了 40 多篇经过使用的数学模型，加上原来可用的模型共 60 多篇。但这些模型中的大部分还需要原作者进行必要的修改和完善，还要提供一个工程算例。没想到，各位原作者反响热烈，于半年之内返回修改后的稿件。这些稿件中有一部分稿件的模型正确性需要进一步提高，一部分外文稿件翻译不准确，共性问题是格式和符号相差太大。那时，我正忙于编《词典》，精力不济，于是请南京理工大学戴成勋、靳天佑二位先生参与编写《自动武器设计新编》。全书共 6 大篇，戴先生负责自动武器自动机动力学、转管与链式自动原理及动力学；靳先生负责自动武器动态响应力、自动武器典型结构设计；朵英贤负责自动武器结构动力学、自动武器的评估方法。该书于 1989 年成稿，由 44 位专家教授提数学模型，约 57 万字。该书被国防科工委国防科学技术图书出版基金评审委员会选中，予以资助出版，于

1990 年国防工业出版社出版。该书出版之后，成了专业教学和研究的重要参考教材。但是，想把教学模型改成工程模型的目标还没有达到。

4. 轻武器辅助设计软件包

到了 20 世纪 80 年代中期，轻武器行业各单位都配置了微型计算机，企业开始积极参与新产品的研发。为了普及计算机的运用，从 1986 年开始，国家组织各单位共同编制专业常用的计算机应用软件。由于二〇八所有计算站，这项工作由二〇八所抓总，我是总负责人。方法是各单位分工自编，经过试验成功后，汇集成立“应用软件包”供大家使用。花的精力不小，形成了一个“轻武器辅助设计软件包（CADSA）”。由于国外软件的飞速发展，我们刚编完即已过时，因此 CADSA 没有来得及推广。但这项工作明显地推动了行业内计算机的应用。

轻武器分析软件包审定会（1987 年 3 月）

经过几年的实践，我们发现轻武器行业经过“文革”可以说是受到灭顶之灾。我很怀疑，我们的工作是不是在“精卫填海”？

1964 年 8 月，在毛泽东提出“要准备打仗”、“三线建设要抓紧”的历史大背景下，全国的工业部署要做重大调整。假想敌先是在东南方向，东南方向的腹地深处是三线，国防工业的大部分要往三线迁。一些国家命脉企业也往三线迁。没有过几年，与前苏联在边境兵戎相见，北方又出现假想敌。于是大量国防工业和命脉企业也往西北方向的腹地深处迁移。双向一挤，四川、贵州、甘肃、湖南、湖北、江西、安徽等一批地区成了三线建厂的热地，部属企业陆续往这里迁（大三线）。不料，在同年毛泽东又提出，在发生战争时，要“省

山洞里的车间

自为战”，各省都要办兵工厂（小三线），并指出“小三线可以解决一个战略性的大问题，现在不为，后悔莫及”。这样，大三线、小三线要一齐上。按照“靠山、分散、隐蔽”（林彪把“隐蔽”又归结为“进洞”）的方针，企业距离大、中城市至少150公里，离开平原进山进洞，厂间距不少于10公里，一个配套群的单程能达50到100公里。这样的企业也就远离了铁路和干线公路。为了让领袖睡好觉，拼命地加快建设速度。在物资奇缺的情况下，只能大幅降低建筑标准，因陋就简和“干打垒”，口号是“先生产，后生活”，严重忽视群众的自然生活需要。山洞还在渗水，设备已堆了进来，人们照样上班。在这样的高潮中，轻武器厂及其弹药厂的建设最为红火。根据《枪炮工业》所载，截止到1985年的统计，大三线枪械厂有11个，小三线枪械厂有50个（32个步枪厂，18个机枪厂），而“文革”前只有5个枪械厂，数量是原来的12倍，这还不包括大量增加的弹药厂、瞄具厂、火箭发射器厂。现在看来，当时急着建三线厂，既要应付老帝国主义从东边来，又要应付社会帝国主义从北边来，联想到1969年开始在全国各城市挖防空洞，自己意识到树敌太多，有了恐慌感，以为随时都会发生战争，能睡得着吗？即使人民还吃不饱肚皮，也要把大量的物资和资金撒进荒山野岭，“靠山札大营”，不顾死活地折腾。稍微有头脑的人都明白，这样办工业就等于代替敌人戕害自己。恰好，“文革”中那极“左”的思潮也涌了进来，声言“我们农村出了毛泽东思想，难道就不能办工业”，“办厂没有条件，抬也要抬上去”。经常介绍“一无图纸，二无资料，白手起家”的泡沫“经验”。在这样泡沫式膨胀的情况下，新企业挂了牌子起不来，老企业到处支援被掏空。1958年全国上下曾经演绎过“鸡毛能否上天”

的故事，伤痛还没有过去，现在又改头换面地演着同样的戏。大批没文化的农村孩子进了新企业，技术干部及技术工人奇缺。物资供应困难，以及错误的“先生产、后生活”方针，群众的生存条件极差，各地企业长期无法正常开工生产。即使生产了，质量也极差。1963式自动步枪及56式枪弹遍地开花，结果63式因可靠性太差被撤装，那几年生产的十几亿56式枪弹，军队不敢用。1970年吉林省边境一个三线厂来太原机械学院招走了一批人，厂址在边境某县，只有一条三级公路通到县城。该厂又在远离县城的一条山沟中，只有一条没有等级的公路相连，大型设备只能靠飞机吊进去，生产物资及生活物资全靠这条道路。那是个多雨地区，一下雨，山路不能行车，生产难以维持，不能生产也罢，因为粮油副食接济不上，人要疏散出来。久而久之，这个厂的人员以种种借口回家或调离，到1975年的时候，从太原机械学院去的几位教师带着爱人和孩子又回到学校，这些教师去这个厂的目的，就是该厂答应把农村户口的妻子和孩子调在一起。因为生活供应艰难，他们还是选择了离开。新疆某山口的一群轻武器企业的命运也是如此。太原机械学院有一部分调去的人，不久也带着原是农村的妻子和孩子回到太原市。山西省吕梁地区的某县，布局七个配套的轻武器厂，只有一条公路通往太原，不要说生产物资，就连生活物资，这条年久失修的国道也负担不起，一下雨准塌方，工厂只好停产疏散，太原市的街道上吕梁的职工随处可见。1985年，在云南省国防工办一位科技处长的陪同下，我走访了一趟三线厂，当年在一位省级军队领导的指导下，三线厂的厂址基本上沿红军走过的路线确定，以突出政治意义。这条路线上的厂址不但偏僻、缺水，而且有各种地方病。为了隐蔽，厂房建得近似民居那样不起眼，烟囱不直立，而是沿着山坡建，时不时被堵死。如果是化工厂，进这样的厂房就要忍受刺鼻的气味冲击。工人们带着口罩坚守岗位，为了实现“解放全人类”的目标，为了让领袖睡好觉，在忘我的劳动着。许多工厂建厂后连围墙也不建，一下雨农民赶着羊群进厂房避雨，职工还没有吃晚饭，电影院的座位早被农民占满了。工厂为了维护职工的权益，采用发票看电影，电影院的窗口常被飞来的石头砸烂。天旱时，工厂的生产用水常被农民偷截，防不胜防。大量盗窃建筑材料的现象，更是常见。工人把这种情况戏称为“农村包围城市”。反映给上级领导，领导却认为“这是农民把工厂当成自己的家，是天然的工农联盟”。到了80年代末，三线企业的问题更加凸显，职工看病难，孩子升学难，青年人找对象难，退休职工安置难，还有地方病的侵扰，生存环境日益恶劣，人员大量流失。加上设备日益陈旧和专业人才断层，技术工人短缺，这时轻武器行业的技术状况已远远赶不上50年代仿制时期。战争没有打起来，可自己早已乱了阵脚，这还不算已经付出的惨重代价。说我们做了些行业建设的工作是在“精卫填海”，那是因为三线地区的后遗症还在发酵。“文革”结束后，生产订单大幅削减，企业和职工苦不堪言。如果看不到这种情况，“填海”就无从说起。

这一时期，中国兵器工业二〇八研究所起了行业中流砥柱的作用：紧紧追踪世界轻武器发展动向，为领导机关决策提供咨询意见。跟踪国外前沿，进行预先研究，在行业内挑起主担。为各工厂提供技术保障，提供实验条件。参与部分重点型号的研制。组织行业进行技术基础建设。我的精力主要在行业技术基础建设。80年代及以后，我的主要社会兼职有：

1985－1990年，任中国兵器科学研究院复杂武器系统CAD副总指挥。

1984－1992年，任中国兵工学会第二届、第三届理事会常务理事。理事长是兵器工业部部长唐仲文，秘书长是北京工业学院席燕文教授。

1988－1998年，任国防工业出版社出版基金评委会第一、二、三届委员。

1991－1995年，任轻武器预研专业组长。

国防优秀科技图书第一届评委会成员合影

第二十一章

折腾连连

1990年5月，国防科工委任命我为“新5.8 mm班用枪族系统”总设计师，这是一项国家重点型号研制项目，那时我已过了58岁。说来话长。

20世纪60年代，越南战争打得正热，美军陷得很深。美军士兵手持的7.62 mm M14式自动步枪的火力显然抵不住越军配带的7.62 mm AK47式突击步枪，美军于是于1965年紧急将国内定型不久的5.56 mm AR15式突击步枪生产5万支运抵越南，果然挽回了颓势。这种步枪因其口径小于6 mm，称作小口径步枪，射击时坐力小，射击精度高，弹道低伸直射距离很远。由于枪弹质量轻，体积小，士兵携弹量很大，总体性能要优于苏AK47式步枪。美国立即将这种步枪定为陆军装备，取名为5.56 mm M16式突击步枪。1969年将改进的M16A1式步枪配备全军（包括海军）。美军这一划时代的举措，无意中将步枪的技术由第三代引入第四代（小口径枪）。因为二战后期德国在战场上配备了7.62 mm StG44式突击步枪，步兵班的火力强度大增。战后，受德国影响，各国纷纷将步枪由单发发射为主改为以连发发射为主。这样一来火力强度是提高了，但射击精度减弱了，耗弹量迅速增加。于是各国都瞄准小口径，步枪小口径化显然是缓解上述矛盾的首选。这样一来矛盾又转到弹头的威力，到60年代，各国都有了技术储备，但谁也不敢贸然换装。越南战争催生了小口径步枪。之后，各国竞相研制，与之对抗的前苏联也立即密不透风的投入研制（1974年在前苏联十月革命节阅兵式上展出了5.45 mm AK74式班用枪族）。现代步枪的第一代是后膛枪，它的普适技术是定装枪弹、线膛身管、后膛闭锁机。第二代是机械装填枪，普适技术是各种机械供弹机（连珠供弹、弹仓、弹匣、弹鼓、转轮等）。第三代是自动装填枪，普适技术是利用能源的各种方式（导气式、管退式、后坐式、转膛式、链式等）。第四代是小口径（6 mm

以下）枪，这一代从1965年算起已有48年，还在发展中。它的普适技术可以暂作如下归纳：高能量密度的装药结构技术，高停止作用高侵彻的弹头结构技术，高密集度外弹道技术。这里没有结构上的特殊要求，如果把中口径的枪AK47式自动步枪和小口径的枪AK74式自动步枪放在一起，结构上很难区分是第三代还是第四代。但小口径枪的技术内涵很丰富，如步枪的膛线是精锻成型，装药结构是双基球形装药等等，制造难度远比中口径枪步枪要大。主要是小口径枪的弹头质量很轻，对远距离目标连续射击时命中概率低，终点效应差，这是小口径枪的先天性缺点。所以，要步枪进入第四代，材料上和技术上须有充足的储备。

接待美M16步枪设计师斯通纳（1989年）

这正是我国“文革”如火如荼的时节，整天在喊“打倒帝（国主义）、修（正主义）、反（动派）”，“解放全人类”，既有这等步枪，哪有不动之理？1971年3月总后军械部召开的“全国轻兵器科研工作会议”（简称“713会议”）中，确定自动步枪小口径化是重点发展项目。同年，工业部门也下达了新自动步枪的研制任务。同年10月，军地双方共同召开“全国新自动化步枪研制会议”。那么我国启动这项工作的基础是什么？从制造基础来说，当时正值大搞三线建设，设备陈旧，技术工人、技术人员严重流失，生产技术还不如仿苏产品初期，也没有任何预先研究的成果。只知道美国M16步枪的主要性能指标，至于用什么技术实现的一概不清楚。但是，1958年那“鸡毛也能上天”的傻气依然不减，三线建设中到处是嘹亮的豪言壮语“可上九天揽月，可下五洋捉鳖”，“一无图纸，二无资料，白手起家”的“事迹”，一切“左”的东西纷纷登台。这次会议上动员了20个新建设的三线工厂，2个老厂，2个学校和一个研究所，共25个单位分成了7个配套的按地区分布的攻关组，分别投入研制，遍地开花。这是轻武器界吹起的一支狂想曲。1972年底为了总结各地的经验，开了一次总结会，会议的口号是“放手发动群众，在毛主席革命路线指引下，为备战和世界革命作出重大贡献”。1973年3月，我因参加《步兵自动武器设计手册》的编写到南京炮兵工程学院，见到了这次会议的材料，因时代烙印很深，保存了其中一份，现把它作为附录一供欣赏。这份材料叙述了该攻关组在极左思想支配下，第一线攻关的详情，请读者耐心地品尝。

这篇总结空话连篇，套话成堆，是一片“吹”的大成，但政治含量极高。这个厂成立了厂一级的三结合领导小组，其中没有懂专业或技术的人员。在科研所里有一个“专业”研制小组。为了排斥专业技术人员，小组中吸收了中学文化程度的广播员和子弟学校教师，组织者以为小组中有了这两个人，写写画画的事就交给他们了，但他们一启动就迈不开腿，因为画一张工程图，那里面体现的全是工程语言和工程信息。每提出一个方案就进行力学的、弹道的、工程技术的分析，要给出一套工程图，需要专业基础。无奈之下，在众多专业技术人员中挑了一位精通专业、又精通工艺的老技术人员，这位老技术人员因有历史把柄悬在头顶，很小心，好使唤，这份总结中体现的重要成果是“调动”了一个知识分子的积极性。就是他不断地出主意，出方案，组织工程图绘制，组织试验，最后只落得被成功利用，不过是一个活工具。各厂的总结内容大同小异，都有一个内容是如何教育和利用知识分子问题。这使我想起毛泽东在前几年还说过“理工科大学还是要办的”，一些理工科大学奉旨开学招生了。原来工厂离开技术人员，光靠那些手上长茧的白字先生是没有饭吃的。这位老技术人员，在各次政治运动中因所谓的历史问题屡遭批判，纵有报国热情，现在只剩下生存所需的热度。

这场轰轰烈烈的群众运动到了1977年时，各单位利用旧设备啃出来一些样弹样枪，结构都是旧弹种、苏式步枪的复制品，性能很差。6个攻关组共22个单位全部走不下去而销声匿迹，只剩下一个四川攻关组。四川组得以坚持下来是该组真诚地重用了一位德高望重的弹道专家程尔康，放弃了蛮干。

程尔康教授，重庆万州人，生于1915年。1944年毕业于重庆兵工学校大学部。1947年留学美国伊利诺大学和密西根大学，获机械工程学硕士学位。

1949 年回国，重庆大学机械系任教。1953 年调哈尔滨军事工程学院，任步兵武器教研室主任。直到 1962 年任重庆后勤工程学院轻武器系副主任 。“文革”中于 1968 年关进“牛棚 ”，后迁宁夏贺兰山“五七劳动场”，1971 年释放返校。适值轻武器行业开展新自动步枪研制攻关，56 岁的他被了解他的上级点名参与四川组，学院只好派他前去并派人监督。由于程教授平时人望很高，课题组热情地接待了他，并为他撕去佩在臂上标志专政对象的白布袖章。名为监督的年轻教师袁国柱也在保护他，程尔康没有顾虑地投入科研。在他的参与和建议下，科研逐渐转入正轨，逐渐取消了那些只有符号作用的“政治口径”(如 5.20 mm 口径，专指毛泽东 520 声明；5.81 mm 口径，专指武装斗争和八一南昌起义)，专攻 5.8 mm 口径的枪弹，以与 6 mm 口径的枪弹竞赛。1977 年 5 月的比试中 5.8 mm 枪弹胜出。有了枪弹，四川组便加快步枪的研制，1987 年进入设计定型，取名为 1987 式 5.8 mm 班用枪族系统。由于总体性能差，定型后不再生产，终于结束了 16 年高唱的狂想曲，曲终人散。这场小口径化运动折腾了近 20 年。

怎样评价它的成果？由于研制初期，行业内没有弄明白小口径化在技术上带来的要求，研制指标还是传统指标的沿袭，源头上就没有体现换代的差异，使得 87 式枪族的技术含量没有跟上去：弹头初速、弹头质量及弹头初始扰动的相对变化率加大，使远距离散布加大；装药工艺差，内弹道不稳定；身管内膛工艺差，弹头初始扰动大。值得庆幸的是 5.8 mm 枪弹的弹头结构经过多次改进后比较合理，这种结构不管近距离的停止作用，还是远距离的侵彻性都能兼顾。这是该成果唯一值得称道之处，也是唯一尊重专家，尊重科技的成果。但步枪的结构元素（闭锁机、供弹机、发射机、复进机及排壳机等）都沿袭仿制产品 AK47 式步枪，外形也相似，模仿很明显，遭军方忌讳。对其外形进行两年改进（取名 87A 式自动步枪）后，参加了国庆 40 周年阅兵，之后不再生产装备。这时，国际上步枪小口径化枪族化已接近尾声，中国自动步枪的小口径化和枪族化已经到了追赶末班车。军方在总结以前的经验并作了一系列准备后于 1990 年又启动新的小口径枪族的研制。这次，彻底摒弃了那套蛮干的群众运动。这就是本章开头任命我为总设计师的事情。

1958 年，国内曾经吹过三支大狂想曲：6000 万农民炼“钢”，用原始工具放“粮食高产卫星”，各地“不在城里吃闲饭”运动。还夹杂有工业“超声波化工程”运动、交通部门的“超轴满载运动”、国家体委的“竞技水平大突击”运动等小狂想曲。而后，一路高歌猛进，一个个更猛的狂想不断，山沟里办工业（三线建设），城市里盲目挖防空洞。后来，轻武器行业又闹一个小狂想曲“小口径运动”。这些狂想曲，不论大小，一个个都吹爆了，以后会不会再奏新的狂想曲？难说。为什么神州大地一次又一次地发生荒诞不经的折腾而且经久不衰？这是偶然的吗？当然不是。

共和国建立之初，政府进行多项重大改革，政通人和，国家经济得到快速恢复。1953 年开始，毛泽东开始对新民主主义社会建设急刹车，计划用 15 年的时间完成向社会主义社会的过渡。1954 年第二届政府成立时，民主党派退出政府管理，开始一党专政下的社会主义改造。因为有前苏联模式在先，这个过程只用了 3 年时间。毫无疑问，没有政府的强制推动，这场改造是不可能完成的。急风骤雨一过，新旧矛盾统统都要显现出来。如中国的农村与俄罗斯以农奴制为主的农村不同，是自耕农为主的小农经济，划完成分后，中农的比重很大。他们的生产资料（土地、农具、牲畜、牛羊及树木）都是几代人积累下来的。在合作化过程中，他们要失去土地，还要失去牲口和大型农具，生产积极性大幅度下降，出现过大量宰杀牲口、毁坏农具、砍伐树木等行为，将自己整“穷”了才入合作社，粮食开始减产。为了支援重工业建设，政府强制进行粮食统购统销，统得又过高，农民口粮逐渐不足。有的农民开始进城打工，弃农务工（那时，农民进城还没有户口问题，1958 年为了遏制这一势头，毛泽东采用了“堵”的办法，决定城市和农村的户口、供应分开，并规定农民不得进城务工）。城市里稍好一点，不像农村的农民处在生存线上挣扎，但也出现一些问题。民族资本家本来在“三反五反运动”中受到重创，这次企业又被没收，白天敲锣打鼓接受改造，晚上在祖宗牌位前哭诉，然后彻底退出企业管理。而工人的文化和技术素质还不能胜任企业管理，加上大锅饭体制，生产下滑。幸亏有政府订单变相的补贴，据此渡过难关。城乡成千成万的个体手工业也被集体化，纳入计划管理。对这些手工业者，确实享受到社会主义的好处。养肥的猫懒得逮耗子，他们不用起早摸黑地找活，月月有固定工资，还能得到政府救济。他们有的子女还能享受到工人阶级出身的待遇，对新社会绝对山呼万岁。这样人民各种各样的生活必需品日渐奇缺，商品短缺此伏彼起。我们的党委书记在谈到这个问题时，质问群众：“粮食要紧，还是女人的化妆品和头发夹子要紧？”可见政府只抓主要问题，不把这当回事。领袖在《矛盾论》中不是说过，抓住主要矛盾，其他问题迎刃而解吗？这几年对生产关系进行了疾风暴雨式的改造，但全民文化素质很低，生产技术基础薄弱，加上基层干部大多是农村和军队出身，对工业和城市管理不熟悉，奉命行事的多，方法生硬简单，又忽视人民的生活，挫伤了人民的积极性。正是这个时候，发生了“匈牙利事件”。

这是1956年底，社会主义阵营发生了“匈牙利事件”，大家不去追究匈牙利统治集团丧权辱国的责任，却异口同声谴责匈牙利的知识分子挑起那次被镇压的风波。高度政治警觉的毛泽东结合国内存在的尖锐问题，不自省决策中的严重错误，却认为中国知识分子对社会主义也怀有二心，从中推波助澜，激化矛盾。为了防止匈牙利式事件在中国重演，在1957年以“帮助共产党整风”为诱饵，设下“引蛇出洞”的“阳谋”，将55万知识分子中的精英打成“资产阶级右派”，还将一大批知识分子降为控制使用的“偏右”分子。对于剩下的知识分子，要求他们向党交心后做党的驯服工具。（注：1957年，越南也追随中国搞了一次“反右派”运动。）一个万马齐喑的局面产生了，原来，知识分子不堪一击。毛泽东不无得意地说，秦始皇焚书坑儒也不过坑了480人，我们是55万！（比秦始皇厉害1100倍！）在他看来，少了知识分子的七嘴八舌，又被打得服服帖帖，可以毫无顾忌地运用权力，未来的社会主义建设将是一条坦途。这样，一个“外行领导内行”的方针就形成了（知识分子信不得，也没啥了不起）。如果说，1957年以前的种种折腾是迷信前苏联模式又急于求成引起的，那么，以后的种种折腾就不能再怪前苏联模式了，而是彻底抛弃精英，放胆走上蛮干。这是我对“折腾”的一般解读。

这场斗争将知识分子的光环在政治上剥得精光，在待遇上也开始加以限制，一条不成文的口谕是“知识分子的工资不能高于同龄工人”。1957年开始，大学毕业生的工资比往届调低了一级，与同龄的工人差不多。这样，长期出现待遇“脑（力劳动）体（力劳动）倒挂”现象。有一句话是这样调侃的：“造导弹的不如卖鸡蛋的。”在对待知识分子的问题上，斯大林就高明多了。对知识分子的政治定性是他教给中国共产党的，但他明白，要使前苏联强大起来，就需要技术和文化，而知识分子就是技术和文化的载体。他采用了一种政策：权力上在其职业范围，有职有权，待遇上体现按劳分配的原则不亏待。这使30年代正处在大清洗中的前苏联保持了国力，顶住了二战的打击。原则上来说，中苏两国把脑力劳动为主的知识分子和体力劳动为主的工人农民在政治上分野是错误的，两者都是劳动者，不是互相剥削的关系。社会之所以仇恨知识分子，是因为过去因知识分子创造的剩余价值和社会贡献远高于工人农民而受到资本家和政府的尊重。这不能怪知识分子。一连串的胜利使毛泽东头脑发热。1958年趁“反右”的余威，掀起全民炼钢运动，想告诉国外的批评者，我们不要专家也能办工业。而后又是不要专家，农业也能放“高产卫星”，再后就是农民牵着毛驴带着铁锹，进入公社食堂吃不要钱的饭，向世人宣告我们已跑步进入了共产主义。荒诞的目标，无知的决策，愚民的盲从和蛮干，导致一次次虎头蛇尾和满天泡沫。急功近利，莫此为甚。不到二年，一再的失败和报应，损失惨重。失败是知道了，他的反应不是反思，而是警觉。在庐山会议中又设下“阳谋”，不幸，毫无心计的彭德怀元帅跳了进去，必死无疑。接着大搞三线建设，向世人宣示，我们远离城市和铁路交通，也能在山沟里建成现代化工业，在那里不是出了毛泽东思想吗？我们还在大中城市里密布地下防空洞，帝国主义休想用空中优势干扰我们的建设。其实这种防空设施的思维来源于日本人当年对中国的狂轰滥炸，已经完全过时了。他不知道现代战争是信息化下的精确打击，已进入非传统安全威胁。这种种耗资巨大的工程成了不断消耗国力的祸害。祸害还没有结束，一场更凶险的折腾“文革”来了。又设下新的“阳谋”，铲掉了所谓的“刘邓资产阶级司令部”。如果不是始作俑者撒手西归，投奔那哭笑不得的马克思去，“文革”后期的“斗、批、改”还不知道酿下多少祸患。在“左”倾思想统治的这二十多年中，除了这些大折腾，还嵌套着各部门各地方的小折腾，是大怪胎滋生的小怪胎，都是昙花一现。作者从事过枪械小口径化的后期工作，对这场小折腾略有所知。中国的枪械发展史在70年以前还是一部仿造史，所谓仿造就是“依样画葫芦”，知其然不知其所以然，仿制的那些产品都是各国卸装的二、三流武器。当从资料上看到各国在搞小口径枪时，只接受了小口径如何好的概念，但在小口径化中要满足哪些性能和克服哪些障碍并不清楚。一般作法是先根据国外已有的口径，粗定几个小口径（口径也不能随便粗定），然后鼓动群众大干快上，用传统生产模式和陈旧的工艺干下去，遇山开路，遇水搭桥，奢望成功。因核心技术找不到，又无成果，遇山开不了路，遇水又搭不了桥，折腾几个回合，困局已经构成，各路军马只好铩羽而散。这一闹腾就是十几年。问题是那些始作俑者忌讳谈失败（反正不花自己的钱），文过饰非，好大喜功，而又拒绝知识，一错再错。

改革开放的到来，那些死抱着“越有知识越愚蠢，愈有文化愈反动”的一代人基本退出历史舞台，拒绝知识的荒唐一页很快翻了过去。但是，鄙薄知识几十年造成的后遗症不可小视。其一是年轻一代普遍降低了学业水平。“文革”中农村的教育基本被摧毁，小学生只上阶级斗争课和劳动课，后来连这种课也上不下去了。城市青年又连年上山下乡接受再教育，除了少数的理工科大学继续招生，其余大学都关闭，即使理工科大学也招不来正规的高中生。倒是根据“大学者，大家来学也”的精神，在全国各地普遍办起“721 大学”。这是根据毛泽东 1975 年 7 月 21 日的批示精神在全国掀起的高潮，一个几百人的小企业就可以开办。我所在的油泵厂只有 600 人左右，奉上级指示筹办，校长是一位小学程度的复转军人，任课教师在厂内就地聘请，没有章程，没有要求，车间推荐来 9 位学员。本来要聘一些劳模和技师来讲“真知识”，因没有相应的待遇，兼课老师很难找，倒是我这一个只有“假知识”的人成了主力兼职教师。你想想这样的大学能培养出怎样的学生？加上那些年代聘用干部只论政治条件，不计较文化，社会上文化和技术素质逐年下降。到了“文革”，知识竟成了愚钝的代名词。其二是风气不好，丢失了艰苦学习的传统。学有成就要付出辛苦的代价。1958 年的“大跃进”开始了弄虚作假、投机取巧、吹牛说大话，作假吹牛能升官能晋级。1959 年“反右倾”又全面整肃了说真话干实事的人，不是降级就是坐牢。“赏罚”如此分明，助长了一代一代人弄虚作假。“懒”是人的天性，既然有投机取巧之门，又有后门可走，何必去攀那知识高峰，即使学有成就，也不过是一个受人讥讽的“臭老九”。知识分子在“红五类”、“黑五类”中被列为第九等，称作“臭老九”。我所在的研究所是个新单位，单身的年轻大学生不少，几次招聘干部，来了好多高中文化程度的女干部，眼看着一个一个地嫁给了工厂的工人。那些大学生这才意识到自己的社会等级太低，人家不屑一顾。还是月下老人公道，给他们从大西北，大兴安岭、大青山用红绳牵来了同病相怜的女老九。风气如此，奈何！现在，国门已经打开，凸显我国文化素质和技术素质的差距，还有国民的精神素质的差距。为了这种背景，国家和民族要付出多大的代价，实在是个沉重的话题。

第二十二章

轻武器不轻

将近20年的折腾，使军方与工业部门认识到，轻武器行业经过“文革”与“三线建设”双重破坏后已沦为重灾户，要启动新的小口径枪族的研制必须把全行业的技术力量整合起来，并把设计人员集中在一起组成行业的研制团队（号称国家队）。

95式5.8 mm枪族系统两师系统（后排左6为朵英贤）

在启动前，军方和工业部门联合在全行业征集方案作为研制的基础。应召的有7家共4个方案。第一阶段（方案）评选中，兵器工业二〇八研究所的方案处于末位，按理应该出局，这使工业部门和二〇八所大为震动。其实这一结果我早已料到，我在所里是管这个产品的副总工程师，该课题组负责人受到1987式自动步枪改形过天安门游行的影响，把力量放在外形上，核心机构围绕外形布局。这样一个换代产品竟然把外形作为重点是明显的原则问题。在应召以前所里评审中就提出意见，但负责人没有因此醒悟，还发牢骚：“你们领导这有意见，那不满意，叫我们怎么办?”凭我的经验，他没有设计产品的基本常识，招标必败无疑，果然位居末位，评分还远远低于另3种方案。这一结果震动了领导机关和全所。我因椎间盘凸出卧床在家，所领导不无怨气地问我：“这个产品是你管的，下一步怎么办还得你拿主意。”我心里也不是滋味，只剩下一个办法，这次不要被淘汰，争取第二阶段（实物）招标中挽回。这样，我拖着病体在1989年8月到了合作厂（三线厂）组织招标方案的构思、设计和试制，总共只有8个月的时间。三线厂的制造条件、材料的局限、时间的短促，大家觉得好像握着一把很差的扑克牌来拼，一点也放松不得，否则就要出局的。幸运的是1990年5月的实物招标中获得了第二名，得分与第一名只差3.2分（68.1分）。这次招标工作可能是我被提名担任新枪族总设计师的起因。1990年5月我被正式任命为“新5.8毫米枪族”项目的总设计师。起初很害怕，毕竟离开专业有十几年了。虽然“文革”已逐渐远去，但后遗症很大，现在又无订货，三线厂苦不堪言。20年没有拿下任务，而研制指标又紧追国外先进水平，要在不到5年的时间内破解，心中无底。再说年事已高，不如年轻时那么能够经折腾。了解我过去经历的学生也为我担忧：“先生，您要掂量!”我决定以以上“三弱”请辞。但领导以“三优”劝我，说是理论和专业基础扎实，产品研制和工艺实践经验丰富，行业内学生多，支撑多。我只好提出一些条件：为各厂提供一批先进设备，提高试制能力，给三线厂提供一定的技改经费，使试制环节正常运转，领导全部答应。这样，还是在忧心忡忡中提鞭上马。

新的团队中，中年以上和以下的比例是3:7，是一个哑铃型技术团队，中间有断层。幸好，团队中拥有三位曾经担任过其他产品总设计师的老专家，还有一位国家级专家，团队内部的决策能力和指导能力很强。尤其是每个成员都带着很强的使命感走到一起，这次研制如果在我们身上失败，又一次错失国际上步枪小口径化枪族化的末班车，那将无颜面对国家和轻武器行业。团队的凝聚力很强，干劲很足，也有很强的抗各种干扰的能力。

1991年7月15日，总设计师系统的工作启动时，只有行业内竞标转来的四个方案，再没有任何可用的预先研究成果。那四个方案为了应急竞标，族化程度太低，工艺过于落后，有的还有很浓的模仿味道，总体上无法依托。我们便以“发扬优势、缩短差距、创出新路”为指导方针，沿着这几年我已思考成熟的一个技术途径，进入研制工作。经过反复的方案论证、工程设计、技术攻关、系统工厂鉴定、设计定型试验、部队使用试验等阶段，于1995年底被批准设计定型（详细情况见附录“淡极始知花更艳”及“央视专访”）。这个系统是一次成功，方案没有反复，性能要求已完全达标，还研制成功两种高性能枪用工程塑料，以替代稀缺的优质木材。从方案论证到设计定型试验，有效研制时间只有两年八个月左右，可谓创记录的神速。1997年和1998年分别获得部级科技进步特等奖、国家级科技进步一等奖。这是两代人长期不懈奋斗的结果，也是全行业的集体成果。有领导全方位支持，有两师系统的协力指挥，有参研单位的全力配合。尤其是年长的技术人员，他们有丰富的学识，顾全大局，排除多种干扰，维护了内部团结，整个团队的战斗力越战越强。年轻的技术人员中，人才辈出，研制力量得到接续，到设计定型时，多数已能挑大梁。

中央电视台报道

讨论方案

我国轻武器发展跻身世界先进行列

新一代轻武器将陆续装备全军

今日导读

1997年8月5日

解放军报

体积最小 重量最轻 直射最远 威力最大

我轻武器发展居世界先进水平

军委领导实地检验给予高度评价

新一代轻武器将陆续装备全军

我轻武器发展跻身世界前列

新闻报道情况

95式枪族的整体性能达到了军方提出的要求。它的主要性能指标堪与现在国外同类名枪相媲美，其中重量、尺寸、直射距离、终点效能等主要指标位于前列。1996 年装备了驻港部队。1997 年 8 月 5 日，中央电视台新闻联播展示了装备驻港部队的轻武器，重点报道了 95 式枪族的性能。《解放军报》在 8 月 5 日是这样报道的："以自动步枪和班用机枪为主的我军新一代轻武器，与目前国内外同类产品相比，具有体积最小、重量最轻、直射距离最远和威力最大的特点，处于世界先进水平。刘华清、张震、张万年、迟浩田等军委领导同志实地检验了这种轻武器，给予了充分肯定和高度评价。""最具代表性的小口径枪族，设计合理，性能先进，结构新颖，使用可靠，造型美观，总体性能和主要战术技术指标已达到世界领先水平。这标志着我国轻武器研制发展已实现历史性跨越。""经中央军委批准，首先装备驻港部队并将陆续装备全军。"同日的《人民日报》、《光明日报》、《北京日报》等以标题"我国轻武器发展跻身世界先进行列"，"我国轻武器发展跻身世界前列"等作了报导。这对于设计人员来讲是莫大的荣誉。中国的三军是一个宠大的集团，加上公安和武装警察部队，装备量极大，枪械换代很困难。枪族的研制成功，加上开始装备，圆了两代技术人员执著追求的梦，梦想成真啊！作为设计者，我们也很清楚，我国的材料基础和工艺基础与国外仍有较大差距，在这种现实条件下，能把产品的性能大幅提上去，成绩尤为可贵。"国家队"可以说是不辱使命。若要概括一下这次突破难关的经验，就是 95 式枪族自动机的动力学模型能够兼顾射击精度和使用可靠性，从而兼具美国 M16 枪族的射击精度和俄罗斯 AK47 枪族的使用可靠性。综合性能水平高，抓住了要害。

95 枪族研制成功，留给行业的财富不仅仅是一个新产品，还有团结奋斗的精神，创新思维的运用，协调矛盾的技巧，项目管理的革新等。

在我一生的研发工作中，以研制 95 式最为紧张。客观原因是指标太高，目标是达到世界先进水平，可我们的基础太薄弱，拨乱反正后改革开放才起步，时间很短，要在不到五年的时间内设计定型，进度是强制性的，进度安排都是倒计时的，这是把老产品仿制的经验搬到新产品研制中。全行业整合力量搞研制，概念上大家都能接受，但缺乏思想准备，潜在的矛盾不少，有的厂后来竟闹到不让外单位人员进厂，足足浪费掉 8 个多月，发展到总师无法指挥工作的地步。我的紧张除去技术困难，更主要的还是精神方面，经常要应付来自内部的干扰和挑战。

很多人都知道，兵器行业是仿制起家的。是拿着人家二流产品的图纸、工艺技术文件、样品和提供的材料及设备建起自己的生产线，装备一批老式武

95 式 5.8 mm 枪族

器。这是生产人家已经成熟的已沦为二流的产品，至于该产品在定型前所走的曲折的研发过程全然不知。于是长期仿制形成了鄙薄技术、崇尚简单劳动的风气，不重视技术基础和预先研究。到了我们自己研发新产品的时候，基本没有技术贮备。有一些人模仿成瘾，加上土生土长的“群众运动”，大家说了算，课题组长或者总设计师主要的精力是综合和协调大家的意见，可以说是一个“拷贝机”。试想，在与会专家临时七言八语的基础上产生的方案能有多大进步！最终决策还是掌握在行政管理系统。95 式的研发也躲不开这条行驶中的惯性航道。两师（行政指挥、总设计师）系统职责中，虽然明文规定方案决策是总设计师的职责，但早期的行政总指挥从不向我了解我在技术方面的设想和途径。他们还是老一套，总设计师仍然是“拷贝机”，贯彻评审会上归纳的专家意见就行了。明知道我有想法，在决定方案命运的筛选会上，因为有原则分歧，竟然不顾职责分工，强行不让我参加专家评审会。他们已认定了一个很常规的参评方案，只是想借专家的口强制定下来。可专家组长认为，不让总设计师参加评审会很不正常，于是才拜访了我。我谈了三点：目前的方案离目标尚远，不宜急于拍定；时间太紧，有创意的方案漏洞多，常规方案在评比中容易占上风；给总师应留下进一步“综合优化”的机会。两位组长也是本项目的专家顾问，出于责任，想出了一个既照顾行政指挥，也给总师留下足够驰骋的空间，这样就出来一个有名的“二十九条”。在“评审意见”中除了笼统地按行政指挥的提法，具体的“二十九条”对各方案没有表态，提出的建议则完全是综合优化的思路，保留了总设计师技术决策的权力。不让我参加评审会，不但激怒了整个总设计师系统，也使我的尊严受到了伤害。我已作好对结论不签字的准备，也决心在会后提出辞呈。“二十九条”的出笼，使我避免了一次激烈行动。我举这个例子主要说明在各项事业转型期间，每前进一步，就会与传统习惯发生矛盾，类似的事今后还少不了。当我认识到这点后，便祭起了“忍”字旗，争论太多，只能伤了自己，害了事情。直到95式生产定型前，要时不时地分出很大的精力来对付来自内部的干扰，压抑一直难以消除，始终在被动中设法突围。是什么力量支撑着我？一是几年前我已找准了突破方向，几年的方案探索已有了较大的把握，不能功败垂成。二是几年的共同工作，形成了团结一致的技术团队，技术人员不怕风险顶住了来自各方面的干扰，我有责任带领他们一起走过来，不能让大家失望。

琢磨95式步枪

新产品在设计定型前，需经国家试验基地考核。考核内容包括制造质量检测、设计安全性、使用坚固性、各种环境下射击效能、不同环境下射击可靠性、射击寿命、人机功效等等，内容详尽而指标很高。按照以往的经验，第一次进场很难通过，主要是看看存在的问题，准备充分后再进场，一般要进场多次才被通过，有笑话说要“三进山城”（电影片名）。95式枪族是一个系统（几种枪和几种独立子系统），比起单个产品，通过的难度要大得多。尤其是95式枪族在总设计师统一指挥下的技术攻关1994年3月份才开始，系统工厂鉴定只进行过一次，按计划必须于11月中旬前要进入考核基地，工厂内部的考核也只有一次。11月11日进场时，我们心里并不踏实。这样行政总指挥系统更是打心眼里不看好，只拨了很少的经费，估计半路上会败下阵来，考核现场也不来主持或关照（在场的有4种产品，除95式，其他产品都有行政总指挥在场）。当时，考核产品较多，参试人员只能在战士食堂就餐，95 式参试组每星期只能在外面餐馆加餐一次，其他参试组就远不止一次了。有人骂 95 式总师长黑心，骂我们克扣试验经费，我们实是无奈，只能在寒碜中坚守。幸运的是产品很争气，在 12 月下旬全部通过考核（其中班用机枪擦拭失误，导致寿命不达标，试验基地重复做了试验），可以说进场不早，出场却早，只用了一个半月，还提前做完了寒区试用试验。我们自己也没有料到，兴奋自不待言，欢快地撤离了基地。细想起来这不是偶然的，经验之一是方案酝酿比较成熟；经验之二是图纸及相关资料正确完善，多亏组里年长的专家认真把关；经验之三是图与产品符合程度高，图中的信息产品能正确地反映出来。我们充分吸取了 67 式机枪研制中的经验。1995 年底，产品设计定型会议结束之后，我去找王森学高级工程师，他原是该项目的主管，因争吵太多去管别的项目了，我找他是去道歉。他说“产品不是定型了吗？什么都不必再说了。”多宽厚！我和森学在共同研制 67 式 7.62 mm 两用机枪时建立了友谊，彼此信任对方。在物色 95 式总设计师时，他是力荐我的。不曾想，两个极其敬业的人因过分固执而合不来。其实他受命于人，是别人的挡箭牌。引人骄傲的是，通过 95 式枪族的研制，培养出了像王光华、王世良、龙建华这样一批优秀的年轻专家。

1997 年装备驻港部队

感激（乔国珊、马之庚、姜立德）

95 式枪族于 1995 年底设计定型，1996 年底装备驻港部队，1998 年 8 月生产定型。之后，陆续装备三军。由于使用环境和研制环境有很大差别，按照国外经验，在各地部队使用一段时间后，根据使用中存在的问题，及时做一次改进，才能保证完好无虞。可惜，我国没有对新产品使用的跟踪制度，产品设计定型后，课题组就解散。这是沿袭仿制产品鉴定的习惯。当然，95 式也绕不开我国材料和工艺落后这两道坎，等到迈过了这两道坎，才敢说我国枪械实现了小口径枪族化。

产品设计也是种“遗憾”的艺术，设计者就像戏台上的演员，在台上尽量使自己的表演达到完美，可是一下了台稍作回味，就感到有许多遗憾，甚至是重大的遗憾。要是下次上台，我一定要怎么怎么的。可对已经定型的产品，就没有下次了，遗憾可能伴你终身。整个枪族系统的研制名义上是 5 年，可实际才用了 2 年 8 个月，如果再有半年的时间宽限，就有工夫把人机功效和防腐性能作一次协调设计，95 式枪族的综合性能就要高出许多，而我们内部闹矛盾就足足耗去了 8 个月，多么遗憾！所以我在记者访谈时，坦承由于经验不足，缺点不少。如果说设计师系统是一个小小拳头的话，它的力量一定来自腰的支撑，这个腰就是当时科工委的领导。他们排除了不实之词，一贯地支持总师系统，我自己才保持了底气。

95 式 5.8 毫米班用枪族系统生产定型审查会（2000 年）

2003 年到 2009 年，95 式枪族经历了装备十年来的第一次改型设计。这次设计的任务是：改进和增强使用效能，配制下挂式榴弹发射器，步枪弹与机枪弹统一成一种通用弹。任务重，难度大，研制时间竟有 6 年。对枪族结构实施 24 项措施，改进了人机功效，增加了作战功能，提高了全天候作战能力。下挂式榴弹发射器是单发前装式，结构简单，装填快，重量轻，能发射四种小型榴弹。最值得称道的是新研制的通用弹既能满足步枪近距离作战的弹道要求，又能满足通用机枪远距离作战的弹道要求。这是一个历史性成果，也是这次设计中最为突出的创新成果。相对于美国 M16A2 步枪和苏 AK74M 步枪，95 式改进后的步枪，在 400 m 处的落点动能超过 1/4 和 1/3，已加大了差距。同时，北约各国都是两种枪弹（口径为 5. 56 mm 和 7. 62 mm）配用五种枪（口径为 5. 56 mm 弹配三种枪，7. 62 mm 弹配两种枪），而我国则是一种弹（口径为 5. 8 mm）配用五种枪（自动步枪、班用机枪、卡宾枪、通用机枪、狙击步枪），大幅度简化了生产和供应。95 式改进后，在世界枪族中有了特殊的地位。但是，在这十年里，生产技术没有值得注意的改进，发射弹药总是遭人诟病。值得高兴的是这次改进设计全是年轻的梯队，人才辈出。

改进的 95 式

在这里我们专门叙述一下关于新的通用枪弹。自从 1995 年 95 式枪族设计定型及 1998 年 88 式通用机枪定型后，在步兵连以下使用的武器就有了 5. 8 mm 普通弹和 5. 8 mm 机枪弹。由于步枪和通用机枪的射击威力差别较大，步枪弹和机枪弹始终难以统一成一种枪弹，以便改进生产和供应。以前定型的两种枪弹已是做了很多的研究和试验后确定下来的，分别配用于步枪和通用机枪，虽然两种枪弹的外形尺寸已完全相同，但弹头结构、装药性能难以统一。为这两种枪弹统一，枪械行业尤其枪弹厂和弹药厂尝试过多种方案，都无功而返。轻弹和重弹共存的局面在枪械历史上出现过多次，各国都想把两种弹统一起来，结果是无法统一，只好抛弃重弹，牺牲远战性，这是一个历史难题。在这次 95 式改进设计中，军方还是把两弹统一的任务加进去，利用机会再搏一次。两弹统一的问题困扰着枪械行业，根据以往的外弹道模式仍一筹莫展。经过长期思考，我向总设计师王光华提出另一种弹道模式。那时，他带领着一批年轻骨干组成的行业团队，我被聘为顾问。光华积极支持并迅速组织实施。经过几年的方案调整和试验，两弹统一的目标终归实现。在这场攻关中最有贡献的是王良明、邓锦强、程永全和王俊红。可以说，这种外弹道模式应是枪弹设计中一种特殊的方法。

“轻武器不轻”，这是经历过轻武器管理和研制的人深有的体会。譬如美国 M16 步枪已服役 45 年还没有找到代替的产品。俄罗斯的 AK 系列从前苏联到俄罗斯已服役 63 年，中间有 AN94 步枪取代，可没几年又换回了 AK 系列。再说我国，1956 年仿制 AK 步枪后一直想着换装自己的步枪，中间有 63 式步枪，换了以后又被撤下来，直到 1984 年才换装 81 式步枪。而 81 式步枪的弹药和结构还是没有离开 AK 系列。换装之慢其他主战枪械也相似。众多痴迷于枪械的人往往终身一无所获，他们在掉进“枪械陷阱”的时候，看似门槛不高，出来却行囊空空。原因很简单，换代的条件太多，研制难度太大。步枪是三军使用的武器，装备量大、库存量大、维修量大，使用条件复杂恶劣而可靠性要求很高，还受到士兵生理条件的种种限制。用数学语言来讲，对一个多目标函数，在约束的众多条件下，有可能无解。如果一个新产品在研制中没有雄厚的技术支撑，往往顾此失彼，新产品就很难进入换代的视野。这样说来，我们是非常幸运的。我起先在大学任教，后来有 10 年掉进“文革”泥潭，歪打正着，在工厂锻炼 8 年对我好处很大。有效地做事还是在 1980 年归队以后 (50 岁)。一生从事的各种项目不少，可最欣慰的是 67 式机枪的研制和 95 式枪族的研制。这两个都是当时的国家重点项目，最终都成为换代产品。尤其是 67 式机枪的研制起于困难时期，终于“文革”动乱结束，一直在逆境中搏击，技术含量不断增加。它是轻武器 60 年代仿研产品中技术含量最高、装备时间最长的产品。如果 5.8 mm 口径的机枪弹没有出现，它仍将傲立潮头。对于 95 式枪族，我的估计是如果没有新的弹种出现，2020 年左右那正是它的壮年。

95 式枪族的研制团队很出色，不但团结，也巧妙地躲开了内部各种干扰。始终怀念向庆元、房宝源、王志军、李树林、郭明等一批具有丰富学识的高级专家和一批脱颖而出的年轻技术骨干。盛才纶处长在关键时刻力排干扰，使我于 1994 年初统一指挥技术攻关，扭转了研制局势。许增海副院长在担任后期总指挥时所花的心血，我铭记终身。

第二十三章

归去来兮

1998年12月底，二〇八研究所接到中国兵器工业总公司人劳司通知，1999年中国工程院进行第四次增选，集团总公司准备推荐我，要准备个人资料，截止时间是1999年3月底。

1928年中国成立了中央研究院，到1948年才实行院士制（有81人当选第一届院士）。1949年11月成立了中国科学院（原81位院士中留大陆的46位转入），改称学部委员。1955年6月中国科学院学部成立，第一届学部委员有233位。1976年9月9日毛泽东去世，10月6日“四人帮”及其爪牙被捕，极其荒诞的年代终于结束。1994年6月3日中国科学院在中南海怀仁堂召开第七次院士大会，重新决定实行院士制，学部委员改称院士。也在同一次大会中，中国工程院成立，按照程序选出了93位工程院院士，推选朱光业为院长。首批院士中，有30位科学院院士由中国科学院科学技术部转入，称为“两院院士”。1998年国务院设立“资深院士制度”。这里摘录一段罗沛霖院士自述的催生中国工程院的过程（2009年9月6日《光明日报》）：

我们催生了中国工程院

经过一段时间思考，我在20世纪80年代初相继在光明日报、《自然辩证法》杂志及人民日报等媒体上撰文，谈到了美国、日本、西欧、前苏联等科学技术发展的经验，强调了后进国家、地区赶上先进必须突出的重点环节。此后，在中国科学院技术科学部大会上，我又进一步提出，科学技术中除基本科学和技术发展外，还有工程技术、生产准备、生产保持、推广应用、销售服务等更多重要环节。我认为，中国要重视基本科学，还必须更加重视现场技术、基本技术和应用科学的发展。于是，我再次提出了建立中国工程院的构想。为什么说是“再次”呢？因为在此之前，著名科学家王大珩、张光斗、张维等都提出了建立中国工程院的建议，而且报到了中央，或许是时机尚不成熟，议案暂被搁置。此次再次提议成立中国工程院，理由充足多了：不只是借鉴外国经验，更是从科技与经济发展的历史经验和规律，结合中国的实际，说明了建立中国工程院的必要性和迫切性。1986 年，我创议并起草了《关于加强对第一线工程技术界的重视的意见》，联合茅以升、钱三强、徐驰、侯祥麟等 80 余人，向全国政协提出了这一议案。此后仿佛成为惯例，我和工程技术界的一些同仁以精卫衔石填海的执著，在每届全国政协会上都要提出这个议案。终于水到渠成。1994 年的春天，一天晚上，我开始执笔草就一份《关于早日建立中国工程与技术科学院的建议》。在此之前，已征求了王大珩、张光斗、师昌绪、张维、侯祥麟几位老科学家的意见，由我们六人共同在建议上署名，呈给中央领导同志。大家之所以共推我执笔这个建议，一来较早创议，二来坚持不渝，这份殊荣似乎非我莫属。考虑到建议是向中央领导呈报，要写得言简意赅，一目了然。为此我颇费了一番心思。终于下笔了，一气呵成。我在建议中写到：这个院的中心任务应是为国家、为政府的重大工程和技术科学决策以及技术经济问题，提供具有权威性的咨询、论证和评议，对特别重大的工程技术和技术科学成果作鉴定，当然这也应是给当选人员在工程科技方面的最高荣誉，其成员应是经过挑选的属于国家水平的工程科技人才和对工程技术发展有重大贡献者。还建议，一位专家可以同时当选为两个院的学部委员（院士）。这也就是我和王大珩、张光斗、师昌绪、张维、侯祥麟等 30 位中国科学院院士成为首批中国工程院院士的来历，即所谓“两院院士”。有一次时任中共中央总书记的江泽民会见科学家时，王大珩将建议呈给了他。江泽民非常重视，在 1994 年 5 月 11 日作出批示：此事已提过不少次，看来要与各方面交换意见研究决策。当时的中共中央书记处书记温家宝、国务委员宋健、罗干也做了批示，拟请中国科学院院长周光召牵头与有关方面商议办理。1994 年 6 月 8 日，借中国科学院第七次院士大会，中国工程院正式成立了。还应当指出的是，就在我们六位的建议呈报中央领导同志的同时，林华、徐驰、李苏、罗西北等同志也向国务院领导同志呈报了建立中国工程院的建议，对于引起中央重视促成中国工程院的诞生，也起到了积极作用。

为了保存这段具体的历史，特意放在这里。

工程院是中国工程科学技术界的最高荣誉性、咨询性学术机构，由院士组成。中国工程院院士是科技方面的最高学术称号，为终身荣誉。1999 年是第四次增选年。从 1991 年到 1998 年，我因 95 式枪族的研制，长年往返于京外各单位，不曾留意有个中国工程院，这次通知才知道中国工程院及其构成。

六位倡议发起人（左起王大珩、张维、侯祥麟、张光斗、师昌绪、罗沛霖）

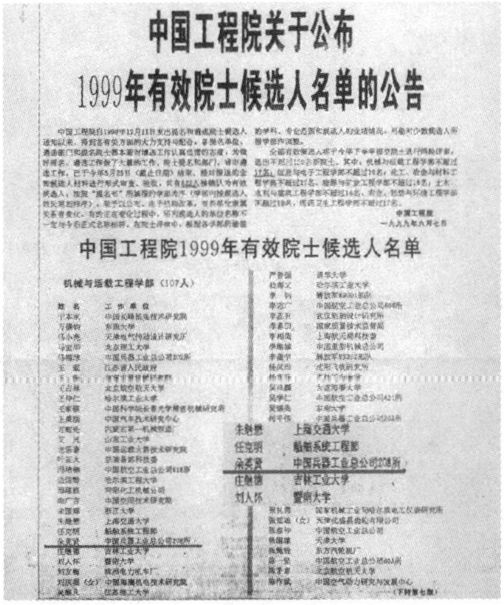

中国工程院关于公布
1999年有效院士候选人名单的公告

中国工程院
一九九九年六月七日

中国工程院1999年有效院士候选人名单

机械与运载工程学部（107人）

朱魁懋 上海交通大学
任克明 船舶系统工程部
余永贵 中国兵器工业总公司208所
庄继德 吉林工业大学
刘人怀 暨南大学

1999 年 6 月 15 日《科技日报》
公布的有效候选人名单

中国工程院新增院士 113 名

分布面较广　产业系统增幅较大　总数达 547 名

艾　兴　山东工业大学
余永贵　兵器工业总公司第二○八研究
刘人怀　暨南大学
刘友梅　株洲电力机车厂
张春义　哈尔滨工业大学

光明日报

中国工程院 1999 年
新当选院士名单

一、机械与运载工程学部(15 人)

二、信息与电子工程学部(17 人)

七、医药卫生工程学部(17 人)

1999 年 12 月 28 日《光明日报》
公布的新增院士名单

由于时间仓促，几十年的工作情况一时提炼不出来，尤其是调动次数多，许多奖励证件遗失殆尽，还是靠各地各单位的朋友和学生多方搜集，才得以大部分凑齐。推荐材料是以中国兵器工业二〇八研究所的名义于最后期限送出，在经过总公司内部遴选后报往中国工程院。1999 年 6 月 15 日，报纸公布了院士有效候选人名单，有效候选人共 822 名，准备筛选出 120 名。我所在的机械与运载工程学部有 107 名，准备筛选出 17 名。名单公布后，候选人的材料要在本单位公布二周（后改为一个月），广泛实施群众监督。对于这次被遴选为有效候选人，我已心满意足，心情犹如电影演员得到奥斯卡金像奖提名。1999年12月28日，报纸发表了增选结果，经两轮选举，新增选院士113名，其中机械与运载工程学部15人，我被选中。那时我还在澳大利亚探亲，消息是从网上知道的，这才体会到“喜出望外”是什么滋味。这是我有生以来第二次享受这样的喜悦（第一次是1998年12月95式枪族获国家级一等奖）。与别人不同的是，每次遇到这样的事，自己就要独自坐上半天，直到回过神来。尤其是这一次，首次推选就被选中，思想上毫无准备。我的经历使我养成一种习惯，在遭难的时候，不要绝望，要沉着应对。喜事临门的时候，不可得意忘形。我哥哥总是叮嘱：“福兮祸所伏，祸兮福所倚，天道如此！福不双至，祸不单行，只要节制贪图，虽无大福也无大祸！”不论成功与失败，我都淡然处之。当年，中国兵器工业系统向工程院共推荐16位候选人，共胜选3人，其中向机械与运载工程学部推荐7人，只有我一个人胜选，其他6位候选人都是名震兵器行业的重要人物，学识和业绩都在我之上，这只能说我是碰到了好运气。

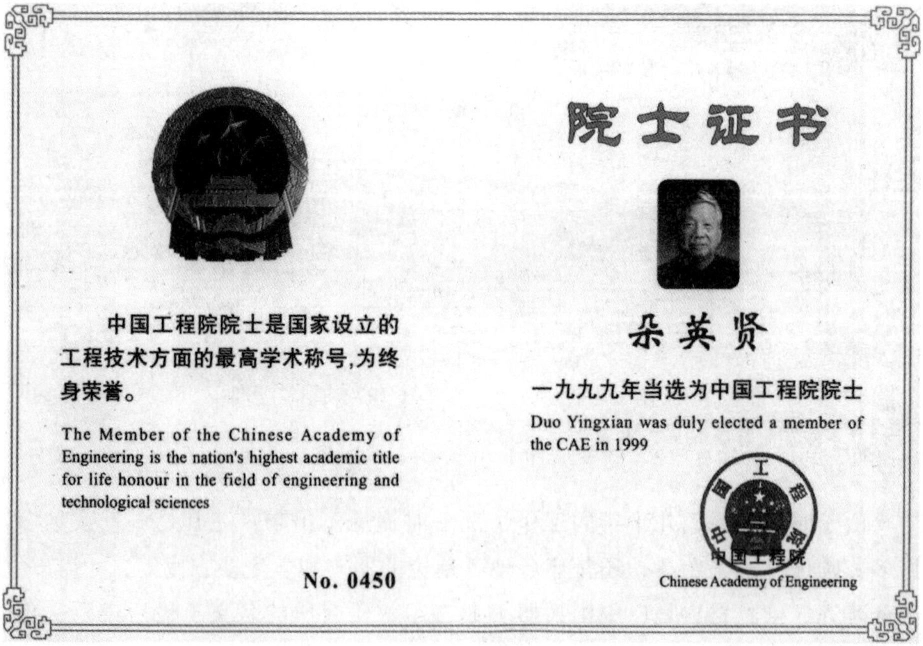

院士证书

中国科学院和中国工程院的重要活动基本相似，单数年份院士增选，双数年份是大型学术活动。每个候选人允许被推荐三次，若连续三次推荐仍没有成功，则停止一次候选人推荐。每个候选人有三个被推荐渠道，即行政推荐渠道、科学技术协会推荐渠道和三位本学部院士独立提名，任何渠道都有效。由于历史欠账太多，每次增选中，有效候选人都较多，其中一部分人是第二次或第三次被推荐。每次增选分两个阶段，第一轮是初选，初选后留下设定增选数的2~3倍候选人，并在报纸上公布。第二轮是终选，两次推选的时间间隔约5个月左右，这个时间中的一个重要内容是调查和处理对一些候选人的投诉意见。工程院对学术腐败、作风腐败纠察很严格。中国工程院有9个学部（含2005年成立的农业学部）。我入选的这一届，院士总数已达到547名，平均年龄67.4岁。有舆论认为中国工程院院士年龄偏大，其实，这一代人有个10年"文革"的症结，工程项目耗时较长，加上欠债年份，也就得这个年龄。我想"文革"时期的文化断层代一过，平均年龄会明显降下来，可与国外相当。

学术大会中全体机械与运载学部院士合影（2000年）

我反复琢磨过中国工程院的荣誉性和咨询性。荣誉性是国家给了荣誉，肯定了院士过去的贡献。对此我的认识是：贡献已成过去，许多成果是群策群力促成的，我只是团队中的一员，切不可贪功。我代表的只是一个很窄的学科领域，还要进一步充实自己。我是从一般技术人员起步的，不能断了草根性，要特别谨慎。关于咨询性，当然是借助院士们的实践经验和理论知识，对国家各领域的工程及发展予以咨询。我的尴尬在于马不停蹄的工作一生，却没有总结出像样的东西。军队里常说"士兵怕枪弹，干部怕总结"，总结不多，长进不大。看来，我要补大课。

我们国家内部对院士的炒作或许与国家大院士少有关系。各种各样的会实在太多，尤其是北京地区的院士。请的都有理由，不去又怕不妥。有一天，看到季羡林老先生的一篇文章，也有类似的感受。他琢磨了一下，觉得不撒点谎不行，可撒谎不是好事。他又把谎分成黑色谎和白色谎，凡不会伤害任何事情和人的白色谎必要时撒一撒。我如获至宝，照此办理，现在我的白色谎快一箩筐了。

北京理工大学大门

北京理工大学全景

按照规定我应在 1992 年退休，因肩负的国家重点项目没有结束，延到 1995 年退休。我哥哥生前对我有一个结论：知识颇广，人文欠缺；能够任劳，不能任怨。打算退休后好好补一下文化课，在 1999 年被选入工程院后，大大动摇了这个打算，养老是不行了，看来还得在科技进步和专业建设方面做力所能及的事情。

海湾战争已经在重要的方面改变了战争模式，轻武器的发展至少是遇到了拐点。目标、对目标的作用、机动方式、感知能力都要作重大的调整和提升，传统技术已迅速与其他学科交叉。我国轻武器在完成多种装备以后，将迎来一个长期的技术准备时期。思考之后，决定及早回归母校。母校已是研究型大学，理工学科门类齐全，是填补学术空白的好地方。年近 70 还有梦，这个梦就是以游击兵的方式摸索未来轻武器的发展途径。2000 年 8 月，我调到北京理工大学机电工程学院。掐指一算，从 1961 年调离算起，已是 39 个年头。这期间，根据学校的发展，1988 年 4 月校名改为“北京理工大学”。改名后的学校已经实现了以单一工科为主，向以理工科为主、工理管文协调发展的综合方向的转变；实现了以单纯的产品型国防技术专业为主，向以学科为主，军民结合型学科专业的转变；实现了以教学为主，向建设教学科研两个中心的转变；实现了以培养本科人才为主，向培养多层次，特别是高层次、复合型、创新型人才的转变；实现了封闭式办学向开放式办学的转变。学校的内涵和规模已今非昔比。返回母校时正值建校 60 周年大庆，科技和学术之花竞相绽放。母校热情地收留了流落在外的游子。

我想起了当年在母校激情燃烧的岁月。我似乎是久久在外的浪子，浪子回头金不换！有道是：该进不进是无志，该退不退是不智（录王选语）。

第二十四章

感念终身

我从小体弱，村里出了名，三天两头发烧。因为有母亲，死神一次次地在我面前退缩，这样勉强长到5岁，仍不时尿床，屁股上没有少挨巴掌。我生下来就是一个多病体，母亲的奶水从来没有吮尽过。五谷从来不好好吃，每到吃饭时候，总是骗进家门或者哄来哄去。好几岁了，走路晃晃悠悠，还断不了母奶，玩一会儿，就扒开母亲前襟嘬两口。村子里有什么传染病，总是放不过我，也难得康复，母亲实在发愁我能不能长大成人。于是就去寺庙许下大愿求佛祖保佑，今年求的是祖师爷，按习俗我的名字就得叫“祖师保”，一年求一个神佛，名字就一年换一个，什么“祖师保”、“龙王保”、“菩萨保”等等，今年叫这“保”，明年叫那“保”，这样一来，邻居们就叫乱了。母亲一想，这孩子将来少不了还要靠神佛保佑，老换名字也不是事儿，干脆取了一个通用名字“保娃”，让众神保佑吧！现在农村老家80岁左右的人还记得这个名字，却不知道我的学名。好多人对这个名字很感兴趣，我只好隐去实情，说是“人民保护的娃娃”。我的一生确实应验了这个解释，我的的确确是在人民的保护哺育下成长起来的，人民才是我的保护神，终身感恩！现在想来，母亲取的这个名字要多好就有多好。

但我生性好动，经常和邻居的几位小伙伴玩在一起，早饭后总是不约而同地到村头水渠边相会。最喜欢的是到附近小护山后边几丈高的黄土坡滑溜溜，衣服脱得光光的，好不惬意！正当阳光洒满大地的时候，我们又结队去了村外的旱坝，一片无人种植的荒地，长满杂草，沿着山坡跟前能见到稀稀疏疏的枸杞，枸杞正红的时候，我们一人一树坐下来摘着吃，或者到小土坎里刨甘草吃，大一点的甘草足有好几尺，刨出来用石头砸成小节分着吃。枸杞和甘草富有糖分，含有多种营养元素，味甜，性温，可以解馋，但吃多了会流鼻血。有时我们去挖小苦苦菜，一种成片长在一起的野菜，只有二寸多高，吃它的根有辣味又有水分，挺滋润，坐在阴凉处，一边拔一边吃。下午全身发热，是我们到水渠中泡水的好时候，间或玩泥巴，泥巴也玩得很有名堂，什么转水城、空泥炮之类的。年纪小，大人们不让我们到黄河边去洗澡，每天下午回家，父亲或母亲就要在我晒黑的腿上用指甲划一划，划出白印来，说明我入水了，“是不是偷着去了黄河？”争辩中只能承认在泉水渠中玩过，并供出证明人才罢休。我们的乡下还长一种野菜，个子不高，味苦，叫屈屈菜，洗干净开水泡过后发酵，便成了酸菜，往面食里调进去，便成了浆水面。因为酸菜里含有大量的酵母菌，吃了助消化。这种浆水面现在已是西北地区的风味小吃，还有酸汤面也是，吃了能健胃。不过酸菜的原料已不是野菜了，野菜已难觅。家中腌酸菜时，动员我们去挖，原料的来源有我一份。天若下雨，小伙伴们便在雨后上大护山，去拾地耳。大护山上平时也有地耳，因为干燥，地耳萎缩在地表难以看见，经雨水一泡，一个个地耳都肥头大耳地张扬起来，我们一阵好拣啊，一会儿就是一大篮，顺便还摘了不少野沙葱（一种实心的野葱）。回到家中交给嫂嫂们。我在家中谁都讨嫌，碍于父母溺爱，不言声罢了。现在捡来这么多地耳和沙葱，争着表扬和抬举。我还有个坏习惯，偷吃人家地头的萝卜，邻居家种的萝卜就在我经常走过的地方，萝卜长出地面后，屁股又肥又大，好不诱人，手痒痒忍不住拔了一个，赶快把泥土涮掉，掰掉秧子，迫不及待吃到肚里。这一下一发不可收拾，隔三差五地偷吃一个，我以为人家全不知道呢。邻居家跟我妈聊天时，笑着说：“你儿了把我的萝卜快吃光了，你不赔吗？”听说儿子偷东西吃，母亲心里不禁一阵欣喜，便说：“只要儿子能吃东西，赔金子都行，请您别告他。”这样，我还是蒙在鼓里，继续偷。这真是歪打正着，这么胡玩野吃，我的饭量竟然渐渐增大，病也缠得少了。这年已经 6 岁多了，父亲还是给我加中药，除了补胃，还要补肾，中医说我属肾虚。随着农作物的变化，野吃的内容越加丰富，在小麦灌浆的时节，在自己地里摘麦穗，整天烧麦仁吃。我家园子里有棵杏树，杏儿熟的时候，我就是主顾。人说“桃饱杏伤人”，我每天都要吃好几次，也要接近 20 个，不但没有伤着，还增加了食欲，特投缘。吃光以后，正是下草坪山庄早杏成熟的时候，杏树长在涝池旁，这是牲畜和羊群饮水的地方，在村子低洼处，便于雨水集中。到了夜晚，附近的野狼也来偷饮，大人们就不让我们小孩夜里来这里玩耍。在山里野吃野玩几天，便随着大人提着杏儿回家。我家的亲戚多，每年这个时候驮着瓜果来探访，口福真不浅。年纪稍大一点，常偷着去黄河边泡水玩沙子，那里大孩子多，有玩头有看头。还有，近旁树上的桃儿不疲倦地向你摇曳点头，能不流口水吗？但身无分文，干瞪眼。可祁家老主人很会做生意：“你尽管吃，天天来吃，我不会给你二哥说。”但是，桃主人在每年秋后还是找我二哥讨要一次桃债，二哥还笑着一声声感谢人家呢。不知这位老人编了什么让我二哥高兴的故事。到了秋天，野吃就更丰富，只要从家里偷上几根火柴，腰里别上一把小铲刀，就可以整天在外吃喝。当树上枣儿屁股开始泛红，地上就是刨土豆的时节，也是黄豆快长饱的时候。我们在地里刨出一个土坑，上面依次放好黄豆秧、土豆和大枣，下面架起柴火，先烧一阵，再用土疙瘩闷一阵，扒开后大吃大嚼，那股清香到现在也忘不掉。就这样，几个人轮流坐庄，有啥烧啥，天天不厌。这种经历使我对枣、桃、杏就有了格外的亲近，时至今日，我的同事和学生都知道我的这一癖好。有时客人来家，总要摆上枣儿招待，客人还没吃几个，可我已经十几个下肚了。老伴不好意思，不断戳我的腰，没办法，只要见了这“老三样”，手就开始向嘴里自动送料啦。到了冬天，滑溜溜是不行了，可每个孩子都有毛弹在手，大一点的打麦场就成了比赛场，比赛花样不少，比赛输了，就用口袋里的枣儿赔，玩一个冬天，每一个人的手背几乎皴满了龟纹。在冬天，家家的吃食，今天看来几乎都是保健品，糜面窝窝头、枣陷儿包子、浆水豌豆面、扁豆旗花面、荞面团、土豆糜面圪垯汤、酸汤面，加上自制的豆腐，哪一样都富有营养，常吃不厌。那个时候，都以为五谷的营养主要在面里，白面比较珍贵，其实白面愈细，维生素和微量元素越少。晚上聊天，不论是哪家，都用木盘盛满干枣作陪伴，类似城里人嗑着瓜子聊天。我三哥是老胃病，顿顿饭离不开枣儿，营养是一方面，主要是开胃通便。有次他边吃枣儿边问我：“有句成语‘囫囵吞枣’是什么意思？”我回答：“读了书，没有弄懂呗，这跟枣儿有什么关系？”“你只要把枣儿皮不咬破，囫囵咽下去，准是地囫囵从肛门蹓出来，说明枣儿白吃了。”“枣儿皮很坚韧，抗腐蚀，胃酸奈何不了，只有咬破咬碎，枣儿的营养才能被吸收，但那咬碎的枣皮就像一片片小刀，刺激肠胃蠕动，起到开胃通便的作用，所以不能囫囵吞枣。”原来枣儿吃多了还有这等好处。

几年过去，我的身体竟然结实了，7 岁那年放心地被送入小学。我长大后非常感念家乡的水土。“文革”后期，我回到阔别 20 年的家乡，情况已经大变，村子里人多地少，只种清一色的高产作物玉米，社员一个工分才 7 分钱，一年下来不够吃，只好向生产队借返销粮补充。杂粮已不见了，枣树也被砍得稀稀疏疏，公社化和三年饥荒的后遗症还没有过去。几年后，我又回了家乡，已是改革开放后的农村，美美地吃了一阵家乡特色饭。故乡是我心中不落的太阳，故乡的泥土永远弥漫着芬芳。

如果把空间放大到整个社会，那么感恩的就不光是自己的故乡，而是整个社会。一个人自从母亲生下来以后，虽有父母的呵护，但那衣食住行就开始要依赖社会提供。随着年龄的增长，这种依赖越来越深。我年青上学的时候，正是国家战乱和动乱的时期，社会物质非常匮乏，衣食仅够温饱。中学住校，住的宿舍是几十人的土坑，没有暖气，冬天的寒夜有时零下二十多摄氏度，真不知是怎么熬过来的。就这个条件，要是不想住就只好辍学。上化学课，没有实验设备，弄得老师在黑板上模拟化学实验，如果不这样，课无法讲下去，化学课只好不开。不管怎样，社会只是这个条件，还是尽量提供了宿舍，教室，还有那蜡烛一样爱生如子的教师。考大学了，就用社会能提供的卡车、货车、火车一节一节地跨过差不多 4000 里山路、公路、铁道，送到了考场。我上大学的时候，正是全国抗美援朝，国内还是满目疮痍，竟然得到公费读书。人们把社会和祖国常称作母亲，那个时候是“儿多母苦”！我已深感处处、时时离不开社会，我是社会的一个成员，是她的儿子。无怪乎我们的前辈，为了子孙后代前仆后继不怕牺牲争取社会的进步和公平。2007 年，我回到中学母校参加百年校庆，看到有暖气而敞亮的学生宿舍，四菜一汤的学生伙食，丰富的化学实验设备和成排的台式计算机，羡慕不已。还听说，有的高考生在家长陪伴下乘飞机去报到，可见社会已能给学子们提供更好的物质条件了，一代胜过一代。天大地大社会的恩情更大。

我母亲嫁到我家时还不到 20 岁，因人口众多，父亲巴不得地将家事交给母亲来管理，主要精力去搞经营，以扩大家业。母亲非常刚毅，没多久，将家事管理得井井有条。我在前面已经说过，父亲在他 45 岁左右就将家事交给大哥和二哥，开始笃信佛教，过着另一种生活，母亲也抽出身来，过起年轻“老奶奶”的生活。那时她才 30 岁出头。我生下来的时间正是 1932 年阴历 2 月 22 日，她已赋闲 10 年了。因是男丁，家中甚是喜庆。在农村，生下男丁就有了劳力，就多了一个子嗣，有了家业继承人，喜庆是很自然的。乡亲们也纷纷道喜。自从母亲生下我以后，我的生存已从脐带转到母亲的乳头，我的温暖靠母亲的双手时时呵护，但她的喜悦一日一日地被忧愁笼罩，因为我日夜啼哭，睡眠太少，她的奶汁本来不多，却从来没有吮尽过。在我之前，已经生过 5 个子女，3 个已经夭折了。那时，她管家务，劳力事和劳心事都千头万绪，她是掌家人，对自己的子女疏于关照，心里纵有多爱，表面上还要装得冷淡，得了病常被耽误。现在倒是有精力了，但对这先天性的体弱却束手无策。人们常说“人老惜子”，已是近60岁的父亲一改过去的严厉，柔情似水，时时操心我。父亲和母亲常常因这件事起争执。如果是晚上我闹起来，弄得几位嫂嫂也不得安宁，深更半夜地披上衣服坐在炕头，随时答应我妈的召唤。那时，农村没有暖气，没有热水壶，生的是柴火，点的是菜油灯，没有现在方便。当我年纪大了，看到年轻的妈妈们无微不至地操心幼小的孩子，回忆我们那时的条件，如果没有父母亲那种天然的爱，没有那种永不枯竭的爱，我们怎能健康地长大！就这么一日一日地煎熬，三岁的我还没有断奶，五谷虽然也吃点，也不过是两口三口，脑袋摇来晃去，难得塞进去一口，走起路来摇摇晃晃，大病也慢慢缠上身来。

父亲既然看重仕途，就对子女的教育抓得很紧，三哥英彦读完私塾，就进城升入省立西北国文专修馆，相当于现在的高中，课程是中西合璧的。高中数学和英语苦了他，他起早贪黑，刻苦攻读，十分辛苦，加上营养不良，相继得了胃溃疡和肺结核（也叫痨病）。省城的医院拒收这样的病人，于是没有毕业就辍学回家。接着把他送到80里路的吧咪山道观，听天由命吧！并向当地金花娘娘祈求保佑并许了愿。不料两年后在道士们的精心照料下，奇迹般活了下来。这是1938年的事。因为长期接触道教经典，他悟出了一个道理：要了解中国传统，道教经典值得一读。他虽然活了下来，但病根未除，成了一个长期病号，养在农村老家。

与姐姐、侄子春生兰州市华林坪家中

（2005年）

与春芳在颐和园

（1958年）

三哥这一病，对父母的打击太大，加上我的情况，母亲常无奈地说：“我前世有什么罪孽，老天这样罚我。”后来三哥好了许多，父母的心情也好了许多。我呢，因和小伙伴们野玩野吃，胃也开了，病也不多害了，身体一天天好起来。这对父母的鼓舞很大，那时我已到5岁，能懂点事，父亲决定吃中药助我开胃，我极不愿意。父亲就从省城买来洋糖浆我，一次一颗，直到一次三颗。我们小的时候能吃到土法做的麦芽糖，透明纸包的水果糖，那时叫洋糖，很难见到，但时间一久，也不买账了。父亲到底是有文化的人，开始编故事骗我吃药。有一次他煞有介事地说到：“村子里昨天抓了一只狼，都说是你先抓的，都在夸你呢。是你吗？”我先是眼睛瞪得大大的，愣了一会，便点了点头。“那你是怎么抓的？”“我先骑到背上，两只手还抓了耳朵。”还用手比划着，其实，那是平日里要绵羊的架势，这里却变成打狼了。“我的儿子真行，山里还有几条狼呢，明天等着你再去抓。赶快把这口药喝下加力气，快睡觉，我去给你准备捆狼的绳子。”我二话不说，接过药汤，咕咚几口喝了下去。唉！人性的这种弱点，连个小孩也不放过。药要天天吃，可天天编故事就没那么容易，弄得他把《笑林广记》找了来应付。有次我嚷着到下草坪吃自家树上的杏儿，山里的杏儿是旱杏，水分少但味很醇，比山下的杏儿刚好晚熟一个月。父亲只好牵上伴他半生的黑马，带我上山。出了村子，一路向东，过了尕磨沟，攀上大土坡，便是缓缓的山路。山庄只有十里路左右，已走完了七里路程，我已认识路了。我一个人在前面走，父亲伴着吃草的马缓缓地走。离开父亲刚过一个小山弯，只听得刷的一声，便出现一个灰色的动物，离我两丈左右，两眼恶狠狠地盯着。我以为遇上了野狗，吓得大喊：“狗呀！”只听后面大喝一声“打狼！”这儿哪来的狗，父亲意识到我遇到了狼。于是先大喝了一声，便提着赶马棒冲了过来。这只狼一见大人过来，便抬起屁股跳上土坎一步一回头地走了。父亲先是跑到我跟前，看见狼已走远，回过头来便把赶马棒塞到我手里，狠狠地对着远去的狼说：“你逃得好快，要不，我儿子来上一马棒，准把你的门牙打掉。”这根赶马棒也是一个防身武器，是由囫囵藤条作成，两头用牛皮筋缠紧，用棕色油漆装饰，只有四尺来长，结实，弹性好。听了父亲那样轻松有力的口气，我才从惊愕中醒了过来，嗫嚅地吐了几个字：“那是狼吗？”父亲又逗趣地说：“你不是抓过狼吗？怎么看成狗啦，我给你送马棒来了，这狼溜得好快啊！”于是他领着我往前走，边走边给我讲狼和狗的区别。其实，刚才的一幕，父亲最为紧张，稍一迟疑后果就不堪设想。但他又怕我吓出病来，就装着很轻松，说话打趣，使我从惊吓中缓解过来。几十年过去了，想起这件事，还有些后怕，这是我第一次近距离碰见狼。在父亲大喝一声赶狼的时候，黑马也吃惊地赶了过来，并长嘶一声，附近牧羊的羊倌知道是我父亲到了，便把羊群慢慢地赶到路边等候。两人相见之后，父亲的情绪这才舒缓下来，互相递烟，坐下说话。据羊倌讲，刚才这只狼的窝就在附近，狼崽被上草坪的人偷着掏走了，它疯了一样找到了狼崽的下落，上草坪的羊已被祸害了几十只，还没有罢休。今天我们只遇到母狼，那是运气。虽然岁月无情地远去，可这趟上山的经历和细节至今铭刻在心，在那惊险的瞬间，彰显了父亲深藏的爱子之情。父亲如此，母亲更成了为两个儿子还愿的苦主。为了解脱两个儿子的病灾，父母在好多寺庙里许了愿，现在一个活了下来，一个天天见好，该是还愿的时候了。每年秋后，便是母亲柱上拐棍，背上黄布袋，走四方化善缘的季节。为了安全，约上几位女伴同去，还请一位老汉带路。母亲是小脚，村庄与村庄之间间距又大，走村串户就得走到七八十里路以外。山路多，陡的地方只能爬行。十天半月等回来了，首先便是搂着我的头，双手前后抚摸着，满有希望地说："我的儿子有神佛保佑呢!"年纪太小，也不懂事，不知道仔细看看母亲风尘仆仆的脸，摸摸母亲爬过山的手，只知道一刻不离地享受母亲的呵护和温存。

我的降生以及后来三哥重病，成了推动父亲重新振作起来的转折点。老三老四的身体肯定吃不了农业这口饭，觉得农业这口饭吃得也太艰辛，决定把家逐渐往省城迁移。这也是促使父亲在省城购房产的原因之一。我 5 岁以后，就和父亲睡在一起，他认为男孩子将来要成才，必须由父亲来抓，管教很细很严。村中有事，如果他去参加，必定带上我，练练胆量，让我背上水烟袋和毛巾，算是一个小侍从。晚上，耳朵也不闲着，将《二十四孝》、《三字经》中的故事，《三国演义》等小说片段拿来漫谈，把关羽称关爷，把岳飞称岳爷以示尊敬。1939 年，我进入抚河湾完全小学。小学二年级时，加了家庭作业，我和二哥的第五子春芳一起听课。父亲对算术课和自然课感兴趣，但对国文课不感兴趣，说白话文没有"文气"。便着意在这方面加强，主要是陆续背《三字经》、《治家格言》和"四书"（《大学》、《中庸》、《论语》、《孟子》）。考虑到将来做生意，还有打算盘。当时的家中，只有我和春芳有机会长期读书，春芳长我二岁。因为兰州市是一个被农村包围的小城市，没有现代工业，只有手工作坊，实际是一个城乡贸易城市，也是一个农产品（包括新疆、青海农产品）集散地。父亲对我们的培养目标只能是经商一途，所以要学会珠算。春芳做什么都行，就是对读书一点也不感兴趣，一上课就打瞌睡。小学比我早上两年，毕业却比我晚了两年。春芳 1947 年考初中时，第一次考陇右中学，考砸了，二哥非常着急，第二次考西北中学，由我代作枪手过关。不久兰州解放了，他弃学参军，算是彻底解脱。这次给他加家庭作业，无疑是上刑罚，能躲就躲，晚上经常躲在外边，父亲有时查问，他谎称有事。后来，父亲知道他在学校的功课很吃力，就免了。我虽然怕父亲，还能通过家庭作业，可学校的成绩在下降，课堂中几次提问答不上来，开始逃学。校长知道后来家访，这才减了分量，但不免除。对于生活细节也不放过。我是左手拿筷子，被迫转为右手，不能躺着看书，写字要端正，吃饭不准哏哏，当众不能吐痰，递水递茶必须双手，更不允许沾染烟赌。我哥哥 70 多岁，腰不弯背不驼，开大会端坐到底，就是早年家教的结果。父亲虽然已经 60 多岁，对晚年的治家目标很是执著，尽管家中劳力紧张，还是抽出几名子弟升入兰州师范学校和甘肃工校（甘工大前身）。不料，在 1944 年春节后，因为我的婚事，他不顾年迈，山路跋涉，竟在马背上去世。我年纪太小，只知道这像天塌下一样，顿感孤单，失去依托。亲爱的母亲把我揽入怀中，鼓励我振作起来。母亲遵照父亲的嘱托，在三哥的身体进一步好转后，1944 年让他去兰州志果中学，在他的老师赵元贞先生麾下工作。接着她破釜沉舟，1944 年冬又带着我进了城，我在母亲、三哥和姐姐的照顾下继续上完了小学六年级。自此以后，在母亲的呵护下，一粥一饭，一丝一缕，晨起晚归地度过了六年，直至高中毕业。

有了父母的哺育，才能使我继续人生的旅程。父母的血液流淌在我的身上，父母的爱深如海洋，至今我还在不尽地品味。

金婚在永靖（2011. 8. 19）

第二十五章

金色天梯

让我先谈谈我对中国的师道的认识。

中国是一个崇拜偶像的社会。佛教的偶像是佛陀如来，如来是所有信徒的修炼导师和引路者。如来说，人人皆有佛性，只要正确修炼，明心见性，就成正果。孔子为后人树立历史传说中的圣君尧舜作为圣人的偶像。孟子说："舜何人也，予何人也，有为者亦若是。"人人皆可成尧舜。孔子把人大致分成小人和君子，小人不一定是坏人，而是心胸狭窄、患得患失的一类。君子的标准就高了，把《论语》中有关君子论述汇总一下，主要有三条：一是爱人，仁者爱人，不独亲其亲，不独子其子，己所不欲勿施于人；二是无私，心系天下，克己复礼，修己以安百姓；三是笃行，建功立业，"修身，齐家，治国，平天下"。尧舜就是这样的君子。但尧舜毕竟是传说的圣君，且非大众式圣贤，后来尧舜崇拜被孔子崇拜所取代，孔子被封为"万世师表"。有学者认为，佛陀和圣贤的标准太高，"阳春白雪"，求佛难，求圣贤亦难，树偶像有什么意义？我以为偶像崇拜展示了一种道德价值取向，彰显人间善恶是非，起到"见贤思齐"的作用，使社会形成从善的风尚。大凡一切有神论的宗教，崇拜万能的造物主，主无处不在无时不在，人人靠内心的信仰约束自己的行为，以减轻与生俱来的原罪。在中世纪，神权大于政权。即使当今一些政教合一的国家，仍是神权大于政权。对于无神论的宗教或政权，就没有这种外在权威的约束，那就要靠社会伦理约束个人的行为。中国过去的社会伦理是"孝、悌、忠、信、礼、义、廉、耻"，前四个字主要是为人，后四个字主要是做事，因此在社会中树立偶像就成为自然。就像现在，各行各业选无私奉献、不计报酬的劳模，树勤学苦练、勇于献身的标兵，学一心为公、悉心助人的雷锋，不就是具有相同的意义吗？2000 多年来，佛教的信徒并没有修炼太难而减少，佛教已是世界三大宗教之一。儒家学说培养了一代代文人，维系了中华文明，壮大了中华民族，成为中华民族发展的脊梁。孔子的教育思想和他的垂范，将师道提得很高，可用“师道尊严”来概括。他给后人留下的真理之光，仍然当空照耀。这里，我要谈谈一下“师道尊严”。现在，有一些教育专家提出“把师道尊严扫出校园”，以为这才是对“钱学森之问”的重要回答。这些专家可能误读“师道尊严”为师傅（老师）尊严，因此在老师面前，学生只有唯唯诺诺，不敢辨别是非，哪能教出高才！这里的“师道”应指传授之道或教授之道。师者，传道、授业、解惑者也，这是韩愈对教师职业最为经典的定义。从这个定义出发，“师道”就是教师要尽心做好这三件事，学者在教师指导下潜心完成这三件事，师生以心相传，才有道统可继，这就是师道尊严，怎能扫出校门！联合国还将孔子评为世界文化十大历史名人之首，如今孔子学院已遍布世界，似乎成了“万国师表”。

韩愈说“师者，传道，授业，解惑者也”。传道指的是专业方向，如孔子培养的是社会管理人才，墨子培养的是兼爱非攻专家，鬼谷子培养外交专家和兵家等。授业是传授相关知识，如孔子在杏坛以六艺施教，其中三门是专业知识，一门是基础知识，两门是武术和体育，可谓全面培养。解惑是师生互动，交流学识。孔子提倡教学相长，韩愈也说“弟子不必不如师，师不必贤于弟子”，一部《论语》就是师生互动交流的结晶。农耕时期，生产力低下，社会分工不细，一个徒弟往往师从一个师傅，长期相依相靠，情同父子，常说：“一日为师，终身为父”。随着社会生产力的发展，特别是进入工业化以后，这种师徒关系已不适应，随着社会分工越细，生产和生活水平越高，人们从事职业的知识链越长，知识面越宽。造就一个人才，过去是10年寒窗，现在20年还嫌不够。庞大的社会需求和很长的知识链催生了现代教育体系。而对一个学子来讲，从启蒙教育开始直到学业告成，有一个庞大的教师群构成金色的天梯，一个台阶一个台阶地将学生送到顶端，走向社会。每位老师在自己岗位上尽职尽责，履行着自己分担的使命。在我上学的整个年代，正是国难重重，物力维艰，给我授课的老师仍有60多位。老师们生存的条件很差，但他们执著地坚守岗位，勤奋耕耘，风雨兼程，把我一次次送上新的征程。回想起来，感人的情节历历在目。

我受的启蒙教育很扎实。前面已经谈过上小学的情况，其实，校长的后面是一批敬业的老师。举一个例子，《自然》课很难讲，书上的植物和动物西部乡村很生疏，但授课老师在百里以外的省城设法找到了标本和辅助材料才得以教下去。又如地理课，我们很难从“天圆地方”和“以地为中心”的习惯中摆脱，硬是由老师做出土教具后才明白。老师都是20岁左右的年轻人，他们那时接受的新内容也很有限，可是他们为了施教花的心血很多。农村的小学，最怕的就是缺课，这直接影响学生的升学。我们的学校虽然地处偏僻，却没有缺课，这是老师给我们的福分。

初中学习很充实。受父亲的影响，我对历史、地理课比较感兴趣。历史课由河南沦陷区来的一位女老师讲授，她颠沛流离，国破山河犹在，那种对晚清的懦弱、军阀的无道、孙中山的伟业、内战的忧虑，都是用激情来诉述。我被感动，情绪也随着起伏。老师把我从小说常识带进了真正的历史殿堂，我开始阅读近代历史。哥哥发现了我偏科，要求我把英语和代数重点抓好，这是将来深造和职业生存的主课，进这个私立学校就是来学赵元贞校长的英语和薛国璋老师的代数。家长如此，我也只好如此。为了打好学英语的基础，校长亲自从一年级开始授课。薛老师是名副其实的授课高手，课堂质量很高，课外做题也不少。他认为代数课主要是解题，类型多题目多就能“生巧”。先生的课在兰州很有名气，由本校到外地高校深造的学生给学校来信，总要感谢先生给学生打好了学数学的基础。为了怕学生偏科，学校设立免学费的奖励，每门课都达到85分者半免费，每门课都达到90分者全免费。升留级也有规定。为了增强体质，每天点名长跑1500米，近60岁的老校长每天在跑步终点等候我们，星期天他带头爬皋兰山。校长每天放学前的即时讲话，现在回忆起来都是经典，小到穿衣、礼貌、走路、谈吐，大到健身、用功、强国，都是新鲜人新鲜事，百听不厌，可惜没有记录下来。

高中有了新的梦想。西北师院附中的老师主要来自北平师大附中，加上抗日时期间的颠沛流离，老师们的道德素养、职业素养以及业务水平是国内一流的。国民政府教育部在抗战中有过几次统一考评，该校名列前茅，当时有“南有扬州中学，北有师大附中”的美誉。前面曾谈到刘晋江老师因无化学实验设备，只好在课堂上用粉笔勾画实验的情况，这都是凝练出来的功夫。其他课程也是一样。老师们在讲台上各展风采，听他们的课，都是妙趣横生，不感疲倦。1951年该是我们这两个班70多个学生毕业的时候了。有一天，班主任魏又吾老师和我们部分学生聊天，他说（大意）：“51届的课程在这几届中最系统最完整，平均成绩已经接近京津，一部分学生很优秀。兰州地区没有工科专业，理科也不强，家境条件允许的话，可以大胆到大城市去深造。”原来，老师们一直盯着我们的成绩，对我们每个人都做过估量，还在考虑我们的升学。有了一个估计后，多次鼓励我们大胆闯出去。我是一个农村出来的孩子，学习目的很单纯，挣钱养家，上个好大学，牌子响，挣的钱也多。但是到外地求学，心中没有把握。再说，路费难筹。哥哥在这关键的时刻起了很大的作用，他说："父亲在世时对子女的企望很高，现在就剩下你一个人有深造的机会，只要你自己有决心，一定给你凑足路费。"有激励的老师，有撑腰的哥哥，我便和其他几位同学启程去北京寻梦。

有人问我，在一生中哪些日子过得最惬意？我能随口说出："大学五年最惬意。"那之前太苦，那之后政治动荡太多，惊险频频。上大学的时候，正是建国初期，人人意气风发，生机勃勃。领导干部都很年轻，对于我们这些年轻学子可以说是恨铁不成钢，热切希望我们各方面成长，早日参加社会主义建设。重工业部部长何长工和副部长刘鼎经常来校检查作报告，每次都要叮嘱我们树立为人民服务的思想，丢掉那些"王八蛋"（个人主义）思想，建设社会主义比打仗复杂得多，学好本事要紧。开始我们享受包干制待遇，三年级开始改为助学金制，待遇仍比普通学校高，如清华大学最高助学金为12元/月，我们是16元/月。伙食标准维持包干制水平，每年夏天到秋天，每个学生每天到仓库领一份免费西红柿。我是校篮球代表队员，每天加餐一个鸡蛋。体育很活跃，学生参加"劳（动）卫（国）体育制"的比例高，达标率也高，从车道沟到西郊机场的公路上基本是京工学生在长跑。每年暑假，组织北戴河舢板队、北京摩托车队、百花山（或长城）远足队、昆明湖轮换游泳班等。再说学习。可以说，我们三生有幸，是国内顶尖的专家给我们授课。物理是吕子芳先生和郑愈先生分授力学和电学部分，他们一边讲基础，一边还把当时的前沿和争论热点带到课堂，其他课的助教和讲师们常把教室的走道都挤满了。张翼军教授是我校唯一的一级教授，我国好多老一辈力学专家（如钱伟长、郭永怀、吴仲华等）都是他的门生，给我们讲授材料力学时已经接近60岁了。还有陈荩民先生、孙树本先生的高等数学，李向平先生的理论力学，李维临先生、彭兆元先生的机械原理机械零件，邓开举先生的画法几何，颜鸣皋先生的金相热处理，王文澜先生的工艺基础，肖达人先生的热工学。这些老师绝大部分是曾毅院长从国内各校以高薪聘过来的，有的是回国后聘来的，学术水平很高，教学经验丰富。1953年以后进校的同学就没有我们幸运，很难集中得到他们的教诲。1953年以后，他们当中有的在院系调整中去了别校，有的被教育部抽去任其他院校的副校长。大部分被极"左"政策所排挤，不受重用，有的成了右派，有的被当作"白旗"拔掉，有的因政审被调走。我们那时憋足劲来学习，上课很专心，期考很兴奋，教务长谢簃形容"兴奋如过年"。班集体也很团结，我每次在外面比赛回来，总有同学给我把耽误的课堂笔记补齐。那时，我校实行先听课，后发油印材料。是这样的学习环境把我们最后送上社会。这五年过得真快！临分别时我们才发现故宫、十三陵都没有顾上去，这才恶补了几天。确实是最惬意的五年，是终身难忘的五年，有的同学还感言“那几年的快乐，把我们以后的精彩全给透支了”。

70 岁生日（中北大学）

75 岁生日（二〇八所）

老师们那至醇至浓的情意铭刻终身，他们个个都在严谨地履行教书育人的天职。一个社会，如果不重视教育，进而不守师道，坑害的就是社会自己。“文革”中那样残忍地让学生批斗教师，把教师比作“浅池王八”加以戕害的历史再也不能重演！“文革”以后，师道尊严恢复了一些，但还是差得很远。

我经常跟别人说“朋友也是生产力”。特别是在我们这样一个正在发展和转型的社会中，要想活得有价值，活得精彩，朋友就是你的人生助推机、事业

80 岁生日学术交流会

80 岁生日（北京理工大学）

放大器、生活保护神。或许是分散的农耕经济历时太久，近代贫穷的历史太长，现在又加上平均主义的“大锅饭”，社会积累了很厚的“自私”种子。如果是在普通老百姓家中，不过是“各人自扫门前雪，休管他人瓦上霜”，危害不算太大。如果是发生在社会上层或是政治斗争中，那就不同了。我们这一生不幸见到无数次大大小小的政治斗争和人事沉浮。一些为了捞取政治资本，为了打倒仇家，为了解脱政治困境，为了取宠上司，甚至不惜一切捞取个人资本，直至“火线入党”，对朋友无中生有捏造事实，无限上纲夸大事实，落井下石，墙倒众人推。明的有大字报，暗的有小报告。首先发出攻击放出致命炮弹的，往往是相处很好、无话不讲的朋友。很长一段时间我们社会的主流意识是“与人斗”，很需要这些兴风作浪的马前卒。还有一种主流意识是不信神也不讲因果报应，坏人可以放心地做坏事，而事后还受到包庇，说是保护这些人的“积极性”。政治运动一个接一个，后遗症越积越多。这里想谈一谈广泛存在于社会中的“嫉妒”。它是由“自私”衍生出来的种子，只要有土壤就会发芽。有关嫉妒，社会中存在不少脍炙人口的成语，如“同行是冤家”、“文人相轻”、“武大郎开店”、“教出徒弟，饿死师傅”、“一个中国人一条龙，二个中国人便成虫”、“ 内战内行，外战外行”等。每一种经典语句可以举出一大堆鲜活的例子。所谓“窝里斗”就是对嫉妒的高度概括。你看，同处一个行业，就有学术和权威高下的差别，同处一个机关就有权力大小的差别，同操一个事业，成绩有大有小，同处一个环境就有生活待遇的差别。既是“同处”而有“差别”就会产生“嫉妒”。所以，嫉妒时时处处就在你身边，有条件的话就会发芽，把嫉妒的行为称为“窝里斗”再恰当不过了。由于嫉妒的广泛性、阴暗性和潜伏性，遇到像政治运动这样的沃土，危害就更大了。如此说来，人只要独处就不会遭嫉妒，只要不交朋友就不会授人以柄。果真如此吗？答案当然是否定的，你能不食人间烟火吗？能离开人群工作吗？再说，人活着也要堂堂正正不能扭曲了自己。朋友是要交的，好朋友越多越好。政治运动中那些被大字报围攻得狼狈不堪的人是交错了朋友，是交友不慎的结果，这正应了“祸福无门，唯人自召”的话。

与王建中、施家栋（2013 年）

我一生业绩平平，愧对培养我的乡土和老师，愧对社会。唯一能自慰的是我有一批好朋友，这里包括文化大革命前毕业的学生。自从走向工作岗位，已经过了半个世纪，虽然一路跌跌撞撞，总算全身走了出来。1957 年的反右派运动，我只是没有参加过鸣放的会议，但私下还是有不少意见对朋友们说过，由于无人揭发，侥幸过关。1959 年反右倾机会主义运动，由于我参加的事情不少，如大炼钢、除四害、教育改革、评“运动健将”等，意见也是一大堆，朋友们都知道，虽然担惊受怕，总算悄无声息地过去了。“文革”初期，为了对工厂和学校负责，我傻乎乎地惹怒了那些要造反的学生，他们穷追猛打，但专业教研室里始终不响应，也就不了了之。我全家在“文革”中受迫害的时候，为了罗织罪名，教研室的教师们受到的压力不小，军宣队一根稻草都没有捞上。尤其是教研室被调到南京理工大学以后，向有关领导反映了我的遭遇，把我从劳改队中救了出来。在学生的鼎力帮助下，戴着“反革命家属”帽子的我被安排了新工作，使失散多年的儿女回到了身边。是一批好友帮助我很快进入发动机行业。是一批朋友和学生，群策群力帮我回到了阔别十几年的专业岗位。至于我平时在生活上得到的照顾和工作中得到的支持，更是举不胜举。朋友是你人生旅程的助推机，事业的放大器，生存的保护神，一点没错，我感念终身。

刘琪在兰州（2008 年）

与兰州市总工会主席王天安（2008 年）

我也有交友不慎的时候，险些出了大事。古人有很多关于朋友的论述。譬如，势利朋友，当你遇到不测时就会落井下石。酒肉朋友，当你遇到不测时就会树倒猢狲散，划清界限。真正朋友，当你遇到不测时则肝胆相照，不离不弃。像古时的左伯桃和羊角哀、管仲和鲍叔牙那样的生死朋友现在见不到了。关键是怎么识别，谚语说“画虎画皮难画骨，知人知面不知心”，这真需要大学问。孔子云“益者三友，损者三友”，要亲益友疏损友，也没有说出个识别真朋友的办法。现时下，由于长期人斗人，人之间隔膜太厚，这又增加了识别难度。但是我有一个反面的经验，凡遇到把你比作“亲哥哥”、“亲爸爸”而素昧平生的人，千万要小心。多是看中了能在你这儿捞点什么好处，急功近利，便祭起这廉价的“空手道”。一旦希望落空，便怀恨在心，不成亲便成仇，成了定时炸弹。

与薄玉成在中北大学（2004 年）

与张沛在襄樊（2009 年）

与“嫉妒”相伴的，也是我们日常司空见惯的“计较”。可以说计较也能伴人一生，这也是人们相处过程中随时发生的事情。所谓“斤斤计较”、“事事计较”被人称作“小心眼”的便是。都是人我相比中产生，如分得多一点少一点，升得高一点低一点，工资高一点低一点，奖得高一点低一点，有人便会产生计较。计较多了，感到事事吃亏，昇华成嫉妒。

要交好朋友，必以了解为前提，这是择友。相互之间，首先从自己做起，真情关注，讲究诚信，严律自己，体谅别人。时时约束自己，不要产生计较，不产生嫉妒，时间一长就会交到很多好朋友。一个人若能活到 70 多岁，就有近 50 多年时间需要与人相处，交友之道不可不察！

与姜澜（2012 年）

附录一　研制新自动步枪枪弹的几点体会

——新自动步枪“七二一〇”会议中某厂汇报资料。1972年10月

一、坚持以路线教育为纲

伟大领袖毛主席教导我们说：“路线是个纲，纲举目张。”“思想上政治上的路线正确与否是决定一切的。”一年多来，在研制六毫米小口径枪弹的科学实验斗争中，我们深深体会到：科学实验与其他工作一样，离开了毛主席的革命路线，我们就受挫折，就失败；只有狠抓路线教育，步步迈在毛主席的革命路线上，才能做到胸怀革命大目标，心红胆壮方向明。

七一年八月，我厂接受研制六毫米口径枪弹的任务后，领导很重视，立即抽调九名同志组成专业研制小组。九人中除一名老的技术人员外，三个钳工，两个车工，一个是刚从学校毕业不久的学生，一个是厂子弟学校中学教师，一个是厂广播站的广播员。这些同志对研制枪弹都是门外汉，什么初速、膛压、弹形系数一窍不通。设备吗？除一台千分之一的天平外，一无所有。接受任务以后，这些同志确实感到紧张、压力很大，产生了畏难情绪，怕完不成任务。这时研制领导小组决定从抓路线教育入手，办起了学习班，组织大家学习毛主席关于“中国应当对于人类有较大的贡献”“中国人民有志气，有能力，一定要在不远的将来赶上和超过世界先进水平”等一系列伟大教导，学习党的“九大”团结、胜利路线，批判刘少奇一类政治骗子推行的“爬行主义”“专家治厂”等反革命修正主义黑货，请苦大仇深的老工人忆苦思甜。厂党委领导同志也鼓励我们说：“没有什么怕的，怕就怕步子不迈在毛主席的革命路线上，只要坚决按照毛主席的指示办事，没有人我们可以边干边培养，没有设备可以搬到大工房同大家一起干。”

通过学习和批判，提高了执行毛主席革命路线的自觉性，进一步激发了全体研制人员的政治热情和革命干劲。老师傅说：“我们敢干不敢干，就是愿意不愿意执行毛主席的革命路线，我们工人能搞科研是毛主席对我们的最大信

任，我们一定不辜负毛主席对我们的期望，尽力量干，为毛主席争光。不吃饭不睡觉也甘心。”克服了“怕”字，树立了“敢”字，破除迷信，解放思想，在科学实验的斗争中取得了一定的成果。

有一段时间研制小组想让一名老技术人员讲讲业务课，但这位同志担心别人说他“埋头业务，不问政治”，就推托说：“没有什么可讲的，大家边学边干慢慢就懂了。”这个时候也有个别同志反映“政治学习太紧张，哪有时间学业务”。领导小组发现苗头后，进行了认真地分析，认为这不是一般肯不肯讲、愿不愿学的问题，而是关系到怎样处理政治与业务的关系，是不是坚持毛主席革命路线的原则问题。立即组织大家学习毛主席政治与业务关系方面的论述，狠批刘少奇一类骗子散布的“精神万能论”等修正主义黑货，引导大家分清为革命钻研技术与“技术第一”的界限，鼓励全体研制人员在无产阶级政治统帅下，努力为革命钻研技术，学习好为人民服务的本领，为革命多做贡献。这样使大家进一步摆正了政治与业务的关系，增强了为革命学习业务的信心。为了从时间上给予保证，科研所党支部还规定了每星期两个晚上的学习时间。现在全所学习业务风气浓烈，经常请驻厂验收组的军代表和老技术人员讲专业课。除集中学习外，人人坚持自学，为了解决科研中的问题，有的同志经常学习到深夜。

去年九月，第一批新弹搞出来了，大家都很激动，但当时没有枪，有个别同志说：“我们是弹厂。枪的问题等枪厂搞出来再说。”大多数同志认为，时间不能等，自己动手干。领导小组支持大多数同志的意见，并启发大家：等条件，还是自己创造条件，这是科研工作中两种思想两种路线斗争的反映，我们一定坚持毛主席的革命路线，发扬“自力更生，艰苦奋斗”的优良传统。自制枪管时，没有深孔钻，就用普通钻头镶上一根钢丝，没有挤丝机，就用油压机上分段进行挤光，几个同志三天三夜很少睡觉，终于制成了一支580毫米长滑膛枪管，打响了第一枪。

研制过程中，领导小组始终把坚持自力更生，艰苦奋斗的革命精神，当作大事来抓，没有设备，就搬到大工房与连队的同志一起干；没有枪架，就找来报废的床身改；没有远距离靶道，就爬上大山打野外。同志们都说：“只要路线对头了，没有人可以有人，没有条件可以创造条件，一颗红心，两只手，自力更生样样有。”

一年多来，我们坚持以路线教育为纲，既培养了科研队伍，又保证了研制进度。

二、正确处理科研与生产的矛盾

毛主席教导我们："政治路线确定以后，干部就是决定的因素。""我们需要的是热烈而镇定的情绪，紧张而有序的工作。"对于我们厂来说，一方面承担着繁重的生产任务，另一方面又要保证科研工作的正常进行，这是一个矛盾的两个方面，这就要求我们正确处理好这一对矛盾，争取生产科研双丰收。一年多来，我们的体会是：关键在于领导，解决合理的安排。

去年七月接受任务后，厂党委便立即召集了有广后驻场验收组代表、厂生产组、厂科研所等部门负责同志参加的常委扩大会，认真学习领会了上级的指示和任务。大家认识到，科研和生产都是党交给我厂的光荣任务，都必须努力完成，我们是生产枪弹的老厂，更应该在研制新弹的工作中多出份力量。经党委研究确定厂党委常委两名同志分别担任六毫米枪弹研制领导小组的正副组长，负责研制的领导工作，并决定从基层连队抽调一批思想好、闯劲足、朝气蓬勃的青、老工人组成专业研制队伍，在各个生产线上，选定了精度较好的机床和操作较熟练的老工人进行了人员和设备落实。

在研制过程中，厂党委和广后驻厂验收组的领导始终坚持"一讲、二问、三深入"。一讲，就是厂领导经常在全厂职工大会上、生产调度会上及各有关营连讲研制新弹的政治意义，讲科研工作的重要性和必要性，讲全厂每个职工都有责任把研制新弹当作一件大事来抓。二问，就是党委常委经常亲自过问研制过程的进展情况，亲自过问工作中遇到的困难和解决的办法。三深入，就是党委从百忙的工作中挤出时间深入科研所听取研制人员汇报，深入工房看试验，给研制人员出主意想办法，深入靶场，有时甚至爬上山看打靶。

每当工作遇到困难的时候，领导就出现在研制人员面前。工作刚开始三结合小组的同志产生畏难情绪，党委常委亲临学习班，带领全体研制人员认真学习毛主席的教导，鼓舞斗志。今年元月工厂由于生产任务重，加上当时建国72年研制任务尚未下达我厂，科研工作遇到了阻力，党委副书记闻讯后，一方面鼓励研制人员，要迎难而上，一面亲自打电话，通知靶场，连夜加班进行试验。党委常委广后驻厂验收组组长，今年因双腿瘫痪，三个多月卧床不起，在病中还十分关心研制工作，经常打电话询问研制情况。党委的实际行动，带动了全厂各单位、各部门的作风，有力地保证了研制工作的顺利进行。

过去，我厂只生产单一品种，而现在担负着三个品种的生产和两项急需的援外任务，任务增加了几倍，工具车间的人员和设备基本上没有增加，而研制新弹最突出的问题就是工装制造，领导的重视并不等于把矛盾完全解决了。一年来，我们遵循毛主席关于“我们需要的是热烈而镇定的情绪，紧张而有序的工作”的伟大教导，在厂党委的领导下，采用了这样几条措施：

1. 两个同时，就是每月科研计划与生产计划同时下达，每周生产调度会上科研计划完成情况与生产计划完成情况同时检查。

2. 有忙有闲，就是结合生产任务情况，进行合理安排。生产任务紧张时，只安排少量研制急需配套的关键零件，生产任务稍闲时，就可安排多干一些，留点储备粮。并抓住工量生产月初松、月底拼命的特点，采用月初派出人员深入连队一起干的办法，解决了工装制造的困难，使生产科研基本得到统一。

由于党委的高度重视和采取了以上措施，一年来我厂研制了九种方案的弹头，三种方案的弹壳，一万八千余发样品弹，并进行了大量的射击实验，取得了一定的成果，生产任务估计可提前两个月完成今年国家计划，基本上实现了生产、科研双丰收。

三、大搞群众运动，坚持专业研制与群众运动相结合

毛主席教导我们说：“革命战争是群众的战争，只有动员群众，才能进行战争，只有依靠群众，才能进行战争。”在科研工作中是依靠少数人关起门来苦思冥想冷冷清清搞科研，还是大搞群众运动，调动各方面的积极因素，打一场科研工作的人民战争，这是科研战线上两条路线斗争的大问题。

在研制六毫米枪弹时，厂党委始终把着手发动群众，相信和依靠群众当作执行毛主席革命科研路线的大事来抓，组成了两套科研班子。一套是以科研所为主体的专业研制小组，负责日常研制工作；另一套是各有关联营（如工具车间、弹头车间、弹壳车间、靶场）组成的有领导干部基层技术人员参加以老工人为主体的业余“三结合”科研小组。由各营连领导担任组长，兼管科研工作。

在第一次方案设计时，一面组织专业小组进行理论论证，一面由各营连领导层层动员，进行政治、技术、战术指标三交底，发动全厂广大职工出主意、献方案。工人同志听说上级交给我厂研制新弹的任务，个个精神振奋，斗志昂扬，都积极表示要为研制新弹贡献自己的一份力量。有的写建议，有的画草图，仅两天时间，就由各连科研组综合了 13 种方案，二连科研组的同志还用黄铜精心车制了样品弹送到科研所。广大群众的革命热情，使专业研制人员深受感动。他们说：“有全厂的支持，就没有攻不破的难关。”在集中群众智慧

的基础上，很快就确定了一个初步设计方案。科研所的同志带着这个方案三次深入生产第一线，召开老工人、技术人员座谈会，征求意见，反复修改。仅十天就拿出了成套产品工装图纸。工具车间的同志怀着为“研制新弹多出力，早日埋葬帝修反”的决心，克服了人员少、任务重、时间紧的困难，日夜加班，苦战十天，提前完成了研制急需的全部工装。在工艺试验中，弹头冲尖出现了连续冲穿，弹壳收口又产生了严重皱折，机床一停，就是无声的命令，老师傅、技术员、营、连负责同志都从四面八方赶来，人人出主意，个个想办法，经常守到机床边直到深夜，不解决问题，没有一个肯下火线。集中群众的智慧，依靠集体的力量，我们攻克了一道又一道的技术难关，仅用了四十天的时间，就研制出了第一批样品弹。

在研制过程中，专业队伍和业余班紧密配合，互相支持，共同制订方案，共同攻克技术难关，共同完成研制任务。一年来，我们坚持了专业研制与群众运动相结合的方法，放手发动群众，相信和依靠群众，促进了科研工作的不断发展。大家都说：“科研是座山，群众也能搬。”

四、认真落实党的知识分子政策

伟大领袖毛主席教导我们：“无产阶级文化大革命的斗批改阶段要认真注意政策。”在研制工作中，我们遵照毛主席的教导，把落实党的知识分子政策提到贯彻执行毛主席革命科研路线的高度来认识。我们运用辩证唯物论的观点，认真分析知识分子的历史和现状，做过细的思想工作。坚持在工作中正确使用，在使用中加强改造的原则，进一步调动了知识分子的积极性，促进了他们世界观的改造，推动了研制工作的进展。

专业研制小组有一名老的技术人员，由于政治历史上的一些问题，“文化大革命”中受到了群众的冲击，后来又下放劳动，思想上背上了包袱。参加研制小组以后，平时总是沉默不语，抱着“多听少表态，原则问题要躲开”的态度。讨论方案时，别人问行不行？他回答：“行！行！行！”讲专业知识时，别人问他是不是？他回答：“是！是！是！”当别人请他讲一讲专业知识时，他却说：“书本上的东西，没什么可讲的，你们搞一段就懂了。”一天到晚就是摇计算机，科研所党支部发觉这一问题后，支部分别找他谈看，了解到他是因为自己历史上有问题，怀疑领导不信任他，背上了“怕搞不好”“怕犯错误”的思想包袱。针对这种情况，党支部和他一起学习了毛主席的有关教导，向他反复宣传党的知识分子政策，鼓励他认真读马列的书，读毛主席的著作，刻苦地改造世界观，发挥自己的技术专长，和大家一道为研制新弹作出贡献。同时又组织研制小组认真学习党的“九大”团结胜利路线和党对知识分子的政策，批判刘少奇一类骗子的反革命修正主义路线。使大家认识到：能不能正确对待知识分子，是关系到能不能正确贯彻执行毛主席革命路线和政策的大问题。大家根据“有成分论，不唯成分论，重在政治表现”的原则，对他进行了具体的、全面的分析，在弄清问题、分清是非的基础上，同样给予使用和信任。在热情帮助他提高阶级斗争与路线斗争觉悟的同时，在工作上尊重他的意见，在生活上关心他的困难。他看到领导和同志同样信任他，深受感动，很快放下了思想的包袱，精神面貌发生了深刻的变化。为了加快科研进度，他经常带病坚持工作，加班加点和其他研制人员一道深入到车间参加劳动，到野外做试验。一次野外试验，他没有赶上车，就步行赶到现场参加试验。在研制工作中起了一定的作用。科研所党支部深深体会到：对工程技术人员安排他们适当的工作，这仅仅是落实党的知识分子政策的第一步，更重要的是在工作中帮助他们，提高他们，使他们在毛主席革命路线的指引下，发挥更大的积极性和创造性。

附录二 淡极始知花更艳

——访国产95式5.8毫米枪族总设计师朵英贤

朵英贤，国产95式5.8毫米枪族总设计师，北京理工大学（原北京工学院）自动武器专业毕业，大学本科。1956年—1966年，从事自动武器专业教学；1973—1980年，从事电影机械及发动机制造；1981年以后，从事轻武器研究。

主要著作有：《工程中的纵向震动》（著）、《自动武器设计新编》（编著）、《兵器工业科技词典·轻武器分册》（主编）、《近代兵器力学丛书》（主编）及《火炮与自动武器技术》（主编）。

记者（《兵器知识》记者于威）：朵总，您好，非常感谢您能在百忙之中接受我们的采访。自从驻港部队装备的95式5.8毫米枪族公开亮相以来，国人对这种新枪倾注了极大的热情，尤其是本刊的读者，纷纷来信表达他们的喜悦之情和自豪感。我们深知，新枪族的诞生，饱含了包括您在内的我国科研设计人员的心血。今天我们就想请您谈谈95式5.8毫米枪族背后的故事。

几度酝酿 终定型

记者：我国早已有了87式5.8毫米枪族，为什么又研制新的5.8毫米枪族？

朵英贤：我国的小口径枪弹是在1976年选定的，以后进入枪族的研制，于1987年设计定型。当时限于国内环境，对国外的相关情况不甚了解；加上只在一个单位研制，技术受到局限。等到枪族定型时，国外同类产品又有了较大的改进，相比之下，性能差距较大。因此，军方决定重新论证和研制，但5.8毫米普通枪弹仍保留下来，继续改进。可以这样认为，87式枪族是我国研制小口径枪族历程中的一个重要环节，它的研制为新枪族的诞生提供了一部分技术成果和可以借鉴的宝贵经验。新枪族是1991年7月开始研制的，1995年批准设计定型，被命名为95式5.8毫米班用枪族，包括自动步枪、班用机枪、短突击步枪及其光学瞄准镜等子系统。

记者：为什么采用5.8毫米口径？

朵英贤：早在1971年的一次会议后，选择小口径枪弹的工作就展开了。军方一直坚持步枪枪弹应当保持轻机枪的弹道性能，是步/机枪弹同一。具体地讲，应接近7.62毫米中间型枪弹（56式枪弹）的威力。当时，国内出现了6毫米和5.8毫米等多种口径的枪弹。1976年经过大型试验，确定选用5.8毫米枪弹。我认为当时国外已出现5.56毫米枪弹（原前苏联的5.45毫米口径当时还未披露），选用5.8毫米枪弹，其弹道潜力已超过5.56毫米枪弹，若再增大口径，必将明显损失小口径的好处。这种选择是合理的，因为武器有对抗对比的特点。5.8毫米枪弹在400米以内的弹道特性明显比56式枪弹优良，56式自动步枪的直射距离只有270米，而新5.8毫米自动步枪却达370米，56式轻机枪的直射距离只有540米，而95式5.8毫米班用机枪可达680米。经改进后的5.8毫米枪弹，性能更好。可以说，5.8毫米枪弹既满足了军方要求，也获得了小口径化的所有好处。大家只要细心地注意美国人对5.56毫米的窃窃私语和俄罗斯不断推出6毫米枪弹及其配用枪械的举措，心中是否有点“塞翁失马”的味道？

频频创新 结硕果

记者：新枪族的性能如何？

朵英贤：与美国M16A2枪族和俄AK－74枪族相比，我国新枪族的直射距离最大（表明外弹道低伸性好），扫射危险界最大，弹头终点效能最高，而全枪重量最轻，全枪长度最短。总体水平处于当前国际先进水平。

这里指的是性能水平，不是技术水平，因为我国轻武器的材料、工艺和元器件与国外相比还有不小差距，因此研制难度非常之大。指挥系统在与总公司研究后，提出新枪族的加工技术不受国内行业水平的限制。于是，我们打破行业界限，立足国内，用扬长避短的方法多途径多方案筛选，最后形成现在的方案。该方案的最大特点是可靠性动力学模型和射击精度动力学模型互相兼容，最后导致射击精度不弱于M16A2自动步枪，可靠性又不弱于AK－74M自动步枪。在结构方面有6处重大自主创新。研制了两种枪用工程塑料，结束了我国枪械大量消耗木材的历史。新枪族的技术含量已提升到新的高度。

记者：新枪族的外形有哪些特点呢？

朵英贤：唐代大文豪韩愈提倡“文以载道”，文章的好坏取决于内容，不能华而不实。我认为武器也一样，外形如何在于结构构成有无创新。枪械是单兵武器，重量是以“克”为单位来“计较”的，不像重武器那样“大方”，设计中是不会留下多余空间来进行造型。大家希望新枪族以独特的外形出现，其中包含着浓厚的民族情感。但由于新5.8毫米枪族独特的动力学模型，造型自然与众不同。不过看起来是否顺眼，那便是“仁者见仁，智者见智”了。

记者：项目管理上一定有新招吧？

朵英贤：是的，现在大家都认识到“管理”也是生产力。不谈一般的管理过程，谈一谈特殊的事情，轻武器生产一般有“定点”生产的模式，这给企业造成一定的弊端，新枪族研制中适度地引进了竞争，取得好效果。在网络管理的重要节点，必须先通过质量评审，才能迈向下一步，坚持这一做法使得方案意图得到贯彻，减少了反复。95式枪族从1994年初在指挥系统协调下，仅10个月的时间，一次性走完技术攻关、工厂鉴定、系统工厂鉴定、设计定型试验，均与此有关。这在行业里算是首次。产品设计定型前进行预审的做法也是从本产品研制中开始，通过预审后的补充工作，使产品性能得到巩固，减少遗留问题，技术条件及相关资料也得到完善，提高了设计定型质量。上述在项目管理方面的创新已被推广到其他产品的研制中。

记者：据说研制新5.8毫米枪族时动用了行业力量，您能否介绍一下设计师系统的构成？

朵英贤：研制新5.8毫米枪族时，由中国兵器工业总公司总承包，主管部门主持和协调。参加研制的有4个工厂、1个研究所，有该所技术抓总，成立总师办公室，还邀请了两个研究所积极参与新材料、新工艺和新技术的技术攻关，从而形成了技术互补、力量综合的格局。有4位总设计师（1正3副）、6位主任设计师和近30多位设计师，这也可以说是一支“国家队”了。其中有81式枪族总设计师、国家级专家王志军，W85式12.7 mm机枪总设计师向庆元，还有曾经参与过多种武器型号研制的高级工程师，以及占总人数60%的年轻业务骨干。另外，还聘请了一些有经验的专家顾问，经常予以咨询。这是一个技术力量搭配得当和富有创造性的集体，一路过关斩将，4年左右的时间，整个系统一次性通过设计定型。几年来，大家团结一致，克服了重重困难，让人铭记终身。更可喜的是，通过新枪族的研制，一批年轻的轻武器专家脱颖而出，如王光华、肖红、王世良、龙建华、刘学泽、惠毅等，有的成了单位领导，大部分成了中坚。

胆大心细 更执著

记者：能在这么短的时间内高水平地实现研制目标，您的主要体会是什么？

朵英贤：从技术方面讲，我们不是从零开始的，而是酝酿了较长时间。87式的研制为新5.8毫米枪族的研制打下了一定基础。通过1986—1988年行业内的几次讨论和对国外产品进行的大型试验，已对国外产品有了比较系统的了解。通过1989—1990年在行业内的方案招标，也摸清了行业的技术底子。当1991年承担任务时，应该有的对策和方针也很快形成了，可以说立足是扎实的。

其次，研制中不光是盯着战技指标，更主要的是研究和跟踪国外先进系统的动态信息，研究各系统的主要优点和缺点，分析其改进的脉络，谨慎地进行动态特性设计，务必使各种先进性能在本枪族得以实现，尤其使新5.8毫米枪族的可靠性和射击特性均不弱于国外任何同类产品。我们也存在一些弱点，如主要技术负责人都缺少使用知识，所以新5.8毫米枪族的人—机功效不显特色。

记者：能否请您简要地介绍一下研制95式5.8毫米枪族过程中所遇到的困难，以及克服它们的主要方法？

朵英贤：首先介绍一下背景。当我们接受研制任务时，前苏联已对其AK-74式枪族进行了改进；美国M16自动步枪已拓为枪族，并进入第三次重大改型阶段（M16A3规划）；以色列人也放弃了伽利尔枪族，准备改为无托结构等等。而军方提出的部分指标也不能涵盖这些变化。不论技术基础及技术储备，与国外先进水平相比都还存在很大差距。这是一个基本情况，而且差距在不断加大。

总师系统接受任务后，又做了枪族化处理，对族内枪种的指标进行协调，协调处理中若出现矛盾，坚持就高不就低，结果使得许多指标超过原来要求。所以，设计组内提出了“战技指标为最低纲领”的指导思想，这使难度又增加了一层。新枪族采用无托结构，操作系统移向发热区，人机关系的难度又加大一层。对于上述问题，我们在技术上采取了“一体化工程”来克服。

记者：什么是“一体化工程”呢？

朵英贤：当时由于发动了全行业的力量，可以打破单位和行业界限考虑对策，结合国内能提供的技术，综合构思了技术框架，以及与材料有关的配套技术。形象地说，这种方法与中医开药方一样，药味中有君臣佐使，互为扶持，力争一次性治愈。因为结构、材料、技术及工艺本是互为依托、相互补充的系统要素，可进行融合设计，综合应用，因此称之为“一体化工程”。方案的构思和决策是以“一体化工程”为核心，开展网络管理的。事实证明，这个方法是有效的。如果设想的技术全部到位，95式5.8毫米枪族的技术性能还不止于此。当然“一体化工程”不能代替研制中的技术攻关，但它起了决定性的作用，这是毫无疑问的。

记者：新5.8毫米枪族还有什么问题需要解决？

朵英贤：由于5.8毫米其中刚刚装备部队，使用中的信息还没有反馈回来，这里只能谈谈相关的几个问题。首先是5.8毫米普通枪弹亟须改进。如燃烧终点过晚、膛口压力太大、火药残渣较多，这是指内弹道及其装药。在外弹道方面主要是要挖掘潜力，增加杀伤效果；其次，枪族留有两个通用接口，可以考虑增加新型瞄准镜、热像仪和扩大发射榴弹等功能。

至于枪族本身，我们最关心的是部队的使用情况。按照国内外的共同规律，任何一个新产品投放部队以后，根据使用中存在的问题及时改进一次，然后才能放心地大量装备。所以要进行一次“使用跟踪”。

长期磨砺 出经验

记者：能否请您谈谈您的主要经历？

朵英贤：很平常。大致来说，工作以来主要有是三段经历；有10年（1956—1966年）在自动武器专业教学岗位上，8年（1973—1980）流落在电影机械和发动机制造岗位上，17年（1981—1997年）在轻武器动力学研究与开发岗位上。在地方企业的8年，对开阔视野、增强实践能力帮助很大，这段经历帮我渡过了担任总设计师这一难关。可惜没当过兵。

记者：在此以前您是否参加过其他武器型号的研制？

朵英贤：曾参加过67式7.62毫米轻重机枪的研制。1960年8月，当时由北京工业学院技术牵头，与356厂和总后轻武器研究所共同承担研制任务。研制的主要目标是取代仿制的53式7.62毫米重机枪、57式7.62毫米重机枪及58式7.62毫米连用轻机枪，主要研制指标是保持原重机枪和连用机枪的作战威力和其他性能，但要大幅降低重量，提高机动性。由我担任该项目技术负责人。这是我国首次自行研制自动武器，在此之前国内只有仿制经验，参加设计的技术人员大多是应届大学毕业班学生，利用毕业设计搞“接力”。因此只能一边设计，一边在研制中增长能力和积累经验。时值三年困难时期，加上政治运动频繁，尤其“文革”动乱，一些技术骨干受到冲击，研制工作举步维艰，方案反复次数多，直到 1967 年才设计定型，命名为 67 式 7.62 毫米轻重两用机枪，具有纪念意义的是该枪的设计定型是由毛泽东主席签署的。我因另有任务，于 67 式定型前离开。其后，67 式经过改进又衍生了 67－1 式和 67－2 式。这次研制使我经历了考验，也总结了不少经验。例如，把迁就落后的工艺视为“联系实际”，将原来以冲压为主的方案倒退为以铣削为主的方案；狭隘地理解自力更生，埋头自干，忽视国外同类产品的发展动向，等到发现了差距，为时已晚。67－2 式 7.62 毫米轻重两用机枪，后来虽对其做了重大改进，但已晚了 10 年左右的时间；方案未酝酿成熟，急于投产加工，样机更动太多，时间拖长。这些经验对研制 95 式 5.8 毫米枪族裨益颇大。67 式机枪的研制培养出我国新一代轻武器骨干，著名的有吴尚礼、叶其汉、李秦章、卓穗如、王秉义、王聿衍等。除此以外，我还在抗美援越中主持和参与过一些应急产品的研制。

记者：您的第二阶段工作经历对研制 95 式 5.8 毫米枪族有什么影响？

朵英贤：影响很大，首先扩大了技术视野。过去在军工企业里了解的一些技术只是很小一部分，后来到这样的企业里，像进入了技术的海洋。由于在生产第一线，又间接接触机床行业，8 年中接触到各种材料、各种热加工、冷加工、精加工手段及设备、各种涂镀技术等。95 式 5.8 毫米枪族研制初期，敢于大量应用新技术就与此有关。我常给设计人员讲“技术上没有死胡同，要执著”，也来自于这 8 年的实践。

其次是民品和军品的技术管理大有不同。民品由于市场的驱动，技术增长由工厂自主，只要有主动性，技术状况就提高得很快。军品则不然，定产包销，改变产品技术状况的阻力很大。这也是我们非常重视原始方案先进性的原因之一。

记者：最后，请您给《兵器知识》的读者们说几句话。

朵英贤：《兵器知识》的“铁杆儿”读者，你们不仅是《兵器知识》的支持者，更是兵器技术工作者的良友。95 式 5.8 毫米枪族仍在襁褓之中，逐渐会暴露出一些问题。“打是疼，骂是爱”，非常欢迎您的批评和指导，我们始终在一起！

附录三　央视专访我校轻武器专家、“中国枪王”朵英贤院士

编者按： 中央电视台专访了我校*轻武器专家朵英贤院士并于2010年2月在CCTV－10《大家》栏目以《“中国枪王”——朵英贤》为题播出。在节目中，朵英贤院士介绍了中国95式枪族的研发历程以及与AK47枪族、M16枪族相比所具有的优势特性，北理工新闻网特发《“中国枪王”——朵英贤》的文字实录，以飨读者。

解说词： 是谁影响了我们的今天，是什么造就了非凡的人生。分享过去，分享光荣，感受大家风范，《大家》栏目！

主持人： 几乎所有的军事谜，首先关注的武器就是枪。因为在战场上，枪往往就意味着战士的生命。因此呢，才有了AK47、M16、卡拉什尼科夫、尤金斯通纳等等，这样一些关于枪的传奇。今天我们采访的大家，就是“中国95式枪族之父”、著名的武器设计师、中国工程院院士朵英贤先生。

解说词： 2009年3月《大家》栏目的主持人和朵英贤先生一起来到他曾经工作过的地方参观，并在靶场亲身体验了朵先生主持设计的95式自动步枪以及世界枪史上赫赫有名的AK47和M16。

朵英贤团队设计的95式5.8毫米口径自动步枪，最初是在1997年香港回归的交接仪式上与中国人民解放军驻港部队官兵一同亮相的，它的独特迅速吸引了人们的目光。这个横空出世的枪族，一出手就在世界同类枪支中抢占了重量很轻、尺寸很小、有效射程很远、终点威力最大的四大优势，而出乎意料的是它的总设计师朵英贤院士却是一个从未上过战场的人。

主持人： 在您的工作单位里，大家称呼您也都称呼朵先生，是吧？

---

* 我校指北京理工大学。编者注。

95 式 5.8 mm 小口径枪族，从下至上依次是短突击步枪、突击步枪、狙击步枪、通用机枪和班用机枪

朵英贤： 学生多呀，我早期是留校的教员，文革前学生对老师的称呼都是先生。

主持人： 可是大家很少把这个先生和武器的设计师联系到一块儿。

朵英贤： 人家说您没当过兵，怎么弄的。我就想起来，一九八几年的时候，有一个奥林匹克运动会。

主持人： 嗯。

朵英贤： 有一个游泳队的主教练不会游泳，那个游泳队拿了很多金牌，运动员们高兴得把教练抬起抛到水里去了，猛然一想教练不会游泳，又赶紧下水把教练救了上来。我就是那个教练，但水平差多了。

主持人： 所以您这个朵先生，也是这样的一个人。

解说词： 今年 78 岁的朵英贤是我国培养的第一批自动武器设计专业的毕业生。从上世纪 50 年代开始，他和这个几乎是白手起家的专业一起，走过了一段相当漫长的学习和仿制前苏联武器的历程。1958 年朵英贤第一次见到 AK47，从此这支世界名枪和它的制造者卡拉什尼科夫就成为他仰慕的对象。1965 年随着美国人尤金斯通纳设计的 M16 在越南战争中异军突起，美、苏两大枪王在冷战背景中的暗中较量拉开了序幕。然而此时中国的轻武器行业却在

“文革中”受到重创，朵英贤本人更是一度被迫离开枪械行业，直到 1980 年归队后，他才见到了能与 AK47 分庭抗礼的 M16，并重新踏上了追逐世界先进水平的道路。

主持人：已经有了这两个枪王，一个是卡拉什尼科夫，一个是斯通纳。AK47 缔造者和 M16 缔造者这两个人，你是不是研究过他们这两个人？

朵英贤：研究过。因为我发现，AK 系列跟 M16 系列在力学上有一个共同点，就是前者顾了可靠性顾不了精度，而后者顾了精度，顾不着可靠性。我就想着这可能是突破口，但是不放心，为什么呢？这两位大师也不是一般人。

主持人：不是一般人？

朵英贤：也不是等闲之辈，他们肯定在力学模型上下过工夫。就查他们的历史，卡拉什尼科夫是个十年制学历。十年制学校毕业，就是我们的初中程度。斯通纳是高中毕业的。两个都有很长的参军历史，都喜欢枪。

主持人：这很重要。

朵英贤：所以他们的枪，你看那枪的外表和形状干净利落得很，握起来很舒适，你一看就知道是大手笔。在 AK47 变成小口径 AK74 时，枪的外形和尺寸基本未变，卡氏认为，除了口径变小外，其他方面老枪 AK47 已无可挑剔。

解说词：卡拉什尼科夫的 AK47 向来以可靠性著称，即使在风沙、雨雪的恶劣环境中也能正常使用，但缺点在于精准度不够，耗弹量大。而尤金斯通纳的 M16 枪族则胜在弹道低伸，精准度高，但比较容易出故障。那么如何把这两种枪族的优点结合起来，扬长避短呢？

上世纪 80 年代末，他作为兵工学会常务理事，通过兵工学会先后把尤金斯通纳和卡拉什尼科夫请到中国交流。作为一位长期研究苏式武器的枪械设计师，朵英贤对于卡拉什尼科夫和他的 AK47 尤为熟悉。

朵英贤：卡拉什尼科夫为什么抓了可靠性，咱们搞不清楚。他自己来了之后，我们也没有问出来什么东西。就问他：“您这枪可靠性非常好，我们使用了三十年，一直想提高它的精度，没有找到好办法，您觉得您这个枪的精度如何？有没有改进的办法？”

主持人：他怎么说？

朵英贤：沉默。

前苏联 AK47 枪族

主持人：沉默？

朵英贤：他就说别的事情了。

主持人：请他来，请斯通纳来是您一手策划的？

朵英贤：我摸不准这两个人在力学上到底做了什么工作。如果他们懵懵懂懂地什么也没做，我就会暗自高兴。

主持人：您盼着这两个对手在这方面有所疏忽？

朵英贤：这样我们的空间就大了。

主持人：对，实际上不可能。他们不可能是糊涂人。

朵英贤：如果他们两个这方面钻研过，我就心里嘀咕了，人家已经钻研过了，留下的空间就小了。真想摸它这个底。

解说词：对于相对陌生的斯通纳，朵英贤更是充满了好奇。这位小口径步枪之父、枪族魔幻化理念的创造者，制造的枪械以精准著称，他究竟有什么独特之处，他是不是不可超越呢？

主持人：那您给斯通纳设计的问题是什么？想摸斯通纳的什么底？

朵英贤：第一个还是了解他力学上怎么考虑的。斯通纳从来不谈力学

美国 M16 枪族

问题。

主持人：您问他，他也沉默？

朵英贤：他就直说 M16 的枪托直了以后，就比弯的精度要好。

主持人：经验？

朵英贤：是初等力学。

解说词：在当过大学教师的朵英贤看来，军旅出生的两位枪王，尽管在战场上和实践中获得了许多宝贵的设计灵感和先天优势，相对薄弱的力学基础是他们身上唯一的突破口，也是朵英贤迎头赶上的唯一的希望。

朵英贤：比较起来这两位是殿堂的大师，我们是山寨王。

主持人：山寨王？

朵英贤：山寨王。

主持人：这个山寨王怎么讲？

朵英贤：就是跟着瞅机会，程咬金的打法。

主持人：跟？

朵英贤：钻人家的空子，好像他们两位是长跑健将，在前面领跑，我们很吃力地在后面跟，突然发现了人家的一个空隙。

主持人：哧溜，您就上去了。

朵英贤：就上去了。那么这样呢，我们算是侥幸，因为力学的这个漏洞是人家疏忽了，好补。但是工业技术这个差距，我们轻易赶不上来，那要整个国民经济水平上去，不是一时半会儿赶得上的。

解说词：1991 年就在接待了卡拉什尼科夫后不久，朵英贤被任命为新 5.8 毫米枪族系统的总设计师。自从 5.56 毫米口径的 M16 问世以来，世界各国争相掀起了研发小口径枪族的风潮，连卡拉什尼科夫也不得不掉头追随斯通纳的脚步，在 1974 年推出了 5.45 毫米口径的 AK74。在苏、美两国的带领下，步枪的小口径化成为大势所趋。

主持人：为什么在？特别是 M16 之后，全世界都采用小口径？直观地看，它的好处是什么？

朵英贤：直观的好处，第一个坐力小，连射精度就好多了。第二个携弹量大，过去只带七八十颗子弹，现在带一百五六十颗子弹。

主持人：对，子弹的体积小了？

朵英贤：过去一颗子弹二十四克，现在一颗子弹十克，你想想士兵他可以多带一倍呀。

主持人：对。

朵英贤：所以战士一出去，子弹太少他不敢随便打，子弹带得多那底气就不同了。

主持人：他也要保命的。

朵英贤：子弹打完以后，枪还不如根打狗棍呢，你赶快扔下跑吧。所以子弹要多，谁的子弹多，谁就赢了，那就是你死我活。

主持人：对，那么子弹小了杀伤力呢？

朵英贤：杀伤力呢，有新技术支撑，不弱于原来的大威力弹。直射距离几乎比大威力弹增加了 100 米。

解说词：我国对于小口径步枪的研制工作始于 1971 年，经历了 16 年却没能达到换装。到了上世纪 80 年代末曾经席卷世界的小口径之风已然刮过，中国能否搭上小口径最后一班车，决定了中国能否在现代轻武器发展潮流中获得立足之地。当年年近花甲的朵英贤临危受命，重打鼓另开张地开始小口径枪族的研制工作时，他面临的却是行业的生产基础非常差、没有技术储备、青黄不接的科研队伍和所剩无几的研发时间。

朵英贤：所以我们在搞 95 式的时候，我是勉强披挂的。佘太君是主动上阵的，我是勉强推上去的。

主持人：佘太君也是没有退路，才主动上阵的？

朵英贤：原来经过十几年都做不出来的，要我们 4 年内做出来（实际上是两年半），性能要赶上国外的，那么我们只能抓主要性能：可靠性、精度、终点效应和重量。

主持人：这些靠力学公式和理论就可以计算出来的吗？

朵英贤：我们是以理论为主，经验为辅。

主持人：那怎么样在工作当中去实现它？怎么把这种力学的一些结构及其原理在设计中体现出来呢？

朵英贤：发动大家出方案。出了方案以后，我们点评的时候，始终离不开这个方向，主要看力学结构。一批批新方案，一次次综合优化，一层层遴选收敛，大大小小七八十个方案呢。

解说词：一个未曾上过战场的人，却从事着枪械设计的特殊行业，他一直追随着世界两大枪王的脚步，却又从缺陷中发现了重大的突破口，从亦步亦趋到突出重围，他走过怎么样的传奇道路？

一边加紧研发小口径武器，一边用心培养年轻的技术人员，朵英贤带着他的团队，充分发挥了我国多年来在武器减重方面积累的优势，同时努力弥补工艺和材料水平上与国外的差距，而力学结构设计则成了他们取得成功的关键。他一方面努力减轻枪身振动以提高精度，一方面尽量提高构件运动的灵活度，保证可靠性，从而把两者尽可能地结合起来。1995 年全新的 5.8 毫米口径枪族问世，并通过了国家靶场的设计定型试验。从 1997 年开始，95 式枪族陆续装备三军，终于取代了我军使用多年的仿苏武器。在 1999 年的国庆五十周年的阅兵仪式上，它更使天安门广场大放光彩。而在枪械陈列室里，朵英贤亲自为我们讲解了 95 式自动步枪与 AK47 和 M16 的区别。

朵英贤：这 95 式步枪，重量只有 3.3 千克。

主持人：这三个枪（95 式、AK47 和 M16），谁最轻？

朵英贤：95 式最轻。

主持人：对，我刚才试了一下。

朵英贤：长度呢，是 746 毫米，它呢（M16）是 1 米。

主持人：这个（AK47）呢？

朵英贤：945 毫米。

主持人：这个（AK47）重。这个（AK47）显然重得多。

朵英贤：这个长度它（95 式）最小，重量它（95 式）最轻。

主持人：直射距离 95 式最远？

朵英贤：它（95 式）口径比它们大，所以子弹的威力也比较大，直射距离也比较远，所以这四个方面占了优势。

解说词：选择 5.8 毫米的口径是 95 枪族的一大特色。它使我国的小口径枪族在美、俄两大政治集团之外独树一帜，在近两年的伊拉克战争中，5.56 毫米口径的威力遭到了美国士兵的质疑。而与此同时，中国 95 式枪族的 5.8 毫米口径则展现出了很大的发展潜力。

朵英贤：这是我们国家的，我们的枪族是这样的。

主持人：这就是您设计的这一套 95 枪族？

朵英贤：这是轻机枪，这是步枪。那是另外一个枪了，是狙击步枪，用另外一种机枪弹。

主持人：它们使用的子弹一样？

朵英贤：不一样。现在改了弹，把步枪弹和机枪弹设计成一种弹。各种枪的枪管改一下，就可以用这个新弹了。

主持人：那就是说，现在这一、二、三、四种枪用一种枪弹。

朵英贤：还有一个通用机枪。

主持人：还有一个通用机枪？

朵英贤：是 88 式通用机枪。

主持人：这五个枪，配用一种弹？

朵英贤：对。

主持人：现在这种弹是通用性最强的一种了？

朵英贤：对，最强。国外的步枪弹就只能适用于三种枪，另两个枪就兼顾不上了，我们都兼顾上了。这很要紧，第一线打仗，出去三五天回不来，你的子弹用完了怎么办呢？那相互可以调剂呀！

解说词：除了枪族系列口径统一的优势外，与其他小口径子弹相比，5.8 毫米子弹还在最重要的杀伤力方面独领风骚。

朵英贤：95 枪族改进时，已将弹的有效射程从 400 米增加到 1000 米。

主持人：从四百米增加到一千米，翻了一倍还多!?

朵英贤：对，翻了一倍还多。如果是步枪的话，在四百米之内这个距离上，比 M16 的能量增加了四分之一，比前苏联 5.45 AK74 能量增加了三分之一左右。这是很厉害的，可以对付带有防护的士兵。

主持人：穿防弹衣的？

朵英贤：对，防弹衣中加带防弹板的。

解说词：95 式枪族的另一大特色是没有枪托，这也使它的外形显得十分独特。与传统有枪托的 AK47 和 M16 相比，这样的设计究竟有何好处呢？

主持人：95 式单手就可以用。AK47 由于重心在握把前方，单手举不起来，要单手平稳射击，基本不可能。

朵英贤：因为 95 式没有单独的枪托，握把前移并接近重心，单手可以操作。

主持人：这个枪（AK47）很重呀！

朵英贤：它多了一个枪托，握把远离重心。

主持人： 枪管实际长度差不多，但多了个枪托。

朵英贤： 现在呢，95 式是把这个机匣改一下形状，就代替枪托了。

主持人： 在这个位置。

朵英贤： 对，就在这个位置，这就是机匣嘛。

解说词： 步枪尺寸的缩短使 95 式枪族更加便于随身携带，连空降兵和装甲兵都能使用。这也能大大增强我军的单兵作战能力。在 2002 年爱沙尼亚国际侦察兵竞赛中，中国特种兵就曾经使用可以单手射击的 95 式步枪取得了团体总分第一的好成绩。然而，在装备全军与部队磨合的过程中，无枪托设计也带来一系列无法回避的问题。

主持人： 那如果您今天再看，觉得最大的遗憾是什么？

朵英贤： 最大的遗憾嘛，就是变成无托结构后，操作系统变化太大了。太大了以后，我们的军队原来的那些长期形成的习惯，就不适应了，得改操枪习惯。由于士兵操枪的办法都是老枪的操法，所以我们听到大量的意见：瞄准不好瞄，操作不好操，爬着前进不好爬。但是我想如果这个枪现在让卡拉什尼科夫去设计的话，人机系统他肯定设计得比我们要好。对他来说，枪搂在怀里，就是他的小宝宝一样，怎么抱最舒服，当妈妈的，肯定会这一套的。

解说词： 95 式枪族自从问世以来，就不断地被人们拿来与 M16、AK47 等小口径枪族进行比较，而结果则是众说纷纭、褒贬不一。但在朵英贤看来，他心里最没底儿的就是作为武器设计师无法解决的材料和工艺问题。

朵英贤： 射击问题受到我们国内工艺的限制，工艺要比人家差，尽管我们的力学模型有一定的优势，但是被我们的工艺抵消了不少。所以好多领导，谈这个东西的时候，我就说我们小口径了，但是还没有小口径化。他说为什么没有小口径化呢？小口径的一个特点就是射击精度要上去。精度上不去，小口径的优势就没了。我们的发射药质量不高，工艺水平还没有上去，枪管直不直还用眼睛看，眼睛能看得准吗？

解说词： 尽管留下了一些遗憾，朵英贤的 95 式枪族毕竟还是开创了中国自主研发小口径枪族技术的先河，使中国的轻武器终于有了与世界水平对话的机会，也使中国的枪械设计师缩短了世界枪王之间的距离。令他欣慰的是，95式枪族的改进升级，在他当年培养出来的年轻人手里得到了实现。在今年10月1日即将举行的国庆六十周年阅兵大典上，新型的95式步枪必将给人们带来更多惊喜！

主持人：您能不能透露一下，它的改进型会有一些什么样的大变化？

朵英贤：这次改进呢，包含三个任务。第一个任务是人机功效方面的东西；第二个任务就是把5.8毫米子弹的潜力发挥起来，由“一弹三枪”升为“一弹五枪”；第三个呢，给它配一个快速发射的榴弹发射器。

主持人：这次改进型出来之后，能不能减少或者说消除您原来的一些遗憾呢？

朵英贤：大部分能消除。我是寄希望于这一次改型。

主持人：还是有点底气不足呢？

朵英贤：外形是仁者见仁、智者见智。

主持人：对。

朵英贤：大家使用一段再说吧。这次他们把外形也改了一下，外形也枪族化了，现在我心里踏实。

主持人：在采访结束之后，朵英贤院士指着我们采访提纲上“中国枪王”这四个字对我们讲，能不能把“王”这个字去掉。我想这一方面，是因为他始终认为95式枪族是一个团队智慧的产物；另外一方面，也是因为他相信一个真正的枪王，一定要经过战争的考验，要经过血与火的洗礼，才能够得到加冕，而他并不期待看到战争的发生。

附录四　朵英贤生平简历

1932 年 3 月 27 日生于甘肃省永靖县抚河村。父亲时年 57 岁，母亲 43 岁。出生后体弱多病，取乳名为保娃，是众神护佑的孩子。

1939—1945 年小学

1939 年 9 月抚河村完全小学校，取名朵英贤。

1944 年 2 月父亲去世。时年 12 岁。

1944 年 10 月兰州市上沟私立龙岩小学校，插班 6 年级。

1945 年 7 月小学毕业，因学习成绩优秀，校董事会奖励一套制服的布料、墨盒和毛笔一套。

1945—1948 年中学

1945 年 9 月私立兰州志果中学初中。第二学期因各门功课 85 分以上，学费半免，第三学期以后各门功课在 90 分以上，学费全免直到初中毕业。

1948 年 9 月国立西北师范学院附属中学高中。该校系北平师范大学于 1937 年西迁来兰州，其附属中学也相随来兰州。

1951 年 7 月高中毕业。

1951—1956 年大学

1951 年 9 月升入华北大学工学院，该校前身是 1940 年延安兴办的延安自然科学院，1950 年与中法大学在北京合并。1952 年校名改为北京工业学院。主修机械专业。

1953 年 9 月北京工业学院经调整后改为培养国防技术人才，本人被分配主修自动武器专业。

1956 年 7 月本科毕业，同年获三好学生称号，毕业后留校任教。

1956—1973 年大学任教

（北京工业学院，太原机械学院）

1956 年 9 月，北京工业学院筹建自动武器动力学实验室，主建动强度实验，任助教。1961 年 9 月，随自动武器专业搬迁到太原机械学院，任讲师。

1958 年，讲授《光测弹性力学原理与应力测试技术》（自编讲义）。

1958 年，担任国家型号项目“两用机枪研制”技术负责人。

1958 年，担任“两用机枪”技术负责人。

1960 年，讲授《自动炮概论》（自编讲义）。

1963 年，讲授《自动武器概论》，指导毕业设计。

1964 年，讲授《自动武器架座设计》。

1965 年，参与支援越南抗美应急武器研发。

1966 年 7 月参加“文化大革命”。

1972 年 3 月 27 日母亲去世。时年 40 岁。

1973—1980 年工厂（兰州油泵油嘴厂）

1973 年 5 月，调兰州油泵油嘴厂，从事柴油发动机精密配件的生产。任技术员，主抓产品性能。

1976 年，与陈世贵技师合作改进了油嘴生产线，使一条生产线能生产出两种喷油头，改进了配件供应，增加了效益。

1977 年，与技术工人一起发明了一种新式小马力柴油机喷油总成，救活了一批旧拖拉机和柴油机发电机。

1978 年，发明了弹簧优化设计新方法（“2.5 法”），解决了 III 号泵增压的难题。

1978 年，参加“甘肃省科学大会”，被授予甘肃省科技先进工作者。

1978 年，67 式轻重两用机枪获全国科学大会奖。

1980—2000 年研究所（中国兵器第二〇八所）

1980 年 10 月，调入中国兵器第二〇八研究所。1982 年任高级工程师，1982 年任动力学研究室主任，1984 年任副总工程师，1987 年加入中国共产党，1987 年任研究员，1999 年选入中国工程院。

主要业绩：

1985 年，“凸缘弹单程进膛机构”获云南省小发明奖一等奖。

1990 年，“87A 式自动步枪”获兵器工业科技进步二等奖。

1998 年，“95 式枪族系统”获国家级科技进步一等奖。

1998 年，《兵器工业科技词典》获兵器工业部级科技进步一等奖。

主要著作：

1983 年，《工程中的纵向振动》，著，21 万字，此书于 1984 年收录于《中国学术著作总目纲要》。

1990 年，《自动武器设计新编》，戴成勋、靳天佑、朵英贤合著，57 万字（本人 20 万字），国防科技图书资助出版。

1992 年，《兵器工业科技词典》轻武器分册，主编，44 万字。

主要立功授奖：

1989 年，“八九一〇工程”三等奖。

1992 年，获政府特殊津贴。

1997 年，“九七六工程”奖。

1999 年，“九九一〇工程”金奖。

主要社会兼职：

第二、三、四届中国兵工学会常务理事，第四届荣誉理事。

第三、四、五届轻武器专业委员会副主任委员，以后各届任顾问。

第一、二、三届国防科技图书基金委员会委员。

高等工业学校枪炮专业教学指导委员会委员。

大型兵器系统计算机应用副总指挥。

轻武器预研专业组组长。

《兵工学报》、《轻兵器》编委。

2000 年至今　　（北京理工大学）

2000 年 8 月，调入北京理工大学机电学院，任兵器科学与技术教授，博士生导师，工程院院士。

主要业绩：

2001 年，在装备部支持下“小型无人作战平台技术”立项，由王建中教授主持工作。

主要著作：

2001 年，《火炮与自动武器》，马福球、陈运生、朵英贤编著。

2004 年，《近代兵器力学丛书》（14 分册），朵英贤、马春茂主编，280 万字。

2009 年，开始与马春茂教授和王茂林教授等人合作，主持《中国自动武器》的编写。主要是梳理中国自动武器发展历史，提升自动武器的学科平台。约 170～200 万字。

2012 年，回忆录《中国“枪王”》，著，20 万字。

主要社会兼职：

曾兼职中北大学、厦门大学、南京理工大学，任特聘教授。

曾兼职中国兵器工业二〇八所首席顾问及建设集团高级顾问。

《兵工学报》、《火炮发射与控制学报》、《轻兵器》编委。

后　记

这支沉重的笔终于搁下了。我一生的写作与科技文字为伍，人文方面还是第一次，因为上大学以后就与语文阔别了。写这本书的家底全是中学所积，年长的人一看，便知是古典小说的平话和现在普通话的杂交，中学时代古典小说没少看，身边有一位专研语文的胞兄，再加上语文名师高怀玉、魏又吾的堂堂灌输，造就了这本“混血儿”。好在本书重在回忆，尚实在而不尚渲染，这就减去不少文字负担。

本书的撰写发端于轻武器行业为我75岁生日编的《自动武器论坛》，主编王建中教授要我写篇个人回忆附在书后，我便以“母亲生下来以后”为为题算是续貂。不料这4万字的人生简述引来很多人的兴趣，索书的不少，这才发现60岁的人不知道“抗美援朝”，50岁的人不知道“大跃进”，40岁的人不知道“文革”，30岁的人不懂为什么“改革开放”，共和国才短暂几十年，那峥嵘岁月的艰辛，随着时光失去了太多的记忆。2008年初，友人力促把那份简述拓展成回忆录，留下亲历的那个历史片断。当时我正在筹组《中国自动武器》（约180万字），怕精力不济，犹豫再三，而心犹不甘，2008年底决定动笔。60年甚至70年时段的往事怎能一下记得起来，只好采用“纪事”的方法，先把事端列出来，再一个一个地叙其本末，然后再串起来进行梳理，2011年秋定稿。作家程树榛、于子平力挺出版，青年出版社欣然接稿，2012年元月以书名《中国“枪王”》出版。出版以后，就发现遗漏了好多重要的历史事件，于是用了一年多的时间进行增补。适逢中国工程院与高等教育出版社联合，为工程院院士资助出版院士传记，我有幸被选。在此，我要向中国工程院致敬！感谢机械与运载工程学部推荐，感谢高教出版社中国工程院出版分社对文稿的加工。

在成稿过程中，施家栋、刘宗伟、曹广群、姜涛等同志为核实历次事件、收集历史资料、编排文稿作了反复工作，使文稿从最初的毛胚到粗胚、半精胚、精胚，直到完稿作了大量的文字修饰、文字校正、图像处理等，不辞辛苦，铭心不忘。

作者

2013. 03. 27